Gemütliche Genusstouren

Panoramawege für Senioren

Allgäu

33 aussichtsreiche Höhenwanderungen

J. BERG

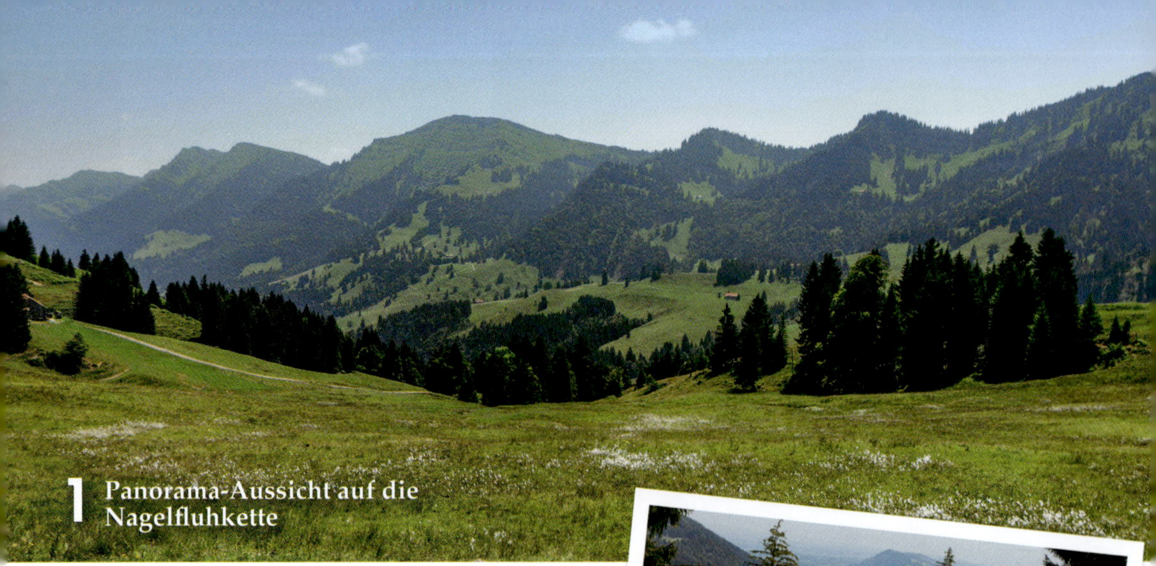

1 Panorama-Aussicht auf die Nagelfluhkette

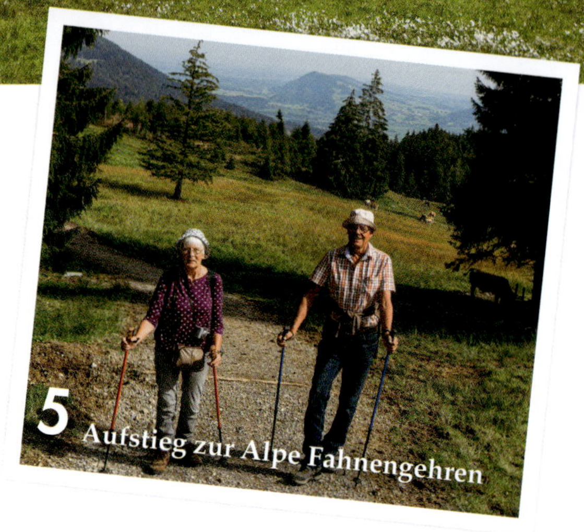

5 Aufstieg zur Alpe Fahnengehren

Inhalt

Ostallgäu 60

Rund um Oberstdorf 96

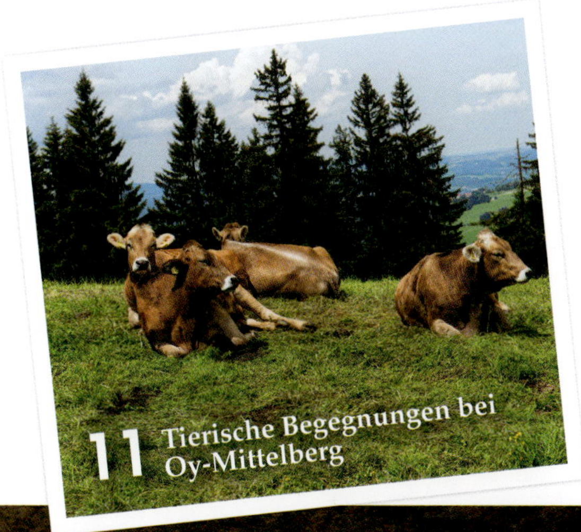

11 Tierische Begegnungen bei Oy-Mittelberg

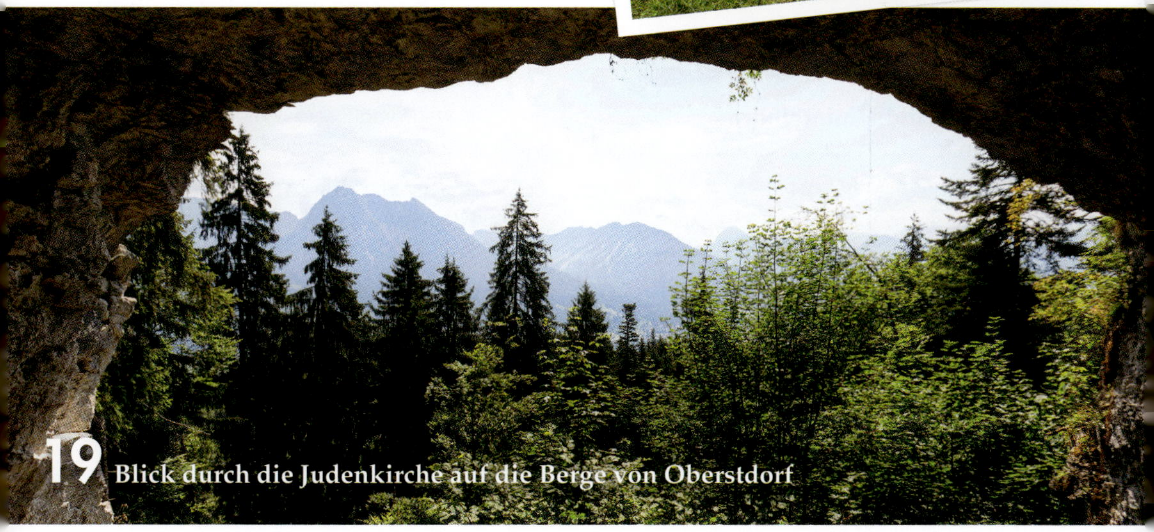

19 Blick durch die Judenkirche auf die Berge von Oberstdorf

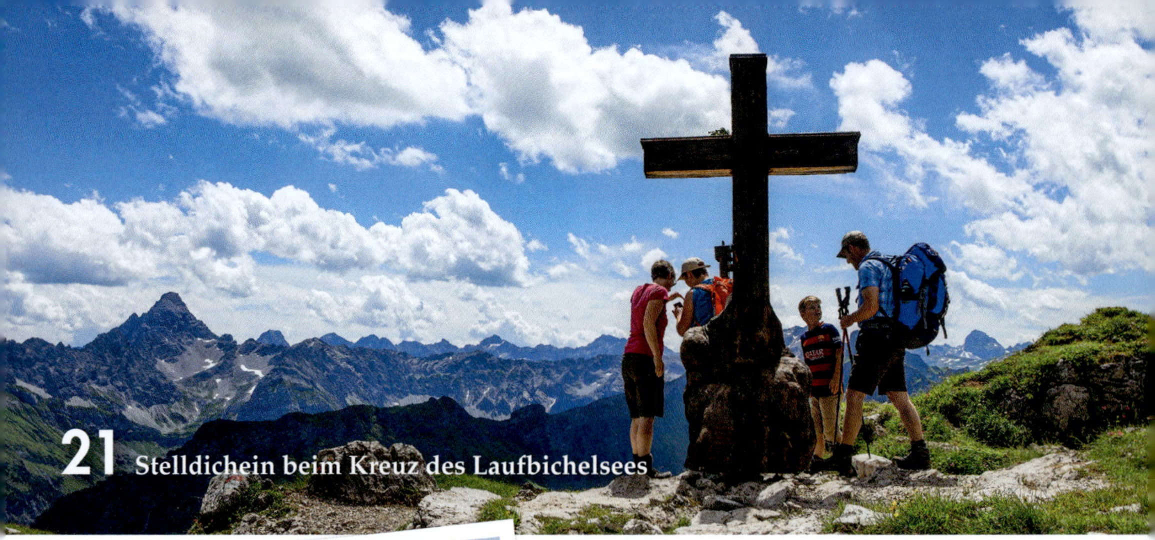

21 Stelldichein beim Kreuz des Laufbichelsees

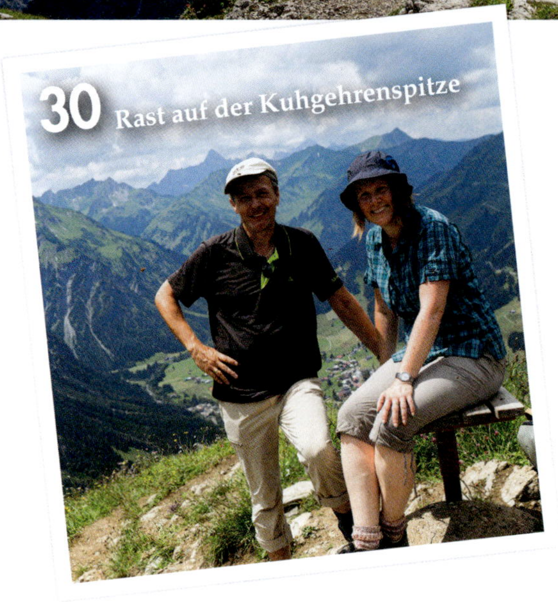

30 Rast auf der Kuhgehrenspitze

Tourenüberblick

Tour			🕒	Hm	km	🚡	🍴	🏛	♿	❄	☀	🏖	🚌
1	●	Alperlebnispfad	2.30 Std.	220 Hm	6,3 km	•	•	•			•		•
2	●	Großer Alpsee	3.30–4 Std.	320 Hm	9,5 km		•				•	•	•
3	●	Hochholder	2.30 Std.	160 Hm	6,5 km		•	•			•		•
4	●	Panoramaweg Immenstadt	2.30 Std.	180 Hm	7 km		(•)	•		(•)	•	•	•
5	●	Ofterschwanger Horn	2.45–3.15 Std.	360 Hm	7 km	(•)	•		(•)		•		(•)
6	●	Malerwinkel	3.30–4 Std.	320 Hm	9,7 km		•	•			•	•	•
7	●	Zum ehemaligen Oberried	2 Std.	250 Hm	5 km			•			•		
8	●	Imberger Horn	2 Std.	190 Hm	4,7 km		•		(•)		•		
9	●	Zipfelsbachfälle	3 Std.	370 Hm	6,3 km		(•)	•			•		•
10	●	Quellgebiet der Wertach	3 Std.	200 Hm	7,8 km		•			(•)	•	•	•
11	●	Mittelberger Panoramaweg	1.45 Std.	120 Hm	5,2 km		(•)	•	•	•	•		
12	●	Ellegger Höhe	3.30–4 Std.	250 Hm	9,3 km			•			•		
13	●	Grüntensee-Rundweg	3–3.30 Std.	60 Hm	9,1 km		•	•	•	•	•	•	•
14	●	Edelsberg	3 Std.	500 Hm	7,8 km	•	•			(•)	•		(•)
15	●	Hochalprunde	2.30 Std.	230 Hm	3,6 km	•	•				•		•
16	●	Burgruinen bei Eisenberg	1.30 Std.	200 Hm	4,2 km		•	•	•	•	•		•
17	●	Salober Alm	3 Std.	360 Hm	5,7 km		•	•		(•)		•	
18	●	Forggensee	1.30 Std.	70 Hm	3,7 km		•	•	•	•	•	•	•
19	●	Ochsenberg	3 Std.	380 Hm	7 km			•					•
20	●	Oberstdorf	4–4.30 Std.	170 Hm	11,2 km		•	•	(•)	•	•		•
21	●	Höfatsblick	5–6 Std.	500 Hm	7,8 km	•	(•)	•			•		•
22	●	Hofmannsruh	1.15–1.30 Std.	110 Hm	3,2 km		•	•	•	•	•	•	•
23	●	Oytal	3.30–4.30 Std.	250 Hm	10,4 km		•	•	•	•	•		•
24	●	Gerstruben	4–5 Std.	340 Hm	11,6 km		•	•		(•)	•		•
25	●	Freibergsee	3.30–4 Std.	300 Hm	9,9 km	(•)	•	•		(•)	•	•	•
26	●	Stillachtal	3.30–4 Std.	250 Hm	10,5 km		•	•			•		•
27	●	Schönblick	2–2.30 Std.	360/100 Hm	5,6 km		•	•		•	•		•
28	●	Höhenweg Riezlern	1.20 Std.	130 Hm	3,2 km		•				•	(•)	•
29	●	Kanzelwand und Fellhorn	2.30 Std.	270/460 Hm	6,5 km	••	•	•			•		•
30	●	Kuhgehrenspitze	2 Std.	280 Hm	4,2 km	•	(•)	•			•		•
31	●	Wildental	1.45–2.15 Std.	250 Hm	5 km		•	•		•	•		•
32	●	Mittelberg und Baad	2.30 Std.	320/110 Hm	6,1 km	•	•			(•)	•		•
33	●	Baad und Bärgunttal	2–2.30 Std.	200 Hm	4,8 km		•			•	•		•

Mehr Freude am Wandern

Die »Panoramawege für Senioren im Allgäu« sind mein bereits zweiter Allgäu-Wanderführer für die erfahrene Generation. Auch hier stehen Wanderwege mit geringen Steigungen im Vordergrund, möglichst frei von Wurzelwerk. Bei der Recherche nach geeigneten Touren und dem Gespräch mit älteren Menschen wurde jedoch auch vermehrt der Wunsch geäußert, dass es schon ein bisschen mehr sein darf.

Einige Wanderungen sind natürlich auch hier wieder komplett barrierefrei. Dazu zählen der Seeuferweg am Grüntensee, der Spaziergang auf die Hofmannsruh sowie die Panoramarunden bei Oy-Mittelberg und oberhalb des Forggensees. Daneben finden Sie aber auch Touren, die kurze felsige oder von Wurzeln überzogene Abschnitte beinhalten. Diese Wanderungen führen vorzugsweise zu Zielen, die selbst viele Allgäuer nicht kennen – so etwa die Judenkirche am Ochsenberg oder die Zipfelsbachfälle –, oder nutzen Wege und Pfade abseits der großen Touristenströme. An diesen Wanderungen werden insbesondere »rüstige Senioren« ihre Freude haben.

Insgesamt sind die Anforderungen der »Panoramawege für Senioren« damit eine halbe bis ganze Stufe höher als bei den »Wanderungen für Senioren«. Doch auch hier warten ausgedehnte Spaziergänge und Halbtageswanderungen, die reichlich Zeit für Pausen und das Genießen der Landschaft lassen. Zudem haben wir die Wahl: Selbstversorger kommen auf den einzelnen Strecken zu einigen Aussichtspunkten, bei denen man sich gerne eine ganze Weile aufhält. Wer lieber mit leichtem Rucksack unterwegs ist, findet mit den Alpen im Wildental und Bärgunttal, den Berggasthäusern im Oytal oder auch im Familienwandergebiet Kanzelwand-Fellhorn viele schöne Gelegenheiten für eine aussichtsreiche Einkehr.

Ich wünsche Ihnen viel Freude am Wandern
Ihr Lars Freudenthal

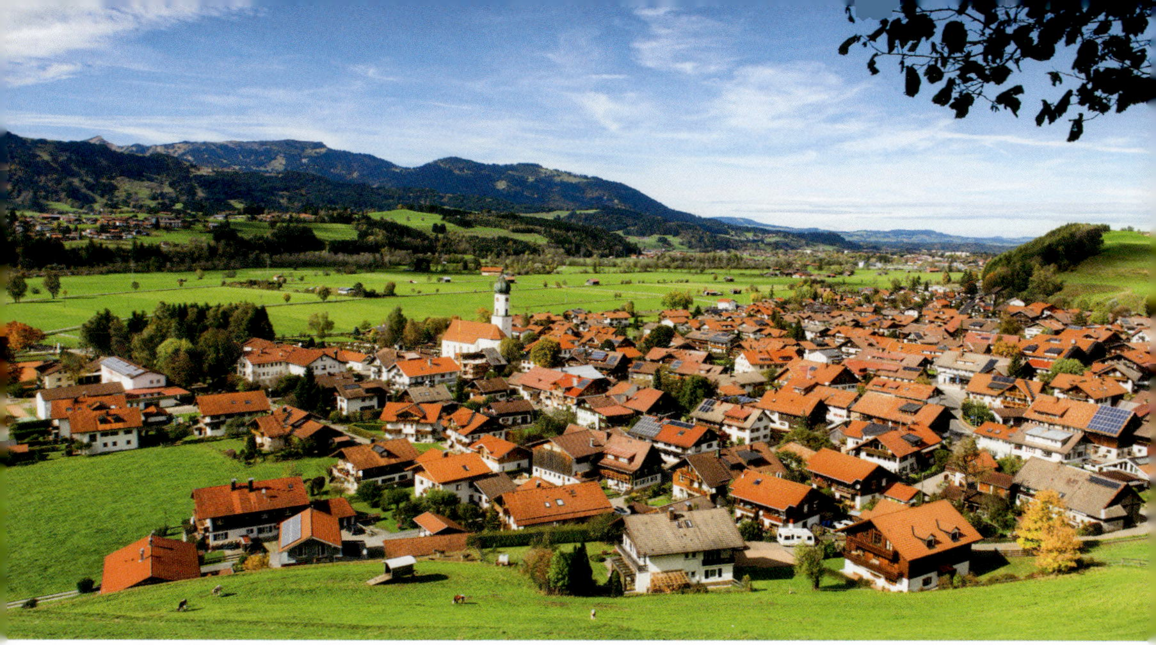

Aussichtsreich durchs Allgäu

Malerische Aussicht über Altstädten ins Illertal

Im Allgäu wimmelt es nur so von schönen Aussichtspunkten. Dabei denken wir in erster Linie an die majestätischen Gipfel oder die zu zwei Seiten steil abfallenden Grate. Sehr schöne Panoramen, also Rundumsichten, finden wir jedoch auch in den Tälern. So zeigen sich das Oy- und Trettachtal bei Oberstdorf sowie auch das Wildental oder Bärgunttal von hoch aufragenden Gebirgsketten malerisch umrahmt. Genauso werden wir auf den weniger hohen Hügeln im Alpenvorland, etwa auf der Ellegger Höhe oder den Wegen bei Oy-Mittelberg, mit Aussichten reich verwöhnt. Zuletzt eröffnen uns selbst die Seen weitreichende Blicke über das Wasser zu den gegenüberliegenden Alpen.

Hoch hinaus geht es mit den vielen Bergbahnen im Allgäu und Kleinwalsertal. Mit ihnen ist es sowohl betagten Naturfreunden als auch Familien mit kleinen Kindern ein Leichtes, bis in die alpine Region vorzudringen. Dadurch eröffnet sich uns zwischen dem Fellhorn und der Kanzelwand eine Vielzahl an Ausblicken und Fernsichten, werden die Wege südlich der Daumengruppe erreichbar und bewegen wir uns auf der Hochalprunde wie in einer Arena zwischen Breitenberg und Aggenstein.

Zudem geben vielerorts Infotafeln Einblicke in die Geschichte und Entwicklung der Umgebung. Zusammen mit den Panoramatafeln wird das Allgäu greifbar, finden wir uns zusehends besser zurecht und bemerken auch die kleinen Dinge am Wegrand. Bei der Bewegung in der Natur und auf den Hochlagen gewinnen wir Abstand zum Alltag und bekommen den Kopf frei. Zuletzt wird eines immer wieder deutlich: Wer wandert, begegnet netten Menschen.

Gut gerüstet besser ans Ziel

Allen Warnungen zum Trotz werden auch im Allgäu insbesondere die weniger hohen Berge oft unterschätzt. Doch auch hier gilt: Feste Wander- oder Trekkingschuhe sind ein Muss für sicheres Wandern. Die geringen Anforderungen der Touren verleiten dazu, mit Halbschuhen oder Turnschuhen loszuspazieren, aber tatsächlich knicken auf den vermeintlich einfachen Wegen weit öfter Wanderer um, als man meint. Zudem wirken sich die einfachen, billigen Treter negativ auf die Fußgesundheit aus. Wanderstöcke hingegen begünstigen eine aufrechte Körperhaltung und schonen die Gelenke. Vor allem aber helfen sie in unachtsamen Momenten, Stürze zu vermeiden. Wer einen Rollstuhlfahrer begleitet, der beim Schieben nicht großartig mithelfen kann, sollte aufgrund der höheren Kraftanstrengung möglichst leichte und atmungsaktive Funktionswäsche tragen. Dadurch bleiben Wanderhemden auch an warmen Sommertagen länger trocken und hat man ein deutlich besseres Gefühl auf der Haut. Wer sitzt, benötigt hingegen wärmere Kleidung.

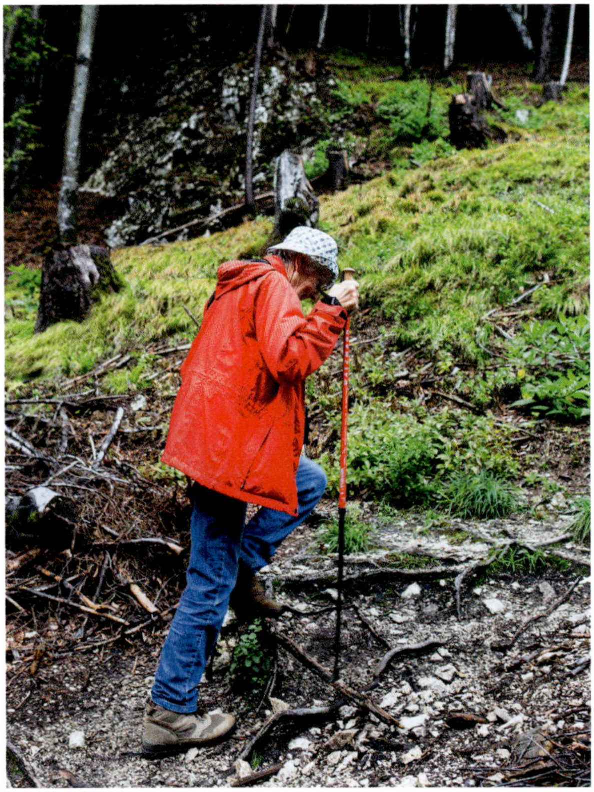

Wanderweg von der Ruine Vilstal zur Salober Alm

Verantwortung und Selbsteinschätzung

Alle in diesem Wanderführer beschriebenen Touren orientieren sich am Wegenetz des Alpenvereins, ergänzt durch örtliche Wanderwege. Denn während wir als Wanderer von den Wegweisern und der Pflege der offiziellen Wanderwege profitieren, findet das Wild abseits der Wanderstrecken wichtige Rückzugsräume, in die sich nur selten Menschen verirren. Als verantwortungsbewusste Wanderer rennen wir nicht blindlings durch die Landschaft (oder darüber hinweg), sondern nehmen auch auf andere, vor allem Schwächere Rücksicht.

Meine Favoriten

- Auf dem Alperlebnispfad, Tour 1
- Zum ehemaligen Oberried, Tour 7
- Rund um den Ochsenberg, Tour 19
- Varianten am Gerstruben, Tour 24
- Ins wildromantische Wildental, Tour 31

Da die Landschaft insbesondere in den Allgäuer Hochalpen immer noch sehr aktiv ist (Hangrutsche, Steinschlaggefahr), kann die vorgefundene Beschilderung von der Beschreibung im Buch auch mal abweichen. In so einem Fall ist es meistens besser, der neuen Wegmarkierung zu folgen, da sie einen sicher ans Ziel bringt. Besonders dann, wenn man sich alleine in höhere Lagen begibt, sollte man sich dessen auch bewusst sein und im Zweifelsfall lieber umkehren. Das liegt zwar nicht in der Natur des Menschen, aber da ich nicht immer zusammen mit meiner Frau unterwegs bin, kann ich Ihnen versichern: Das machen auch Wanderbuchautoren so.

Ein Ziel der »Panoramawege für Senioren im Allgäu« ist es, am Ende der einzelnen Touren zufrieden auf die vergangenen Stunden und das Geleistete zurückzublicken. Dies gelingt am besten, wenn man sich – und seine Begleiter – richtig einschätzt. Wer im hohen Alter oder nach einer längeren Pause wieder mit dem Wandern anfängt, sollte die etwas längeren Touren wie den Aufstieg ins obere Stillachtal oder die Runde um den Ochsenberg erst in Angriff

Schwierigkeitsgrade

- **Leicht:** Eher kurze Runden, die keine oder kaum Trittsicherheit erfordern und nur wenige Steigungen beinhalten.
- **Mittel:** Touren mit längeren Auf- und Abstiegen, die eine gewisse Kondition und zumindest etwas Trittsicherheit erfordern.
- **Schwer:** Diese Touren richten sich an unsere »rüstigen Senioren«. Auf weniger stark frequentierten Wegen stehen auch felsige sowie mit Wurzeln überzogene Abschnitte an. Eine gute Kondition am Berg ist erforderlich. Alle Touren dieser Kategorie lassen sich durch Varianten entschärfen bzw. abkürzen.

nehmen, wenn eine gewisse Grundkondition aufgebaut ist. Wichtig ist auch, die Wetterverhältnisse richtig einzuschätzen. Denn gerade in den höheren Lagen gibt es gerne Wetterumschwünge mit Nebel oder Gewitterwolken, die oft mit Platzregen und Hagel einhergehen. Ein zumindest leichter Regenschutz sollte deshalb immer mitgenommen werden. Ebenfalls hilfreich ist es, die Wolkenentwicklung im Internet – etwa auf www.niederschlagsradar.de oder www.wetteronline.de – zu beobachten. Im Zweifelsfall sollten wir uns auch nicht davor scheuen, eine Tour abzubrechen bzw. nach dem Unwetter fortzusetzen.

Alpines Notsignal

Wer an einem hochsommerlichen Wanderwochenende in den Alpen unterwegs ist, der weiß: Es ist nur eine Frage der Zeit, bis der erste Rettungshubschrauber aufsteigt. Schwere Unfälle sind zwar nicht sehr wahrscheinlich, doch die Erfahrung zeigt, dass es selbst auf leichtem Terrain durch ein einfaches Umknicken schnell zu einer Situation kommen kann, in der man alleine kaum mehr vorankommt. Für diese Ausnahme und schlechten Handyempfang merken wir uns das alpine Notsignal: Innerhalb einer Minute wird sechsmal (alle zehn Sekunden) ein hörbares – etwa durch Rufen oder eine Signalpfeife – oder sichtbares Signal, zum Beispiel durch Winken oder Schwenken von auffallenden Kleidungsstücken oder eines farbigen Rucksacks, abgegeben. Nach einer Minute wiederholt man den Notruf. Die Antwort erfolgt ebenfalls durch hörbare oder sichtbare Signale, die dreimal in der Minute abgegeben werden. Das Signal sollte auch bei einer Antwort weiterhin wiederholt werden, damit die Retter sicher zu unserem Standort finden. Dabei lohnt sich ein Blick in den Rucksack: In vielen Modellen sind die wichtigsten Zeichen symbolisch abgebildet.

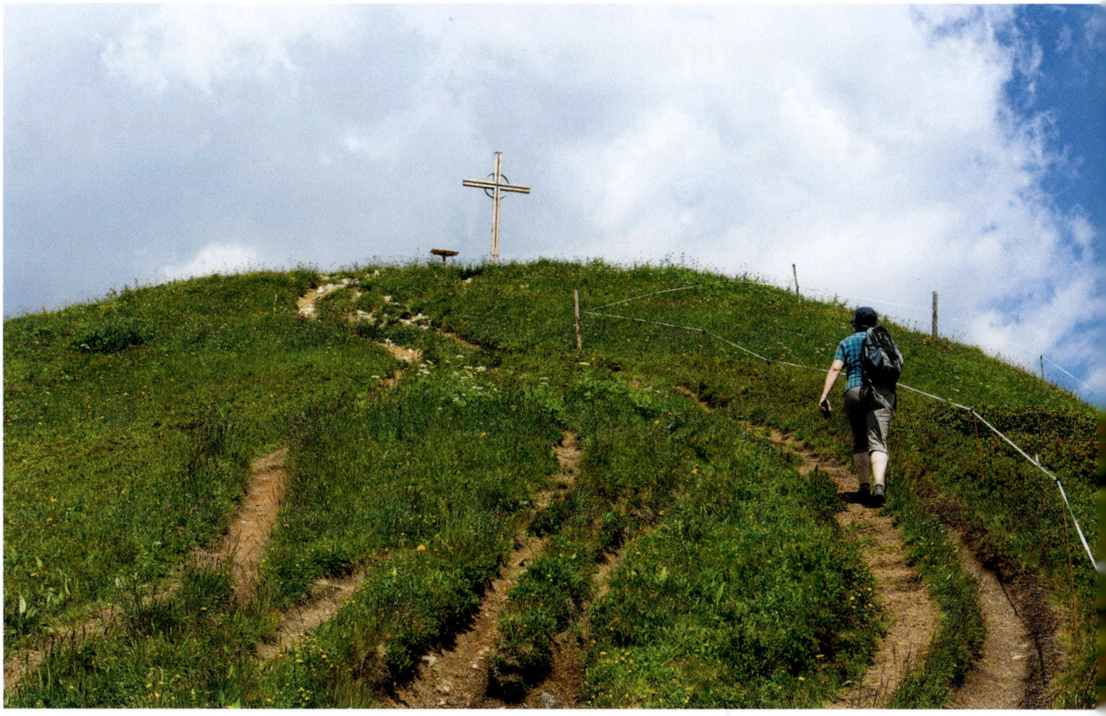

Wandern im Winter

Die letzten Meter hoch auf die Kuhgehrenspitze

Die Hochlagen im Allgäu zählen zu den wenigen schneesicheren Gebieten in Deutschland. Auf zwei schmalen Brettern ins Tal zu wedeln ist jedoch nicht jedermanns Sache. Wer sich in der kalten Jahreszeit dennoch fit halten will, findet in diesem Buch deshalb auch Touren, die das ganze Jahr möglich sind. Dazu zählen die Panoramawanderung von Riezlern zum Schönblick, die kurze Runde von Oberstdorf über die Hofmannsruh an den Moorweiher oder die Wanderung von Baad ins Bärgunttal. Daneben gibt es bei einigen in diesem Buch beschriebenen Orten und Wandergebieten in der kalten Jahreszeit präparierte Winterwanderwege.

Pause mit Genuss

Zu einer schönen Wanderung gehört natürlich auch eine Einkehr oder längere Rast. Unsere Touren führen deshalb zu zahlreichen traumhaft gelegenen Plätzen, von denen man Jahre später noch schwärmt. Zudem kommen die meisten der Touren an einer oder mehreren Wirtschaften und Berghütten vorbei, sodass man sich mit Gleichgesinnten austauschen und beiläufig die »Panoramawege für Senioren im Allgäu« weiterempfehlen kann. Bevor Sie bei einer längeren Wanderung darauf verzichten, eigenen Proviant mitzunehmen, vergewissern Sie sich aber, dass die gewählte Wirtschaft oder Hütte geöffnet ist. Oft ist dies schon bei den Wegweisern im Tal angeschrieben.

Anfahrt

Viele Wanderziele sind im Allgäu mit öffentlichen Verkehrsmitteln zu erreichen. Hierfür haben wir den Namen der jeweiligen Haltestelle angegeben. In Kombination mit Gästekarten werden die Tickets zum Teil erstattet. Wer mit dem Auto anreist und ein Navi nutzt, kann sich nach den im Infokasten der einzelnen Touren angegebenen GPS-Koordinaten richten. Diese führen ihn punktgenau zum Ausgangspunkt der Wanderung bzw. zur Talstation oder nächstgelegenen Parkmöglichkeit.

Gehzeiten und Höhenangaben

Die in den Infokästen genannten Angaben beziehen sich auf die reine Gehzeit. Weil es bei vielen der Touren einiges zu entdecken gibt, beinhaltet diese auch die Zeit, in der man sich umsieht und die Landschaft auf sich wirken lässt. Entsprechend der Zielgruppe haben wir das Durchschnittstempo mit zum Teil deutlich unter 3 km/h vergleichsweise niedrig gewählt. Pausen oder gar eine längere Einkehr sind in der angegebenen Zeit jedoch nicht enthalten. Planen Sie bitte auch etwas Spielraum für unvorhergesehene Änderungen ein, sodass Sie bei zusätzlichen

Abstechern, kürzerem Verlaufen oder einem gesperrten Weg (z. B. wegen Forstarbeiten) trotzdem noch rechtzeitig zurück am Ausgangspunkt sind. Die Höhenangaben beinhalten die tatsächlich zu leistenden Höhenmeter. Lediglich kleine Kuppen und Senken mit nur geringem Höhenunterschied blieben unberücksichtigt. So stehen Sie nicht plötzlich vor einem großen Zwischenanstieg, der nirgends erwähnt wird. Wer mit dem Rollstuhl auf einem der barrierefreien Wege unterwegs ist, sollte möglichst schon vorher austesten, wo die eigenen Grenzen liegen und ob beispielsweise eine Tour mit 200 Höhenmetern tatsächlich zu schaffen ist. Hilfreich können hier elektrische Zughilfen sein. Anders herum sind verschiedene Touren auch mit dem E-Bike möglich, womit wir zum Beispiel leicht und locker um den Grüntensee (Tour 13) oder hoch zur Buchrainer Alpe (Tour 26) radeln können.

Internetadressen

- www.naturpark-nagelfluhkette.de
  Informationsportal des Naturparks Nagelfluhkette
- www.alpenverein.de
  Gemeinsamer Auftritt der Sektionen des Deutschen Alpenvereins (DAV)
- www.allgaeu.de
  Infoportal der Allgäu GmbH
- www.oberallgaeu.de
  Seite der OberAllgäu Tourismus Service GmbH, Infos zur Allgäu-Walser-Card
- www.kleinwalsertal.com
  Gemeinsamer Auftritt der Ferienorte im Kleinwalsertal, Infos zum Walserbus
- www.bayern-fahrplan.de/de/auskunft
  Hier finden Sie Fahrpläne zu den einzelnen Haltestellen im Allgäu und Kleinwalsertal.
- www.freudenthal.biz
  Unser gemeinsamer Blog mit Wander- und Reiseberichten aus aller Welt

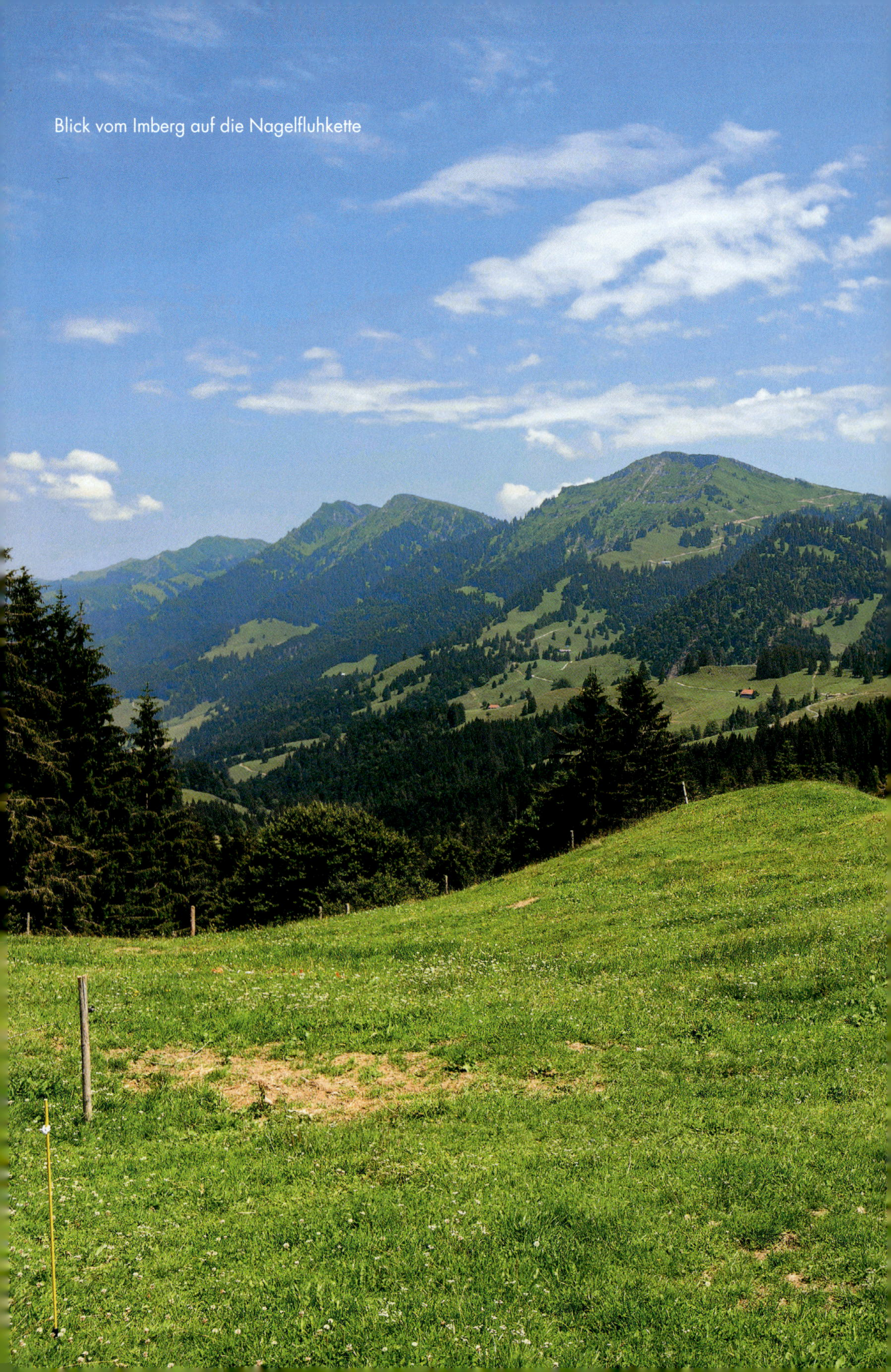

Blick vom Imberg auf die Nagelfluhkette

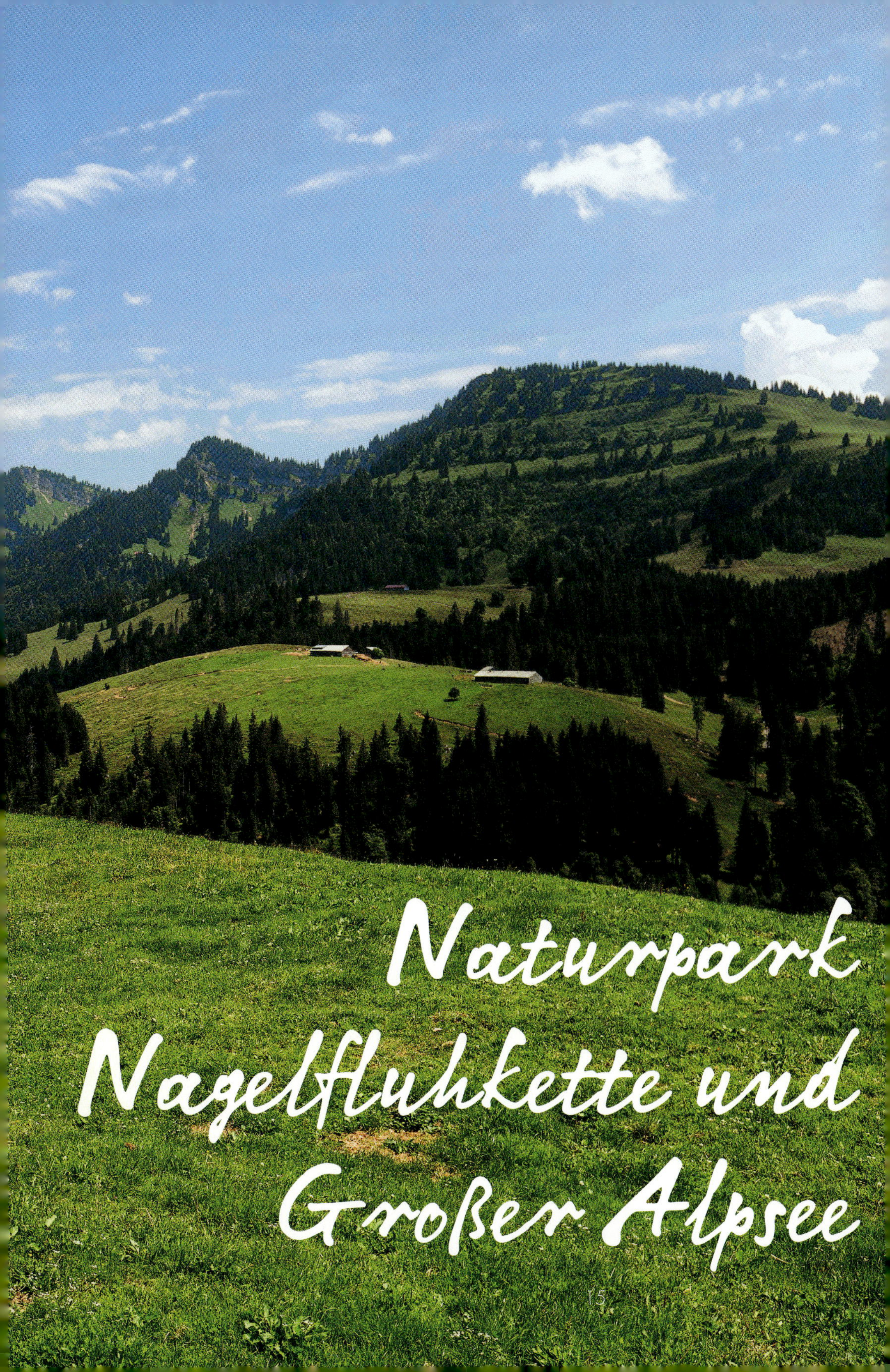

Naturpark Nagelfluhkette und Großer Alpsee

1 Auf dem Alperlebnispfad

Hochplateau zwischen Imberg und Hochhäderich

mittel

2.30 Std.

220 Hm

6,3 km

ja

Der Alperlebnispfad Imberg verwöhnt Wanderer mit vielfältigen Aussichten über das Hochplateau am Imberg. Am Wegrand informieren knapp 50 Stationen über die Besonderheiten der Landschaft und ihrer traditionellen Bewirtschaftung. Freuen wir uns auf einen spannenden Auftakt!

Herrgottsbeton und wandernde Berge Unsere erste Panoramawanderung für Senioren startet bei der **Bergstation der Imbergbahn** nahe dem Imberghaus. Der Wegweiser oberhalb der Bahn trägt einen Schilderwald an Wandervorschlägen. Die Orientierung für diese Runde ist dennoch denkbar einfach: immer den Schildern mit der Aufschrift »alperlebnispfad« nach. Damit kehren wir der Imbergbahn den Rücken und folgen dem Wanderweg in das nahe Waldstück. Nach 500 Metern kreuzen wir die Straße bei **Steinegrund** und halten uns anschließend links. Der bequem zu laufende Weg führt uns zur Station Nagelfluh. Kaum zu glauben, aber wo wir heute auf über 1200 Metern Höhe stehen, erstreckte sich vor 30 Millionen Jahren eine Flussebene bis zur Donau. Die Alpen rückten erst später weiter nach Norden vor. Flusskiesel, Sande und feinste Teilchen wurden immer fester zusammengepresst, bis sie schließlich als Konglomeratgestein den Herrgottsbeton bildeten, wie der Nagelfluh im Allgäu genannt wird.

Alpenfreiheit

Die als Premiumwanderweg ausgezeichnete Alpenfreiheit beginnt ebenfalls bei der Bergstation der Imbergbahn und erschließt uns mit Alpflächen und Hochmooren, Bergwäldern und Felsformationen weitere Aspekte der Nagelfluhkette. Als eine von 50 Wanderungen haben wir diesen in »Leichte Wanderungen im Allgäu« (J. Berg Verlag) vorgestellt.

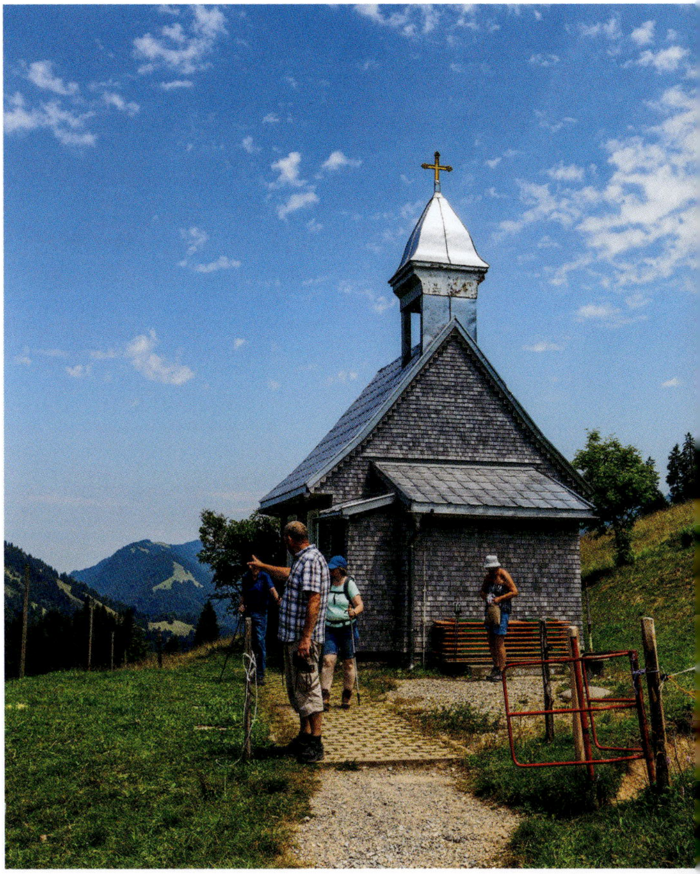

Kapelle Hochwies

Die Nagelfluhkette im Blick Einen Steinwurf weiter erreichen wir bei zunehmend besserer Aussicht eine **Panoramatafel**. Uns gegenüber befindet sich der ebenfalls aus Nagelfluh gebildete Höhenzug mit dem Hochhäderich im Westen und dem Stuiben im Osten. Auch der Grünten, der Wächter des Allgäus, ist in der Ferne zu sehen. Deutlich zu erkennen ist der Hochgrat. Er stellt mit seinen 1834 Metern den höchsten Gipfel der Nagelfluhkette sowie der gesamten Allgäuer Voralpen.

Hütten im Lanzenbachtal Mit diesen schönen Eindrücken folgen wir dem Höhenweg zur **Alpe Häuslers Gschwend**. Die erstmals 1773 urkundlich genannte Hütte wechselte im 19. und 20. Jahrhundert einige Male den Besitzer, darunter war auch das Krankenhaus Isny. 1925 wurde das alte Gebäude abgerissen und durch die heute noch bestehende Hütte ersetzt. Wenige Meter weiter überwinden wir den höchsten Punkt des Alperlebnispfads, ehe es an der Station »Entstehung der Alpwege« vorbei und durch ein lichtes Bergwäldle hinunter zur **Alpe Glutschwanden** geht. Wer mag, kann wie in alten Zeiten bei der Hütte Brennholz sägen bzw. von den Enkelkindern sägen lassen, bevor man auf der Sonnenterrasse des Berggasthofs Platz nimmt und sich dem gemütlichen Teil der Wanderung widmet.

Im Grenzgebiet Anschließend bleiben wir noch rund 170 Meter auf dem oberen Weg, bis wir zur Station »Auf Schmugglerpfaden« gelangen. Auf einem Lichtbild wird der Verlauf eines ehemaligen Schmugglerpfads von Riefensberg hierher dargestellt. Mindestens genauso interessant – und auch zum Schmunzeln – ist daneben die Geschichte eines österreichischen Bauern, der mit Glück und List eine in Deutschland erstandene Herde über die Grenze brachte. Bei der Station biegen wir links ab und erreichen bald eine **Seilbrücke**, die etwas Geschick erfordert, aber auch auf dem Hauptwanderweg umgangen werden kann. Sowie wir den Lanzenbach überquert haben, informiert ein Schild über die hier sowie auch auf der österreichischen Seite des Naturparks wartenden **Häderichmoore**.

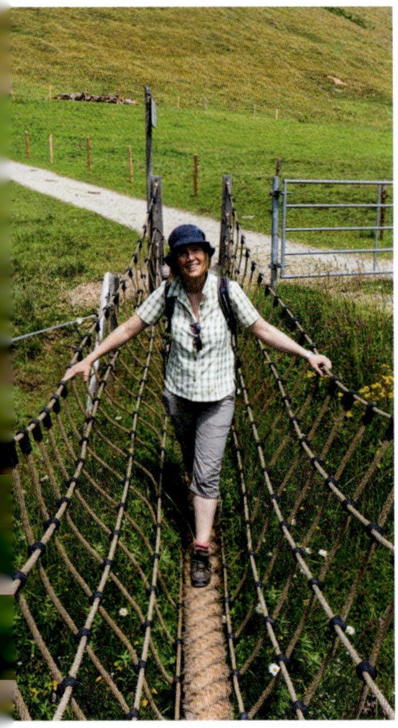

Die Seilbrücke bietet eine schöne Alternative zum bequemen Fußweg.

Wasser am Scheideweg Wo unser Weg in einen zweiten, aus Österreich kommenden mündet, biegen wir erneut links ab. An der **Alpe Hinter-Hochwies** vorbei geht es zum **Gasthaus Hochwies** mit der nächsten Gelegenheit, die Wanderung mit einer Einkehr zu verbinden. Gleich danach zweigen wir auf Höhe der auffälligen und je nach Sonnenstand auch blendenden Kapelle Hochwies abermals links ab. Der Alperlebnispfad führt uns durch eine Wiese zurück an den Lanzenbach. Bei dem Gebirgsbach stellen sich gleich zwei Fragen: In welches Meer mündet das Wasser letztendlich und wie lange braucht es, um dorthin zu gelangen? Beides wird vor Ort aufgelöst, sodass wir uns bei der **Schmalzhütte** entweder selbstbewusst auf die Schulter klopfen oder über neu erworbenes Angeberwissen freuen können.

Auf den nächsten Metern folgt unser Weg zunächst noch dem Talverlauf, trifft dann aber auf den Fahrweg und stellt uns vor die Wahl: Wer einen gemächlichen Anstieg bevorzugt, gelangt auf dem Fahrweg hoch zum **Berggasthof Hochbühl**. Ansonsten zweigen wir gleich links wieder von der Straße ab und nehmen den etwas steileren, aber auch gut zu bewältigenden Pfad, der direkt beim Gasthof endet. Der weitere Rückweg erfolgt bis zum **Steinegrund** auf der Zufahrtstraße, ab dort auf bekanntem Weg bis zurück zur **Bergstation der Imbergbahn**, wo wir mit dem Imberghaus eine gute Gelegenheit finden, den Tag gemütlich ausklingen zu lassen.

Wichtiges zur Tour

Tourencharakter
Abwechslungsreiche Bergwanderung auf meist breiten und gut begehbaren Wegen. Der etwas steilere Aufstieg zum Berggasthof kann über die Fahrstraße abgemildert werden.

Ausgangspunkt/Endpunkt
Bergstation Imbergbahn (1220 m)

Höchster Punkt
Westlich der Alpe Häuslers Gschwend (ca. 1300 m)

Anfahrt
Auto: Von der B 308 Immenstadt–Lindau bei Oberstaufen auf die St 2005 abfahren und der Beschilderung zur Imbergbahn in Steibis folgen. GPS 47.5209, 10.0235; Bus & Bahn: Busverbindungen vom Bahnhof Oberstaufen zur Haltestelle Imbergbahn.

Einkehr
Alpe Glutschwanden, Alpe Hochwies, Berggasthof Hochbühl, Imberghaus

Karte
AV-Karte 1:25 000, BY 1 Allgäuer Voralpen West

Informationen
Imbergbahn, Tel. 08386/81 12, www.huendle-imberg.de

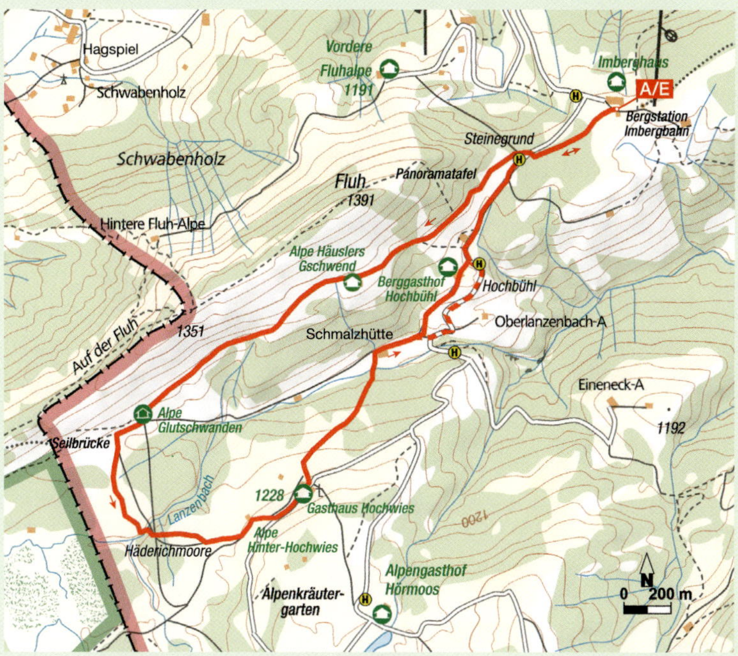

2 Auf die Jugethöhe

Höhenweg Großer Alpsee

- mittel
- 3.30–4 Std.
- 320 Hm
- 9,5 km
- nein

Beim Großen Alpsee kann sich eine frühe Ankunft lohnen. Vor allem während der Sommermonate füllen sich die Parkplätze durch das Strandbad oft schon am Vormittag. Während es die meisten Besucher an den See zieht, wandern wir auf dieser Runde zunächst über den Dingen.

Erst einmal Höhe machen Der Einstieg zu dieser Tour befindet sich am Großen Alpsee beim **Strandbad Hauser**, von wo wir der Beschilderung Richtung Zaumberg folgen. Auf diesem ersten Abschnitt nutzen wir die Wasserläufer-Himmelsstürmer-Route der Allgäuer Wandertrilogie, zu erkennen an dem hier blau-roten Steinmännlesignet. Das passt, denn nach dem Start am See gewinnen wir auf den ersten 500 Metern ordentlich an Höhe. Dafür öffnet sich bald eine erste schöne Aussicht über den Großen Alpsee. Sowie wir einen Waldstreifen durchquert haben, passieren wir ein Christus-Kreuz und wird das Terrain bis hoch nach **Zaumberg** flacher.

Bildstock in Zaumberg

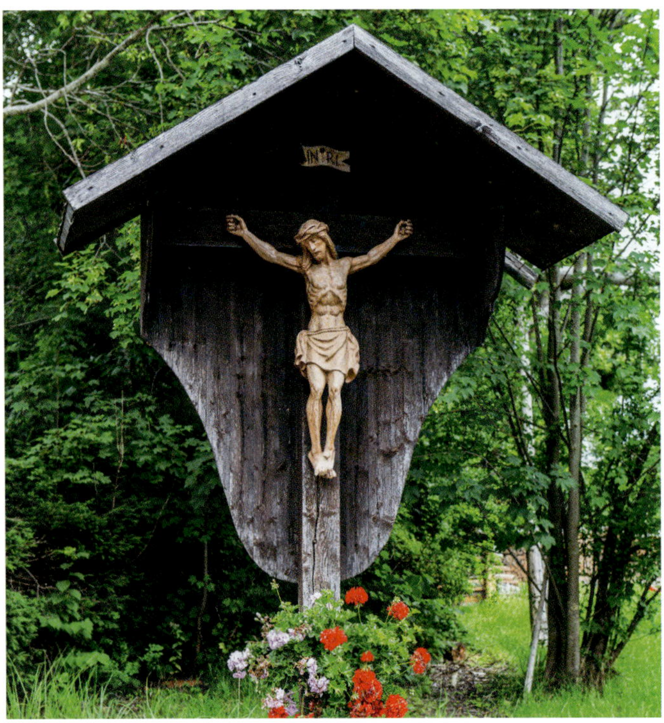

Siedelalpe und Jugethöhe In dem Immenstädter Ortsteil biegen wir beim Bildstock links zur Thaler Höhe ab und folgen der Straße gut 100 Meter, ehe wir rechts auf den Forst- und Landwirtschaftsweg abzweigen. Dieser führt

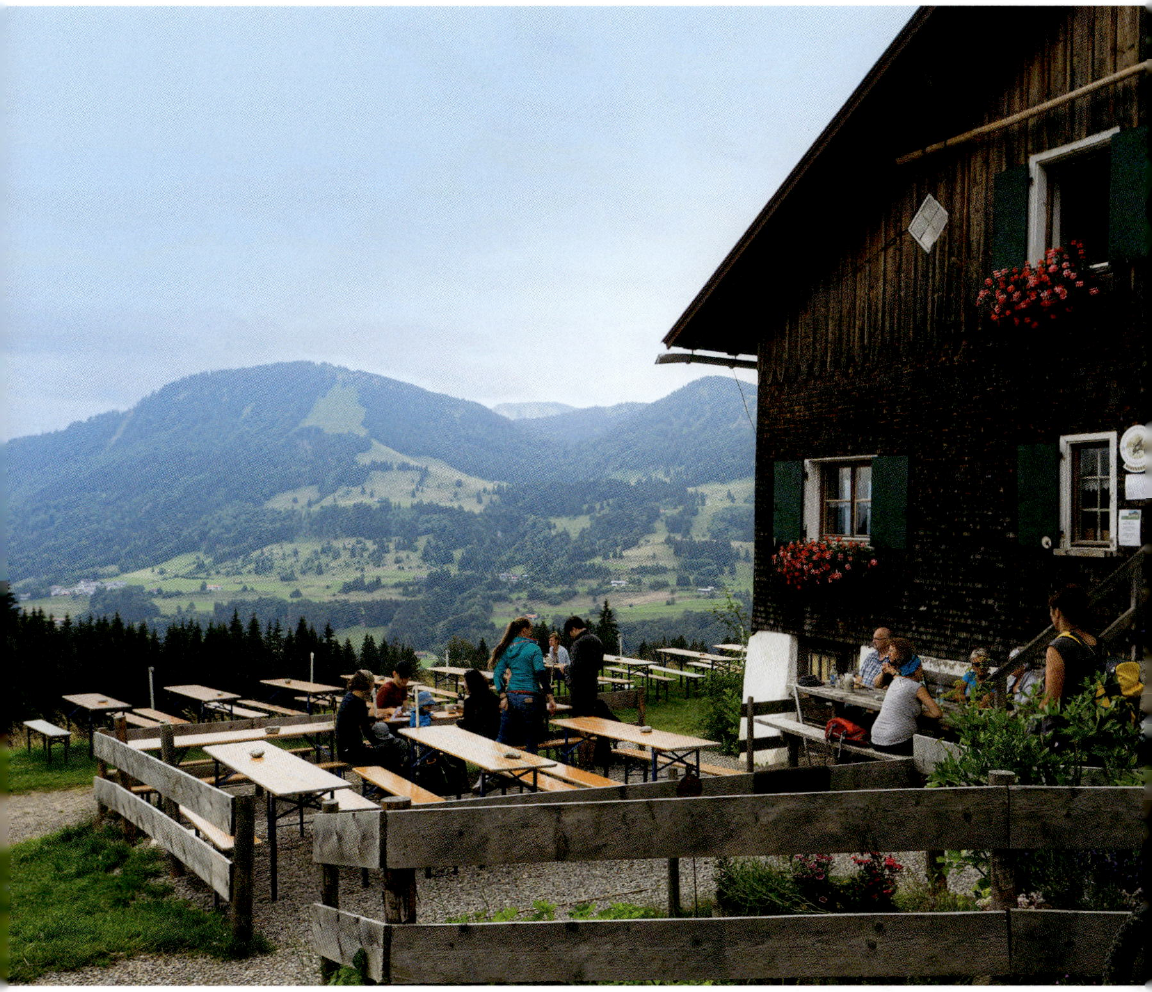

Blick über die Terrasse der Siedelalpe auf das Immenstädter Horn

uns mal durch den Wald, mal durch offenes Land bis nahe an die Kreisstraße von Bühl nach Missen und im weiteren Verlauf in westlicher Richtung bis zur **Siedelalpe**. Bei der Alpe haben wir die meisten Höhenmeter bewältigt, womit sie wie gerufen kommt für eine erste Rast mit Blick auf Immenstadt und zu den Bergen rund um den Mittag. Für die Sportlichen unter uns lohnt sich der Abstecher hoch zur **Jugethöhe**. Der Weg führt erst entlang des Weidezauns und dann über wenige kurze Kehren zum Gipfelkreuz, wo sich die Sicht nach Norden zur Juget-Alpe öffnet und Selbstversorger einen mit Bänken und Tisch ausstaffierten Rastplatz vorfinden.

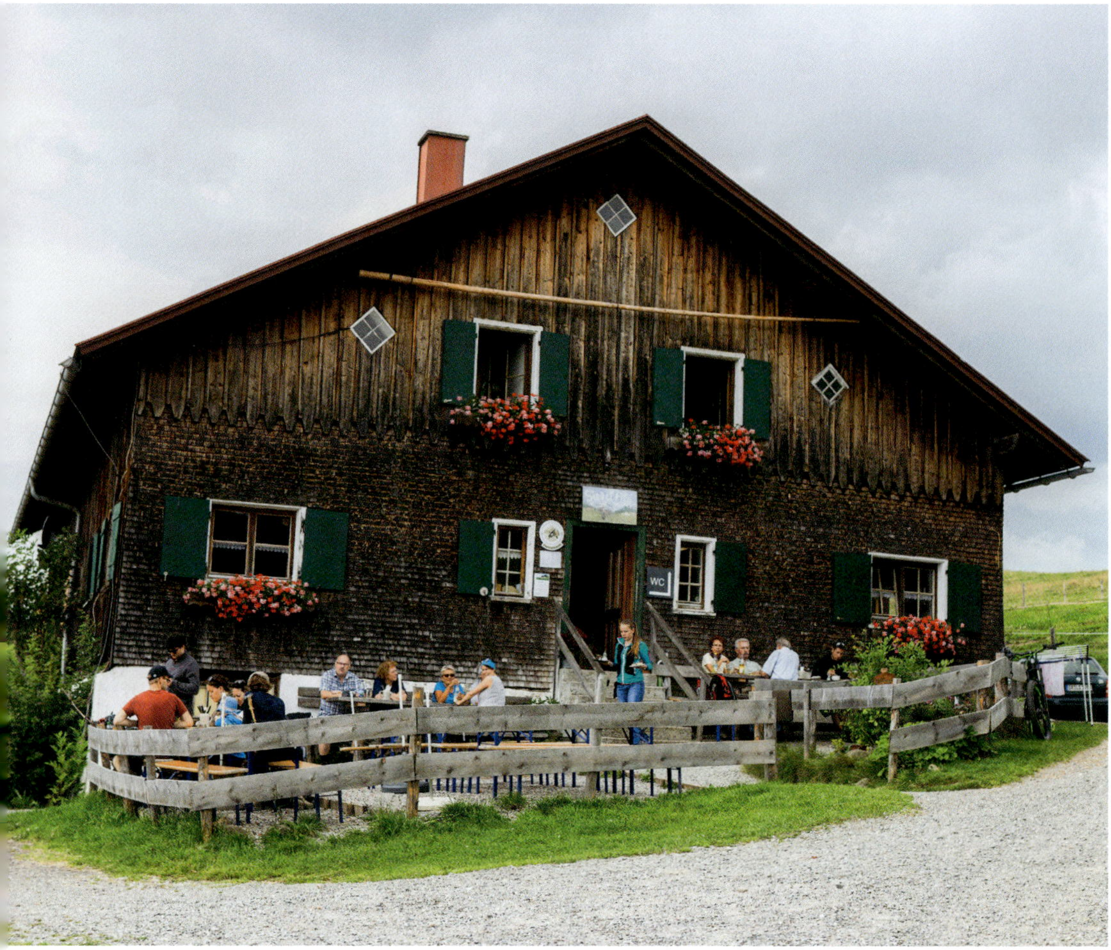

Ausflugslokal Siedelalpe oberhalb des Großen Alpsees

Wieder runterkommen Nach dem Abstecher geht es zurück zur **Siedelalpe** und von dort mit weiteren schönen Aussichten an den Waldrand. Links ab folgen wir dem teilweise schwer erkennbaren Wanderweg über die Weide bergab zur **Alpe Schönesreuth**. Bei dem Gasthaus, das von Dienstag bis Sonntag geöffnet ist, wechseln wir auf die Straße, die uns über zwei Kehren weiter bergab nach **Trieblings** und von dort wieder an den Großen Alpsee führt. Die letzten gut zweieinhalb Kilometer auf dem Seeuferweg können wir zum lockeren Auslaufen nutzen und auch hier den Blick über den See zum gegenüberliegenden Mittag schweifen lassen, ehe wir wieder beim **Strandbad Hauser** ankommen.

Wichtiges zur Tour

Tourencharakter
Nach dem zunächst steilen Anstieg nach Zaumberg ist es eine gut machbare Bergwanderung mit schönen Ausblicken über den Großen Alpsee. Der Aufstieg zur Jugethöhe verlangt Trittsicherheit.

Ausgangspunkt/Endpunkt
Strandbad Hauser (730 m)

Höchster Punkt
Jugethöhe Köpfle (1024 m)

Anfahrt
Auto: Von der B 308 Immenstadt–Oberstaufen bei Bühl am See auf die Seestraße abfahren, anschließend dem Fischerweg und Trieblingser Weg zum Strandbad folgen. GPS 47.5780, 10.1931; Bus & Bahn: Von Immenstadt und Oberstaufen bestehen Busverbindungen zur Haltestelle AlpSeeHaus in Bühl am See. Der Zugang erfolgt dann über die Seepromenade.

Einkehr
Siedelalpe, Alpe Schönesreuth, Seecafé Hauser

Karte
Zumstein Wanderkarte 1:30 000, Immenstadt

Informationen
Touristinfo Alpseehaus, Tel. 08323/99 88 77, www.alpsee-gruenten.de

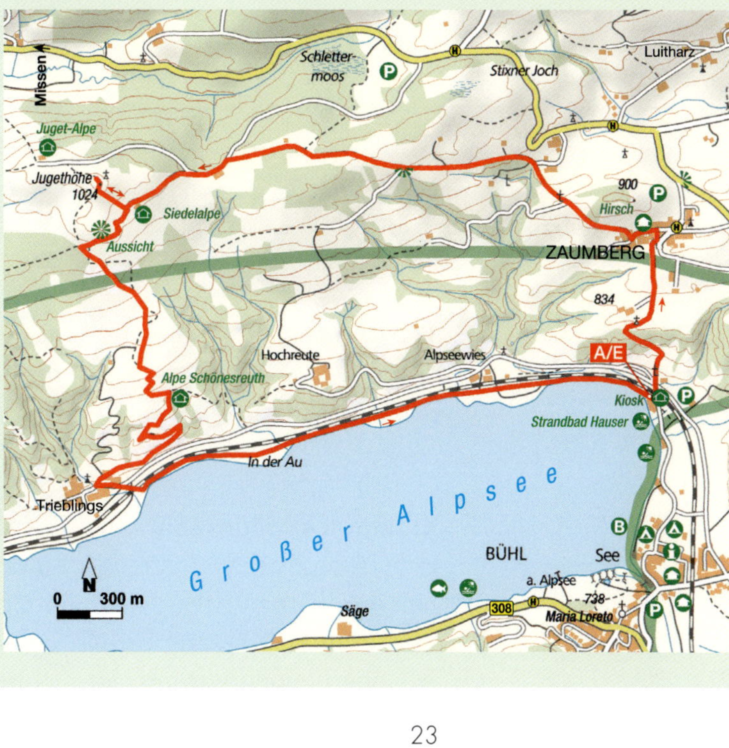

3 Auf den Hochholder

Zwischen Knottenried und Akams

- mittel
- 2.30 Std.
- 160 Hm
- 6,5 km
- nein

In den Dörfern nördlich des Großen Alpsees geht es beschaulich zu. Die großen sommerlichen Touristenströme verschonen sie und auch bedeutende Fernwanderwege fehlen bislang. So umgibt uns zwischen Knottenried und Akams eine Idylle, die zum Aufatmen und Genießen der Landschaft verführt.

Durch Knottenried in die freie Landschaft Wer mit dem Auto anreist, startet beim Parkplatz der **Sternwarte Oberallgäu** oberhalb von Knottenried. Von dort spazieren wir entlang der Straße zurück nach **Knottenried**. Nachdem wir die Bushaltestelle passiert haben, biegen wir noch vor den Häusern am südlichen Ortsrand links in die Einfahrt ab und halten uns anschließend rechts, sodass wir auf einen wasserdurchlässigen Weg wechseln und Knottenried in Richtung Luitharz verlassen.

Sternwarte Oberallgäu

Die Sternwarte Oberallgäu besteht seit 1999 und wird von Hobby-Astrologen als Verein betrieben. Öffentliche Sternführungen finden in der Regel freitags bei guter Witterung, also überwiegend klarem Himmel statt. Private Führungen sind möglich. Termine und Kontaktmöglichkeiten sind auf der Seite www.sternwarte-oberallgaeu.de genannt.

Auf Graswegen Auf dem nächsten Abschnitt verläuft der augenscheinlich eher selten begangene Wanderweg am Rand einer Wiese und nimmt an einer Hütte vorbei Kurs auf den Waldrand. Wo das Gelände feuchter wird, verströmen im Sommer die Blüten des Mädesüß ihren süßen Duft. Durch eine Lücke zwischen zwei Waldstreifen hindurch öffnet sich schließlich der Blick nach Südosten über das Illertal zum Grünten und dem Gebirgszug östlich von Sonthofen. Im weiteren Abstieg bleiben wir auf der rechten Seite des Weidezauns

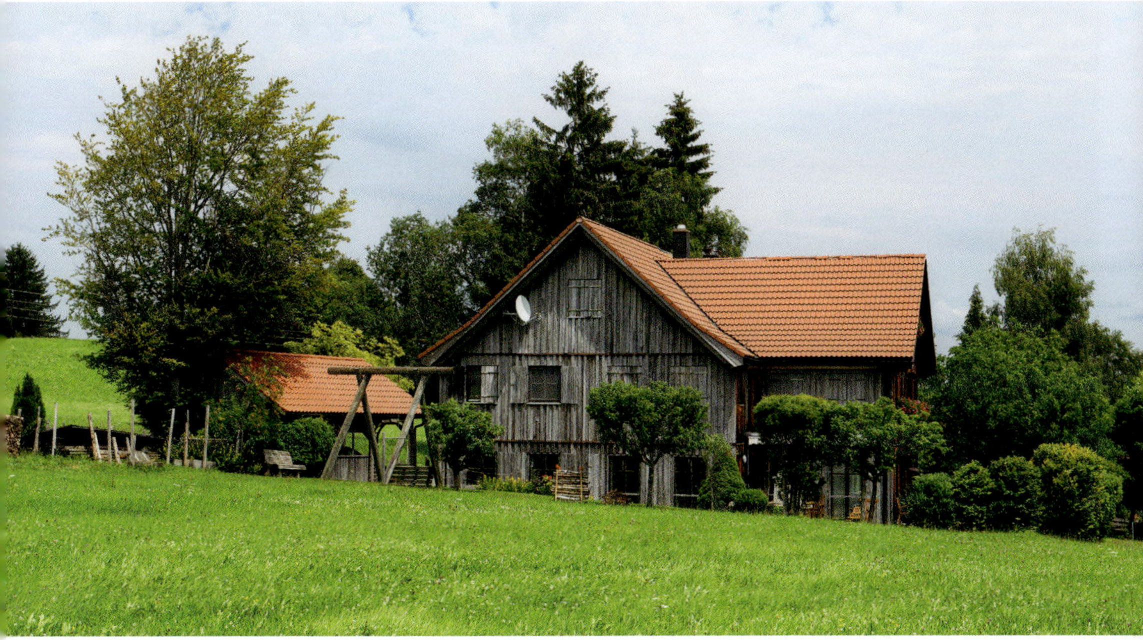

und laufen über das Gras, bis wir weiter unten auf einen breiteren Weg treffen. Dort halten wir uns rechts, nehmen die Linkskurve und biegen am Wegende bzw. beim **Bildstock** mit der Jahreszahl 1862 links in Richtung Zaumberg-Einharz ab.

Mit reichlich Holz errichteter Hof bei Akams

Gipfelkreuz auf dem Hochholder

Über Akams ... Weiter bergab führt uns der Weg nach **Luitharz** und von dort über die wenig befahrene Ortsverbindungsstraße nach Akams. Auch wenn wir diesen Abschnitt zügig zurücklegen könnten, sollten wir uns Zeit lassen und die herrliche Sicht nach Süden auf den Mittag und das Immenstädter Horn, auf den Stuiben und die Hörnergruppe sowie im Südosten bis zu den Allgäuer Hochalpen auf uns wirken zu lassen. In **Akams** durchschreiten wir den tiefsten Punkt

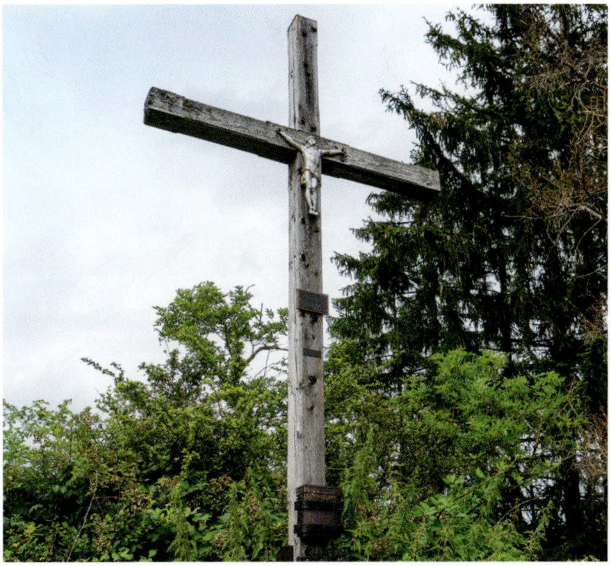

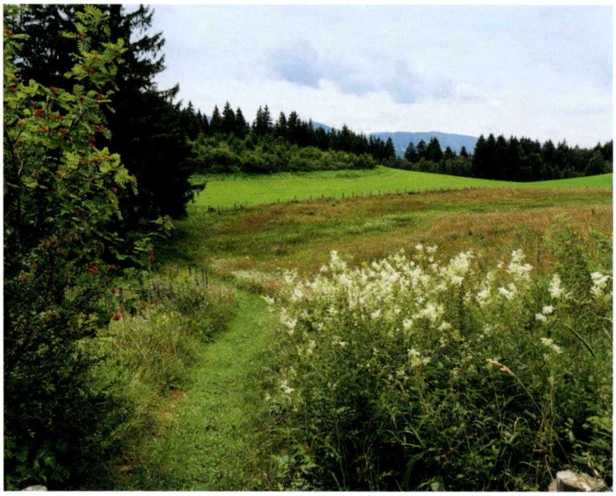

dieser Runde und haben außerdem die Wahl: Wer die Tour mit einer Einkehr verbinden möchte, findet einen Steinwurf weiter rechts das Wirtshaus Zum lustigen Hirsch Akams.

... auf den Hochholder Andernfalls biegen wir am Ortsrand links ab und folgen der Beschilderung, nun in nördlicher Richtung, auf den etwas abseits vom Wanderweg gelegenen Gipfel des **Hochholder**. Zurück auf dem Wanderweg tauchen wir in den Wald ein, wo wir bei der nächsten beschilderten Kreuzung links abzweigen und an einer **Schutzhütte** sowie dem **Ferienhof Klepf** vorbei zurück nach **Knottenried** wandern. Die letzten Meter bis zu unserem Ausgangspunkt bei der **Sternwarte** erfolgen auf bekanntem Weg.

Im Sommer säumt duftendes Mädesüß die Wege unterhalb Knottenried.

Diesige Sicht zum Grünten und ins obere Illertal

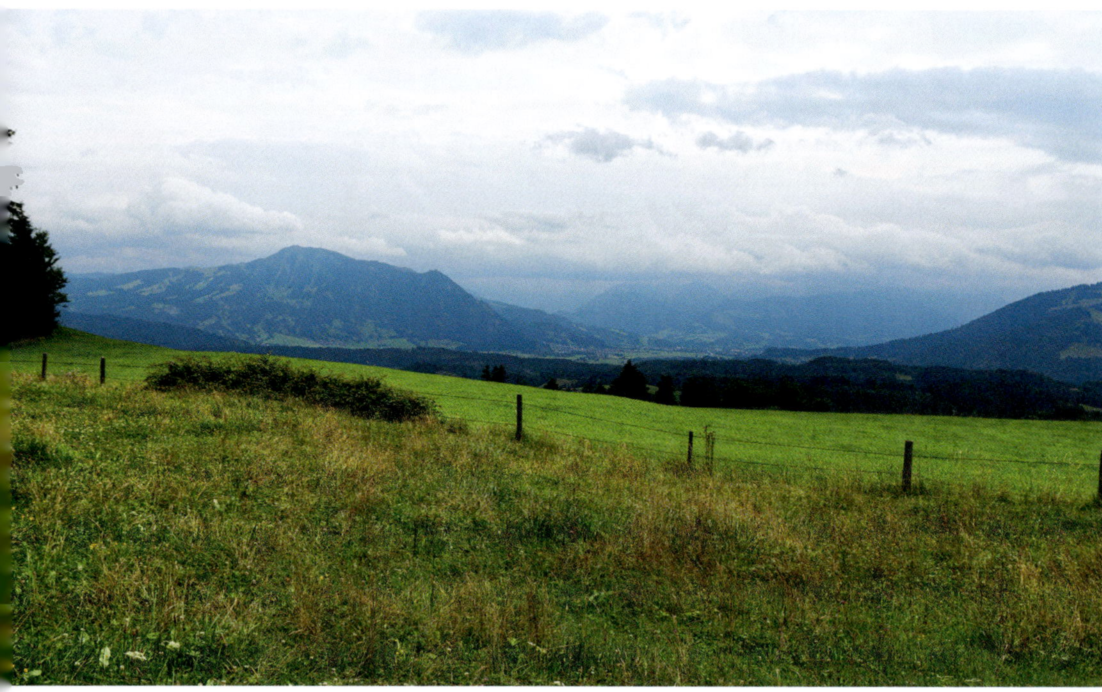

Wichtiges zur Tour

Tourencharakter
Der Abstieg bis zum Bildstock erfolgt über Wiesenpfade, danach geht es über wenig befahrene Ortsverbindungen und eher breite Wirtschaftswege.

Ausgangspunkt/Endpunkt
Sternwarte Knottenried (995 m)

Höchster Punkt
Knottenried (1003 m)

Anfahrt
Auto: Die Anfahrt erfolgt ab Immenstadt über die St 2006 (Missener Straße). Nach ca. 6 km rechts nach Knottenried abzweigen und der Straße durch den Ort bis zur Sternwarte folgen. GPS 47.6030, 10.1885;
Bus & Bahn: Ab Immenstadt bestehen Busverbindungen zur Haltestelle Knottenried, Immenstadt.

Einkehr
Landgasthof Zum Lustigen Hirsch in Akams (Mi–Mo ab 10 Uhr, www.lustiger-hirsch.de)

Karte
Zumstein Wanderkarte 1:30 000, Immenstadt

Informationen
Touristinfo Alpseehaus, Tel. 08323/99 88 77, www.alpsee-gruenten.de

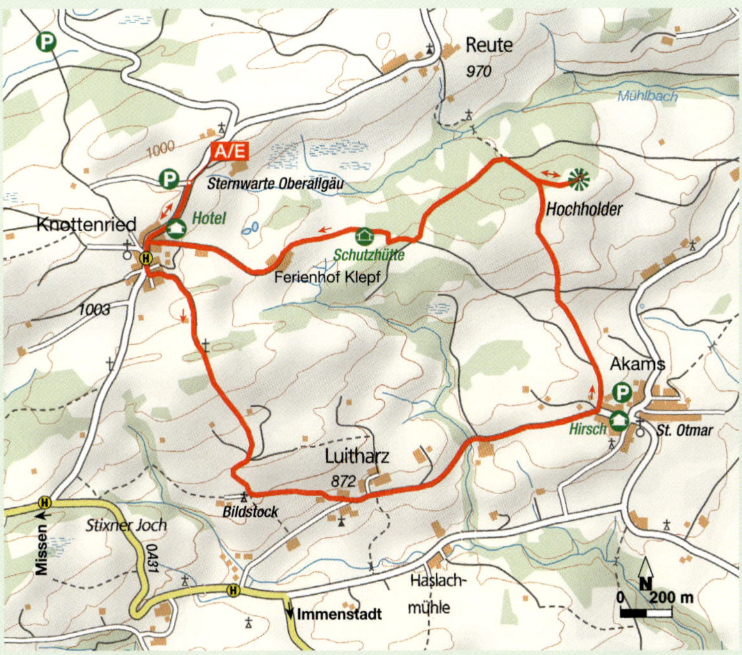

4 Panoramaweg Immenstadt

Durch den Eichenwald zum Rothenfels

- mittel
- 2.30 Std.
- 180 Hm
- 7 km
- nein

Auf dieser eher lockeren Runde machen wir Bekanntschaft mit tierischen Landschaftspflegern sowie der ehemaligen Grafschaft Königsegg-Rothenfels. Auf bequemen Wegen geht es schließlich nach Bühl am Alpsee und über den Kleinen Alpsee zurück nach Immenstadt.

Vom Vieh zu den Eichen Als Startpunkt haben wir den zentral zwischen der Bahnlinie und der Konstanzer Ach gelegenen **Viehmarktplatz** gewählt, an dem sich auch zwei regional bedeutende Radwege befinden. Wir laufen die Runde entgegen dem Uhrzeigersinn. Damit verlassen wir den Parkplatz auf seiner Ostseite, umgehen den Kreisverkehr und folgen der Montfortstraße bzw. B 308 bis zur Kreuzung mit der Luitpoldstraße. Links ab überqueren wir die hier durch ein Stauwehr gezähmte Konstanzer Ach und finden mit dem **Parkplatz an der Aach** eine zweite günstige Parkmöglichkeit. Jenseits der Parkfläche führt uns dann das blaurote Steinmännlesignet der Allgäuer Wandertrilogie links durch die **Kalvarienbergstraße** an den Waldrand. Mit dem Steinmännlesignet spazieren wir über einen Treppenweg hinauf zur Straße An der Schießstätte. Dort biegen wir zweimal kurz nacheinander links ab und folgen dem bequem zu laufenden Weg in den **Eichenwald**.

Naturfreundehaus oberhalb des Eichenwalds von Immenstadt

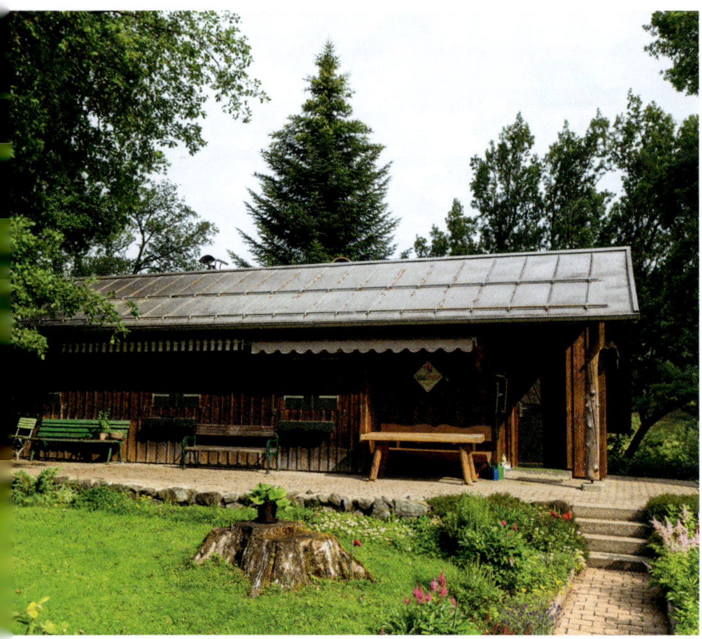

Aussicht am Grählweg Wo die Bäume kurz den Blick auf Immenstadt und – nach Süden und Westen – zum Mittag und zum Immenstädter Horn freigeben, zweigen wir rechts ab. Damit geht es aus dem Wald hinaus (rechts halten) und am Naturfreundehaus vorbei zurück an die Straße **Hinter der Schießstätte**. Wer abkürzen möchte, kommt links auf direktem Weg zur Alpe Rothenfels. Wir indes kreuzen die Straße und biegen erst 200 Meter weiter links ab. Am Waldrand treffen wir auf den Grählweg, der uns bei nur noch geringer Steigung links zur **Aussicht am Grählweg** führt. Hier hilft eine alte Panoramatafel, die gegenüberliegenden Berge und Gipfel der Allgäuer Hochalpen zu bestimmen.

Allgäuer Eichelschwein

Im Eichenwald oberhalb von Immenstadt leben seit 2017 die sogenannten Eichelschweine. Damit wird eine historische Form der Tierhaltung wiederbelebt, welche dazu beiträgt, den lichten Eichenwald offen zu halten. So bleibt dieser als Lebensraum für Vögel und Insekten sowie Fledermäuse erhalten.

Burgruine Rothenfels Mit diesen Eindrücken geht es an einer Himmelsliege vorbei in den Wald, wo wir auf die Abkürzer treffen und dem Steinmännlesignet zu den **Ruinen Hugofels und Rothenfels** folgen. Allzu viel dürfen wir vor Ort leider nicht erwarten. So haben von der einst stolzen Burg Rothenfels nur spärliche Mauerreste die Zeit überdauert. Auch die Anfänge der Burg liegen im Dunklen. Wohl aber informiert vor Ort eine Tafel über die wechselvolle Geschichte der Anlage. Demnach zählte die Rothenfels zu den Festungen, welche während des Bauernkriegs 1525 zwar belagert, aber nicht erobert wurden. Gegen Ende des Dreißigjährigen Kriegs diente der Bergfried als Gefängnis. Nachdem 1780 die noch vorhandenen Dachziegel abgetragen wurden, fand 1811 die letzte Messe in der Schlosskapelle statt. Sechs Jahre danach wurden die Schlossmauern abgebrochen. Wer den steilen Pfad hoch zum alten Regierungssitz der Grafschaft Königsegg-Rothenfels nimmt, wird jedoch auch heute noch mit einer überraschend schönen Sicht auf den Großen Alpsee belohnt.

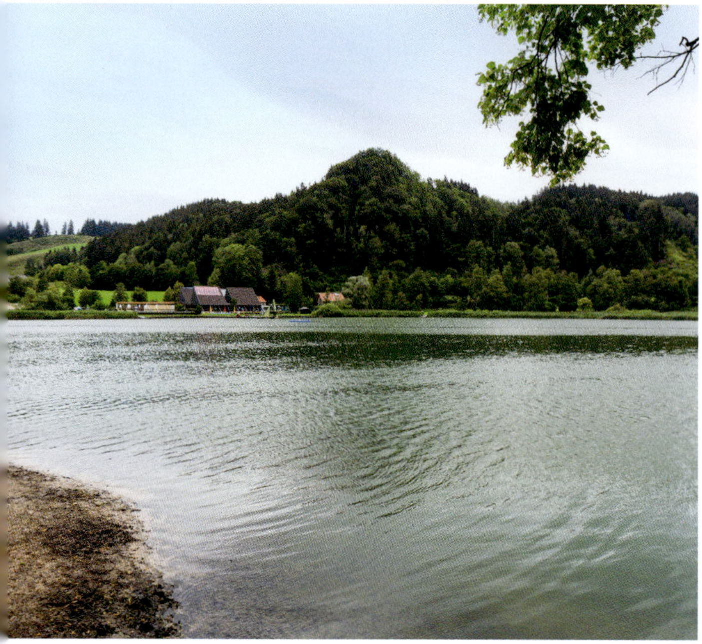

Aussicht vom Uferweg über den Kleinen Alpsee

Burgruine Hugofels Auf der anderen Seite des Fahrwegs bildete die Burg Hugofels einst eine Doppelburg mit der Rothenfels. Auch sie gelangte im 15. Jahrhundert in den Besitz von Graf Hugo XIII. von Montfort. Der Pfad hinauf zur Burgruine ist etwas besser zu laufen, die Reste des ehemaligen Donjons sind allerdings noch kläglicher und beschränken sich im Wesentlichen auf einen Teil der Außenmauer sowie ein tiefes Loch – den ehemaligen Burgbrunnen. Vom höchsten zugänglichen Punkt öffnet sich auch hier die Sicht auf den Großen Alpsee sowie über Immenstadt auf den Mittag. Verglichen mit der Aussicht am Grählweg sollten wir unsere Erwartungen aber lieber etwas dämpfen.

Abstecher an den Großen Alpsee Nach dem kurzen geschichtlichen Abriss folgen wir der Beschilderung über die Zufahrtsstraße zuerst entlang des Waldrands bis zu einem Weiher, dann links hinunter zur **Unterführung** der Kreisstraße nach Missen und jenseits der Straße in Richtung **Bühl**. Nachdem wir einen Großteil der Runde gemeistert haben, können wir die Gelegenheit gerne für einen Spaziergang entlang der Seepromenade nutzen. Auch laden mehrere Gasthäuser und Cafés zum Verweilen ein. Daneben lohnt sich ein Besuch im AlpSeeHaus mit der Touristinfo, dem Naturparkcafé und der Erlebnisausstellung zum Naturpark Nagelfluhkette. Der spätere Rückweg erfolgt dann über den als Radweg ausgewiesenen Badeweg zum Kleinen Alpsee sowie an der **Aussicht Kleiner Alpsee** vorbei nach Immenstadt und zu unserem Ausgangspunkt beim **Viehmarktplatz**.

Wichtiges zur Tour

Tourencharakter
Nach dem ersten Anstieg erwartet uns eine attraktive Höhenwanderung auf bequem zu gehenden Wegen und wenig befahrenen Zufahrtsstraßen. Der Rückweg ab Bühl ist barrierefrei.

Ausgangspunkt/Endpunkt
Viehmarktplatz Immenstadt (725 m)

Höchster Punkt
Anhöhe östlich Hugofels (ca. 855 m)

Anfahrt
Auto: Die Anfahrt erfolgt über die B 308 bis Immenstadt. Im Kreisverkehr mit der Missener Straße und Montfortstraße zum Viehmarktplatz abfahren. GPS 47.5615, 10.2096; Bus & Bahn: Es bestehen Zug- und Busverbindungen zum Bahnhof Immenstadt. Der Zugang zur Wanderung erfolgt über die Missener Straße.

Einkehr
Gastronomie in Immenstadt und Bühl am Alpsee

Karte
Zumstein Wanderkarte 1:30 000, Immenstadt

Informationen
Touristinfo Alpseehaus, Tel. 08323/ 99 88 77, www.alpsee-gruenten.de

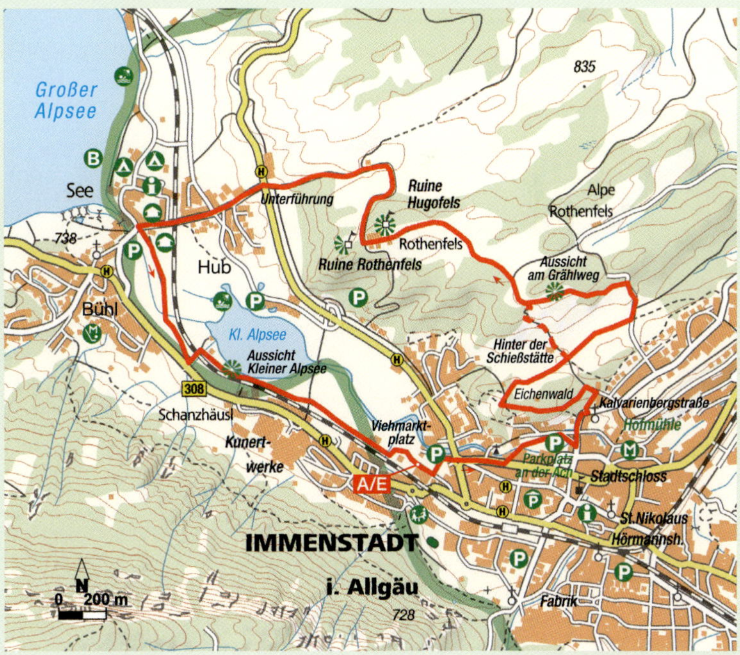

5 Ofterschwanger Horn

Aufstieg von der Gunzesrieder Seite

- mittel
- 2.45–3.15 Std.
- 360 Hm
- 7 km
- nein

Klassische Hörner-Wanderungen beginnen und enden bei den Bergstationen der Hörnerbahn nahe dem Bolsterlanger Horn bzw. dem Weltcup-Express von Ofterschwang. Der Start beim Allgäuer Berghof ist auch ohne Bergbahnen möglich und bietet uns eine reizvolle Alternative zur Streckenwanderung.

Locker durch den Tobel Als Tagesgäste nutzen wir den **Parkplatz unterhalb des Allgäuer Berghofs** am Ende der öffentlich befahrbaren Mautstraße. In ihrer Verlängerung passieren wir das Angestelltenhaus des Familienhotels, nehmen die scharfe Rechtskurve und halten uns beim Wegweiser rechts. Der erste Abschnitt der Runde führt uns in

Mehrere Kehren entschärfen den Aufstieg zu den Hörnern.

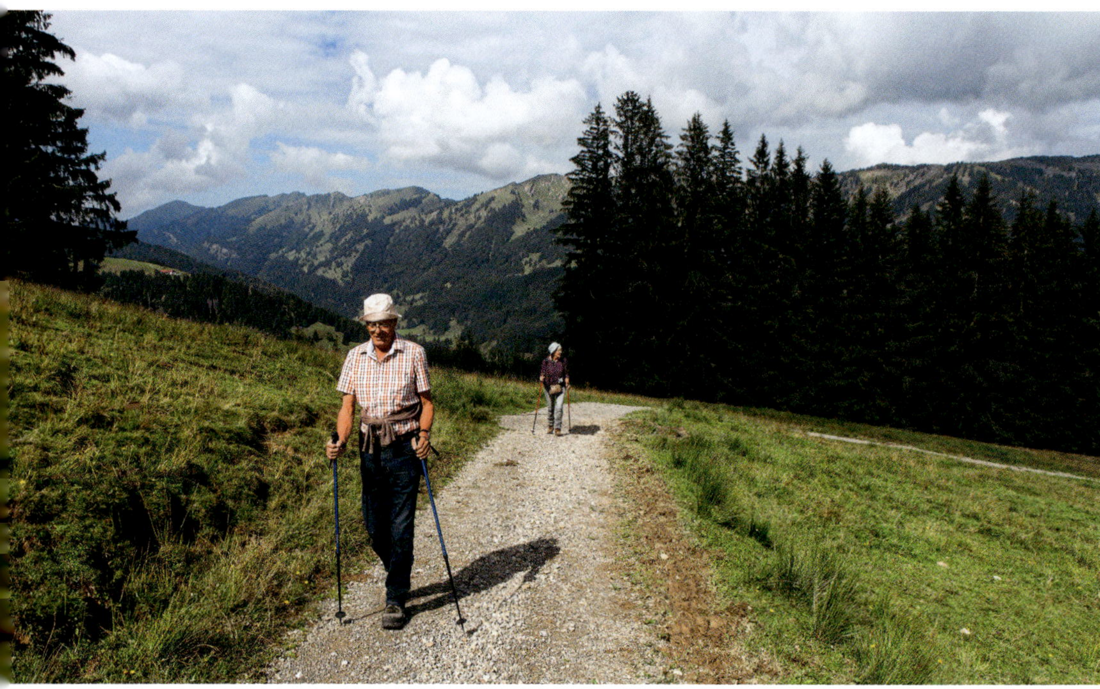

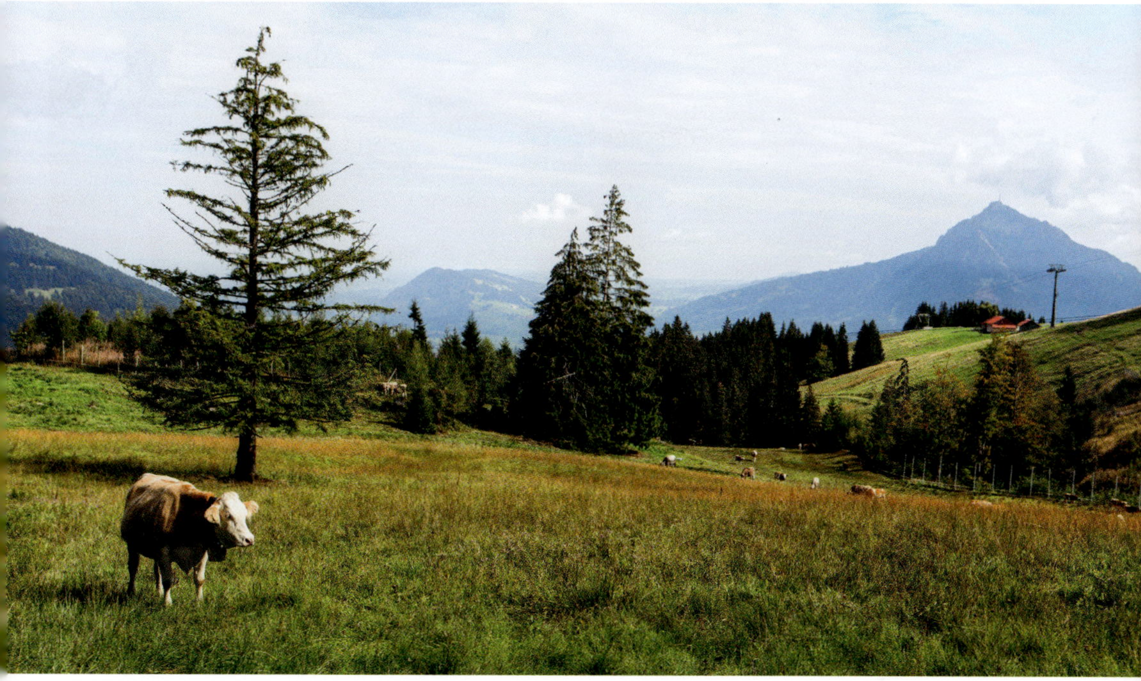

Blick über die Märchenwiese zum Grünten

Richtung Ostertal. An der Mittelstation der **Ossi-Reichert-Bahn** vorbei, tauchen wir in den Wald ein und können uns bei einem leichten Gefälle allmählich warmlaufen. Nachdem rechts ein Forstweg nach Gunzesried abzweigt, kreuzen wir den Obergeißrückentobel. So lang der Name des Gewässers ist, so wenig Wasser führt er für gewöhnlich. Allein die starke Verbauung verrät, dass auch dieser Tobel zu einem reißenden Wildbach anschwellen kann. Gleich danach verlassen wir den Wald wieder und erreichen oberhalb der **Geißrückenalpe** den tiefsten Punkt dieser Runde.

Märchenhafter Aufstieg Mit freier Sicht auf weite Teile der Nagelfluhkette biegen wir links zum Weltcup-Express und dem Ofterschwanger Horn ab. Es folgt der Aufstieg über die Märchenwiese, eine beliebte Skiroute. Mehrere Kehren entschärfen die Steigung und eröffnen uns wechselnde Blickrichtungen über das Gunzesrieder Tal zu den gegenüberliegenden Bergen sowie nach Nordosten zum Grünten. Wir wandern rund 1800 Meter bergan, dann besteht die Möglichkeit, links zur Bergstation des Weltcup-Expresses

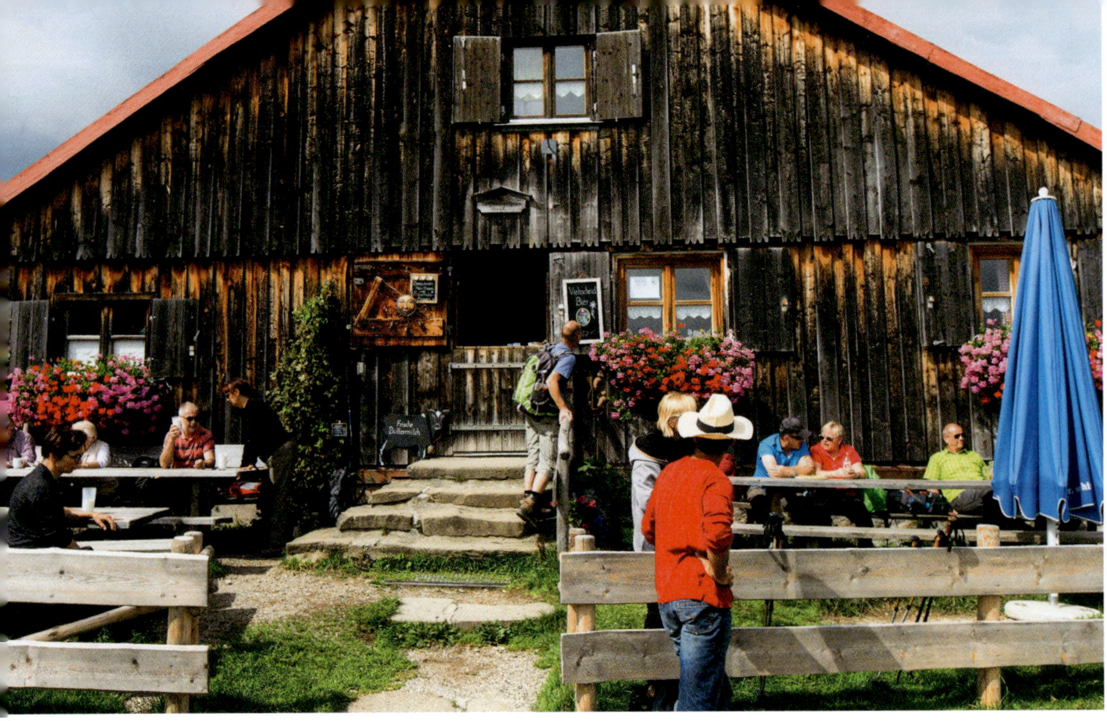

Alpe Fahnengehren

abzukürzen. Schöner ist es, dem Bergweg bei nun geringer Steigung weiter bis zur Alpe Fahnengehren zu folgen.

Ofterschwanger Horn Damit halten wir uns rechts, kommen als Nächstes zu einer **Panoramatafel** und überwinden den Bergrücken zwischen dem Gunzesrieder Tal und der Iller. Wo unser Weg auf den Hörner-Panoramaweg trifft, trennen uns schließlich nur noch wenige Schritte von der **Alpe Fahnengehren**. Nach einer wohlverdienten Einkehr laufen wir zum letzten Wegweiser zurück und haben dort die Qual der Wahl: Wer ein etwas steileres Gelände nicht scheut, darf gerne den leicht ausgetretenen Pfad hinauf zum **Ofterschwanger Horn** in Angriff nehmen. Ansonsten können wir den Gipfel auch auf dem barrierefreien Weg entlang der Ostseite auslassen. Weiter nördlich treffen beide Varianten wieder zusammen und nehmen dann gemeinsam Kurs auf die Weltcup-Hütte. Ab dort erfolgt der Rückweg über den Fahrweg bis hinunter zum **Allgäuer Berghof**.

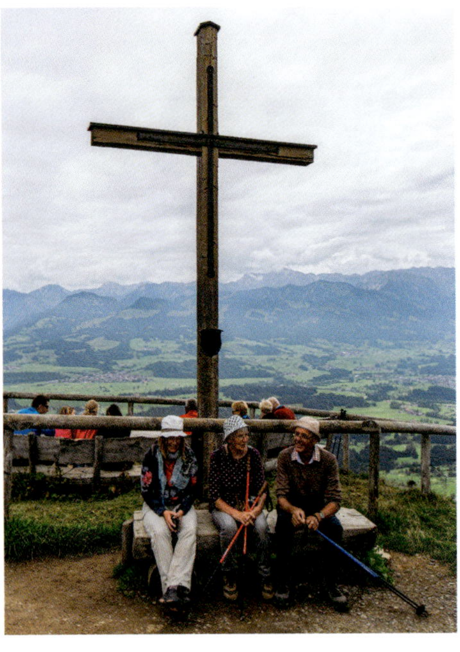

Rast auf dem Ofterschwanger Horn

Wichtiges zur Tour

Tourencharakter

Bequeme Bergwanderung auf überwiegend breiten Wegen. Für den Anstieg über die Märchenwiese ist etwas Kondition am Berg von Vorteil. Das Ofterschwanger Horn kann barrierefrei umgangen werden.

Ausgangspunkt/Endpunkt

Parkplatz beim Allgäuer Berghof (1150 m)

Höchster Punkt

Ofterschwanger Horn (ca. 1406 m)

Anfahrt

Auto: Von der B 19 bei Sonthofen nach Blaichach auf die OA 5 abfahren, bei Bihlerdorf auf die OA 27 Richtung Gunzesried abbiegen und anschließend der Beschilderung über die Mautstraße zum Allgäuer Berghof folgen. GPS 47.5078, 10.2232; Bus & Bahn: Ab Sonthofen und Oberstdorf bestehen Busverbindungen zur Haltestelle Ofterschwang Ortsmitte, der Zugang zur Wanderung erfolgt dann mit dem Weltcup-Express.

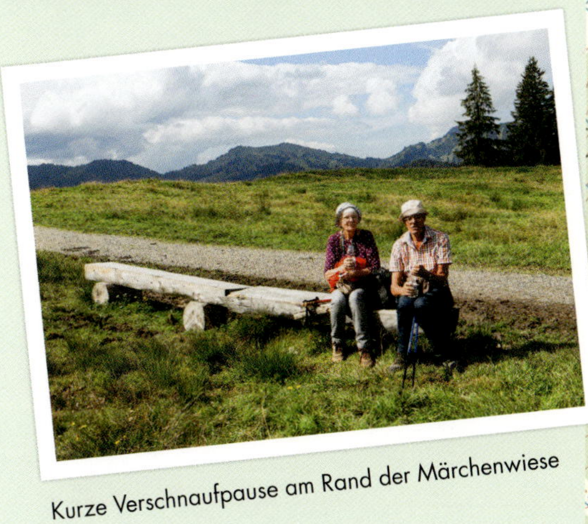

Kurze Verschnaufpause am Rand der Märchenwiese

Einkehr

Alpe Fahnengehren, Weltcup-Hütte

Karte

AV-Karte 1:25 000, BY 1 Allgäuer Voralpen West

Informationen

Tourismus Hörnerdörfer, Tel. 08326/36460, www.hoernerdoerfer.de

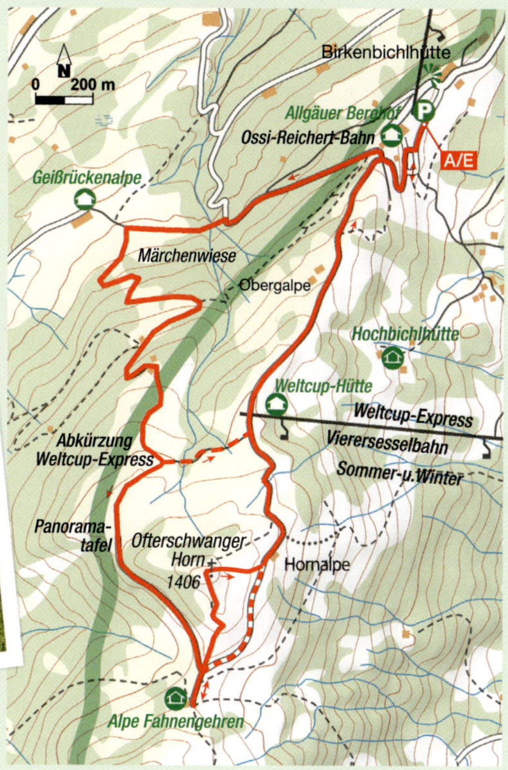

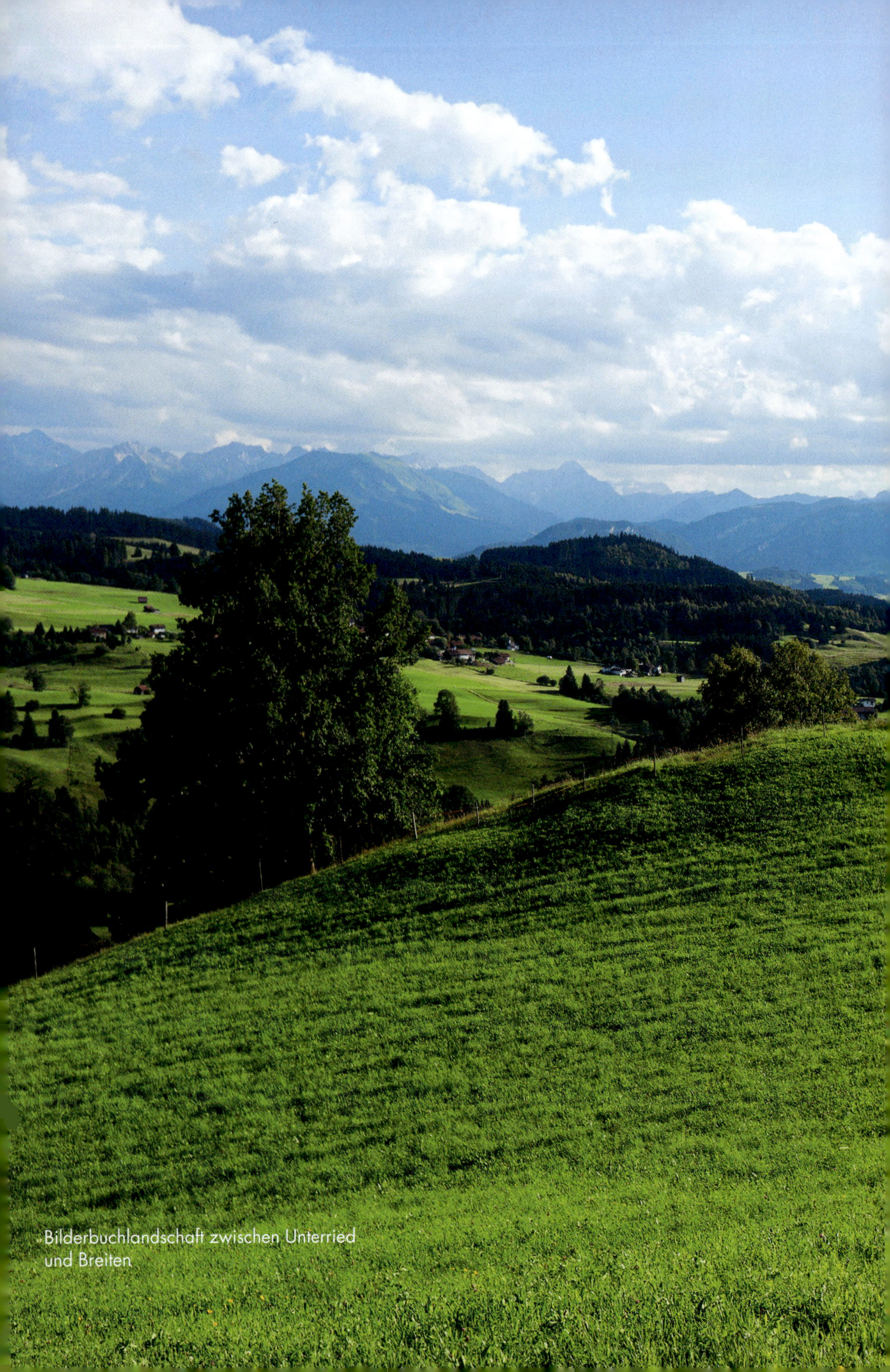

Bilderbuchlandschaft zwischen Unterried und Breiten

Sonthofen und Bad Hindelang

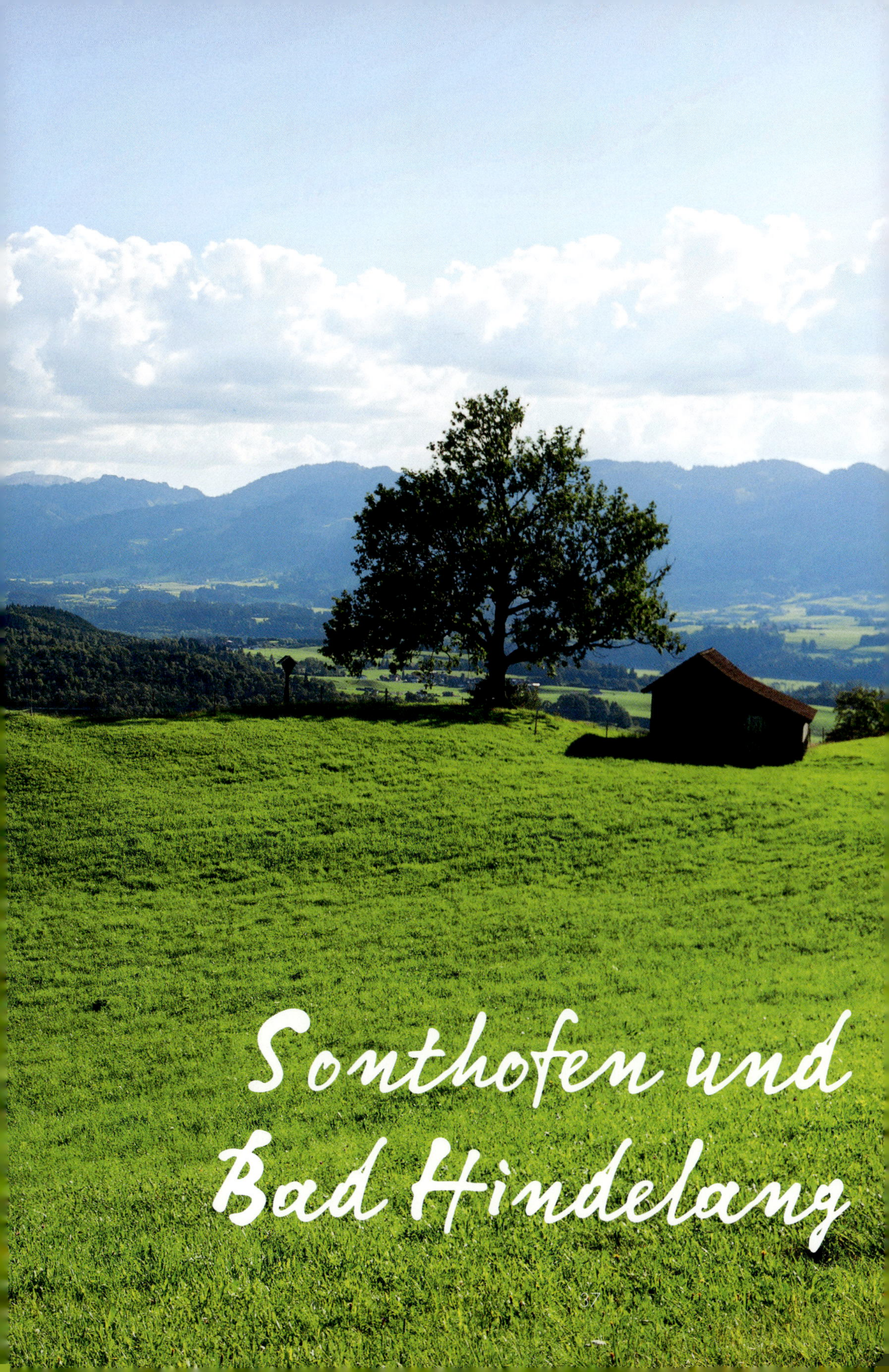

6 Malerwinkel und Schöne Aussicht

Ausblicke zwischen Margarethen und Hinang

- schwer
- 3.30–4 Std.
- 320 Hm
- 9,7 km
- nein

Auf der als Sonthofener kleine Panoramarunde bekannten Tour wandern wir auf gelb-weiß markierten Strecken – das steht für leicht begehbare Wanderwege. Dem zum Trotz müssen wir uns hier auf mehrere Steigungen einstellen, bei denen Trittsicherheit von Vorteil ist. Wer den südwestlichen Teil abkürzt, kann die Runde deutlich entschärfen.

Besser gut vorbereitet Für die gesamte Runde ist es von Vorteil, Stöcke mitzunehmen. Feste Wanderschuhe mit ausreichend Profil und Halt sind sowieso obligatorisch. Da uns die Tour zu mehreren sehr schön gelegenen Aussichtspunkten und Rastplätzen führt, sich direkt am Weg jedoch kaum Einkehrmöglichkeiten finden, gehört außerdem etwas zu trinken und ein wenig Proviant in den Rucksack. So ausgerüstet, steht uns eine Runde bevor, an die wir uns gerne erinnern werden, vorausgesetzt natürlich, das Wetter spielt mit.

Hinanger Wasserfall

Der Hinanger Wasserfall befindet sich oberhalb von Hinang und beeindruckt durch seine versteckte Lage zwischen hoch aufragenden Felswänden. Der Zugang zum Wasserfall erfolgt über einen mit Brücken und Stufen erschlossenen Bergweg. Mit dem Abstecher verlängert sich die Runde um 800 Meter, auf denen 60 Höhenmeter zu leisten sind.

Hörner und Nagelfluh im Blick Als Startpunkt haben wir den **Wanderparkplatz** zwischen Hofen und Beilenberg gewählt. Von dort geht es zunächst entlang der Straße nach **Hofen**, wo wir bei der Kapelle St. Ludwina rechts abbiegen und der gelb-weißen Markierung bergan zum Wald folgen. Dort angekommen, wechseln wir rechts auf den Pfad nach Beilenberg. Da wir uns hier am Waldrand bewegen, eröffnet

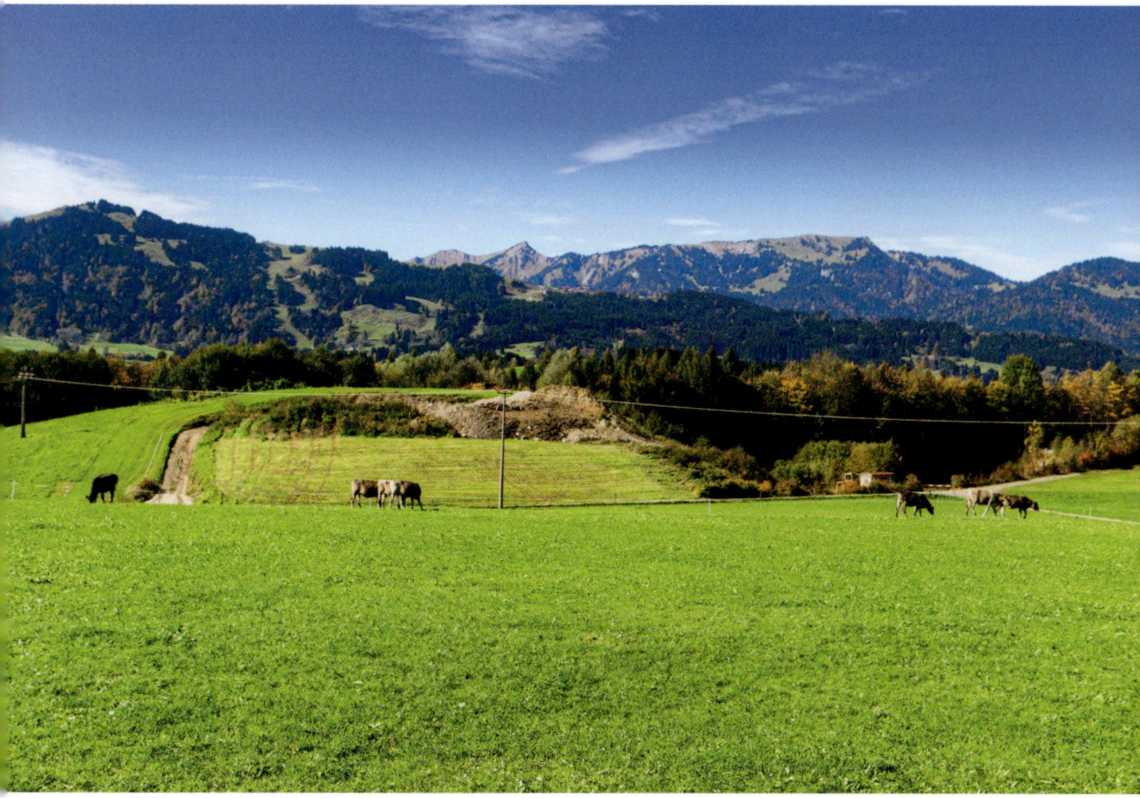

Panorama-Aussicht über das Illertal zu den Bergen im Naturpark Nagelfluhkette

uns der Pfad einige schöne Blicke zu einer landschaftsprägenden Baumreihe sowie nach Westen über das Illertal hinweg zu Mittag, Bärenköpfle und Steineberg (von Nord nach Süd). Über die Hörnergruppe erhebt sich in der Ferne sogar der Stuiben als einer der reizvollsten, wenn auch nur über alpine Pfade erreichbaren Vertreter der Nagelfluhkette.

Über Hochweiler nach Hinang Im weiteren Verlauf queren wir den Schwarzenbach, entfernen uns allmählich vom Wald und lassen zwei Abzweige nach Beilenbach rechts liegen. Über einen Feldweg erreichen wir schließlich den Leybachtobel. Wo wir im nächsten Waldstück auf einen Fahrweg treffen, biegen wir erst links und 200 Meter weiter am Waldrand rechts in Richtung Hinang ab. Damit bleiben wir im Wald, überqueren den Leybach und gelangen schließlich über eine offene Fläche nach **Hochweiler**

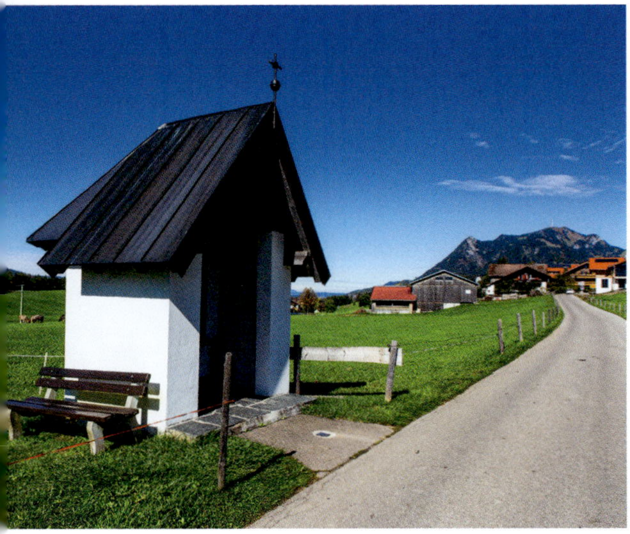

zum höchsten Punkt der Panoramarunde. Bei der Kapelle mündet unser Weg in die Ortsstraße, der wir rechts nach Hinang folgen. Direkt unterhalb von Hochweiler lohnt sich rechts ein Abstecher zur Gedenkstätte Königin der Liebe, wo wir eine Madonnen-Figur samt Bänkle und Aussichtspunkt vorfinden. Mit einer weitreichenden Sicht über das Illertal zur Hörnergruppe führt uns die Straße schließlich weiter bergab durch eine S-Kurve ins Tal.

Kapelle unterhalb Beilenberg

Wanderer am Scheideweg Auf dem weiteren Weg unterqueren wir die Landstraße von Sonthofen nach Oberstdorf. Wer die technisch schwerere Passage im Burgwald auslassen möchte, kann in **Hinang** bei der Sankt-Martins-Kapelle rechts abbiegen und den direkten Weg nach Altstädten nehmen. Andernfalls geht es bei der Kapelle geradeaus weiter und halten wir uns bei der Gabelung am Ortsrand rechts. Der Weg führt an einer Pferdekoppel sowie am Fußballplatz vorbei an den Waldrand. Trotz der auch auf diesem Abschnitt gelb-weißen Wegmarkierungen erfordert der Aufstieg über mehrere Kehren ein gewisses Maß an Trittsicherheit, ehe wir im Bereich des Burgstalls auf einen breiteren Weg treffen.

Zum Malerwinkel Wer auf diesem Abschnitt Probleme hatte, kann oben zunächst rechts und dann beim folgenden Abzweig links abbiegen und den Burgberg auf der leichteren Ostseite umgehen. Um zum Malerwinkel zu gelangen, müssen wir indes links abbiegen. Nach einer flacheren Passage wird der Pfad felsiger und ist mit Wurzeln überzogen. Mit etwas Umsicht sollten wir aber doch gut zu einer T-Kreuzung gelangen, wo uns links noch fünf Minuten vom **Malerwinkel** trennen. Dort angekommen, öffnet sich an sonnigen Tagen ein Ausblick »wie gemalt« zu den

2000ern rund um Oberstdorf. Mit diesem tollen Eindruck kehren wir anschließend zurück auf den Wanderweg nach Altstädten.

Aussichten über das Illertal Über einen im weiteren Verlauf wieder breiteren und angenehmer zu laufenden Waldweg folgen wir der Beschilderung zur **Schönen Aussicht**. Auch hier ist die Ortsbezeichnung Programm. Während uns Altstädten mit seiner prächtigen Barockkirche zu Füßen liegt, öffnet sich nach Norden eine weitreichende Sicht über Sonthofen und das Illertal. Umrahmt wird diese im Osten vom Grünten und im Westen von den Ausläufern der Hörnergruppe. Wenige Schritte weiter biegen wir scharf links ab und folgen dem Wanderweg an einem weiteren Aussichtspunkt vorbei zu einer geschickt unter einem Felsen aufgestellten Bank. Ab dort erfolgt der Abstieg nach Altstädten links über einen Treppenweg.

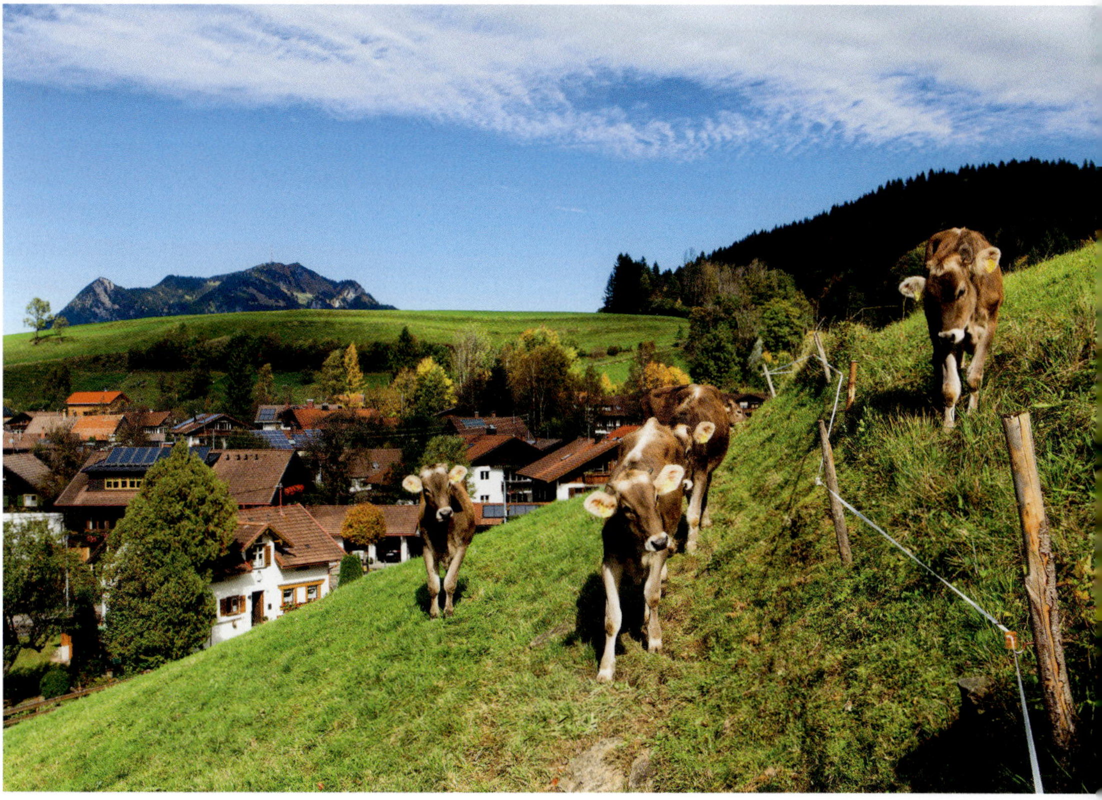

Kälberweide oberhalb von Altstädten

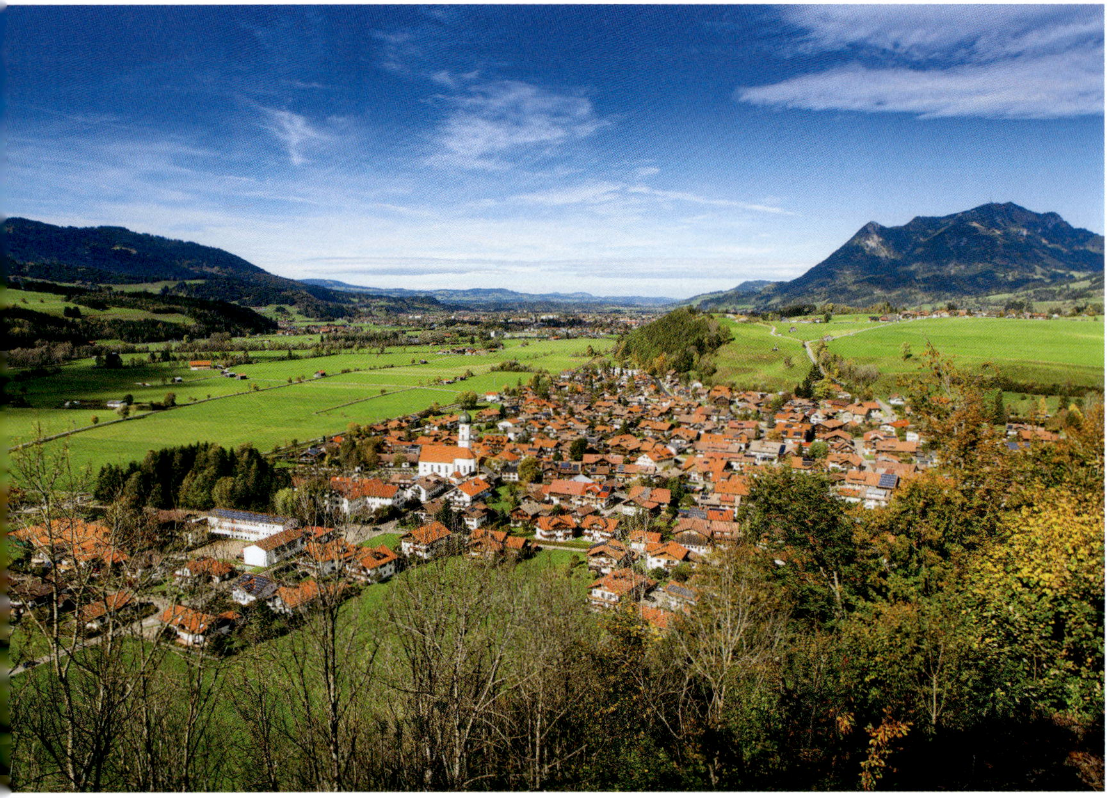

Malerische Sicht über Altstädten und das Illertal zum Grünten

Ziegen dienen der Offenhaltung der Bergweiden.

Den Grünten im Blick In Altstädten kreuzen wir die **Hinanger Straße** und folgen den Wegweisern zum ganzjährig geöffneten **Freibad** mit Schwimmbecken und Gastronomie im Freibadweg. Für den Rückweg passieren wir das weitläufige Gelände, folgen dem anfangs noch breiten Weg in den Wald und überqueren den Leybach im Bereich einer **Furt**. Oberhalb dieser biegen wir scharf links ab und wandern mit der gelb-weißen Markierung an den Waldrand sowie im weiteren Verlauf rechts über eine Weide bis zur Straße und erneut rechts nach **Beilenberg**. Den letzten Abschnitt zurück zum **Wanderparkplatz** können wir dann mit erneut herrlicher Sicht zum Grünten zum lockeren Auslaufen nutzen.

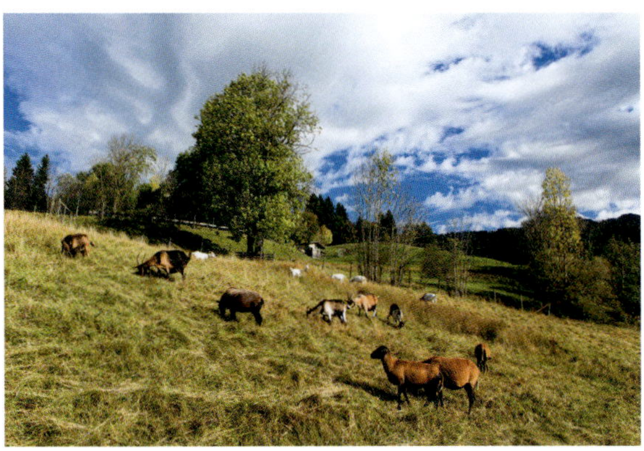

Wichtiges zur Tour

Tourencharakter

Trotz der gelb-weißen Markierung für leichte Wege bedarf es hier einer guten Portion Trittsicherheit und erfordern die Steigungen eine gewisse Ausdauer am Berg. Mit der Variante lässt sich die Tour entschärfen.

Ausgangspunkt/Endpunkt

Parkplatz zwischen Hofen und Beilenberg (810 m)

Höchster Punkt

Hofweiler (ca. 915 m)

Anfahrt

Auto: Von der B 19 bei Sonthofen abfahren, der Beschilderung zum Wonnemar folgen, weiter jenseits der Bahnlinie zur OA 4 (re.) und auf der Bommerstraße über Beilenberg Richtung Hofen bis zum Parkplatz fahren. Alternativ von der B 308 über Margarethen und Hofen bis zum Start. GPS 47.4977, 10.2907; Bus & Bahn: Ab Sonthofen oder Oberstdorf mit der Buslinie 45 bis Altstädten. Der Zugang zur Wanderung erfolgt über den Bergweg.

Einkehr

In Altstädten

Informationen

Touristinfo Sonthofen, T. 08321/615291, www.alpsee-gruenten.de

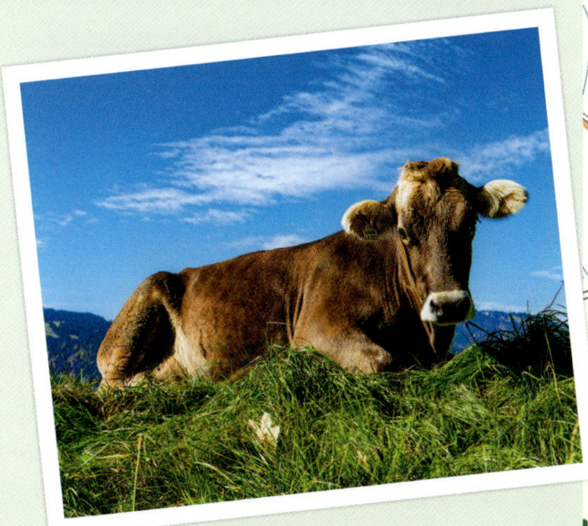

Ich schau' dir in die Augen, Braunvieh!

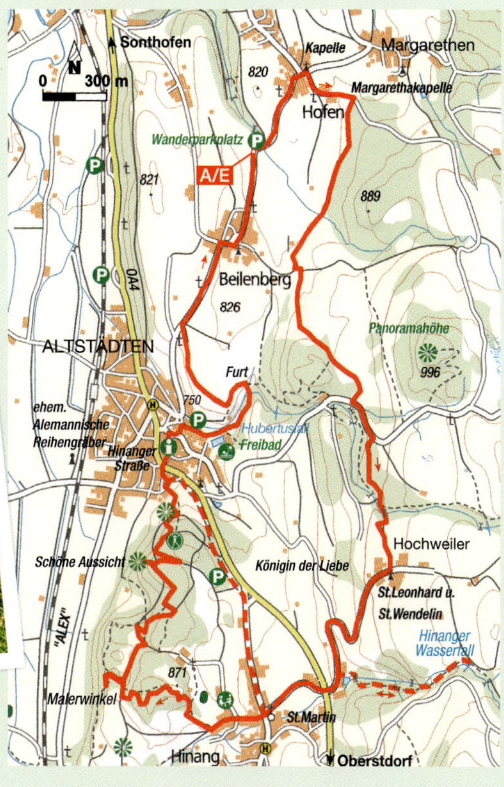

7 Das verschwundene Dorf

Zum ehemaligen Oberried

mittel

2 Std.

250 Hm

5 km

nein

Die Runde nach Oberried haben wir entdeckt, als sich nach einem Gewitter die Sonne wieder durchsetzte und von einem blauen Firmament strahlte. Was wir gefunden haben, ist eine Fülle von Aussichten, vereint auf einer Wanderung, die sich auch ideal dazu eignet, den Tag ausklingen zu lassen.

Imberger Horn und Sonthofener Hörnle im Blick Wir wandern diese Runde entgegen dem Uhrzeigersinn. Damit orientieren wir uns bei der **Kapelle Unterried** rechts und kreuzen den Berghofener Bach. Der Aufstieg nach Breiten führt uns zunächst auf der wenig befahrenen Straße durch den Wald. Sowie wir diesen wieder verlassen, halten wir uns bei der Verzweigung links und passieren einen **Bildstock**. Hier bereits lohnt es sich, innezuhalten und den Blick über die Landschaft schweifen zu lassen. Uns gegenüber befinden sich das Imberger Horn und das Sonthofener Hörnle. Von hier aus gesehen, liegt der Bergzug ab dem späten Nachmittag in der Sonne.

Saftig-grüne Bergwiesen oberhalb von Breiten

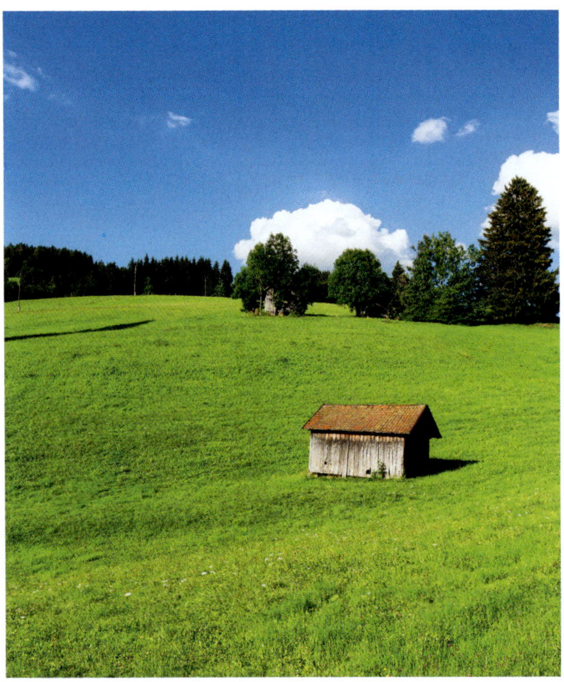

Berge, so weit das Auge reicht Weiter bergan führt uns die Straße um **Breiten** herum, passiert eine Mautstelle und beschreibt eine Linkskurve hoch zur Stuttgarter Hütte. Sowie wir an Höhe gewinnen, rücken allmählich die Gebirgsketten südlich von Bad Hindelang und der

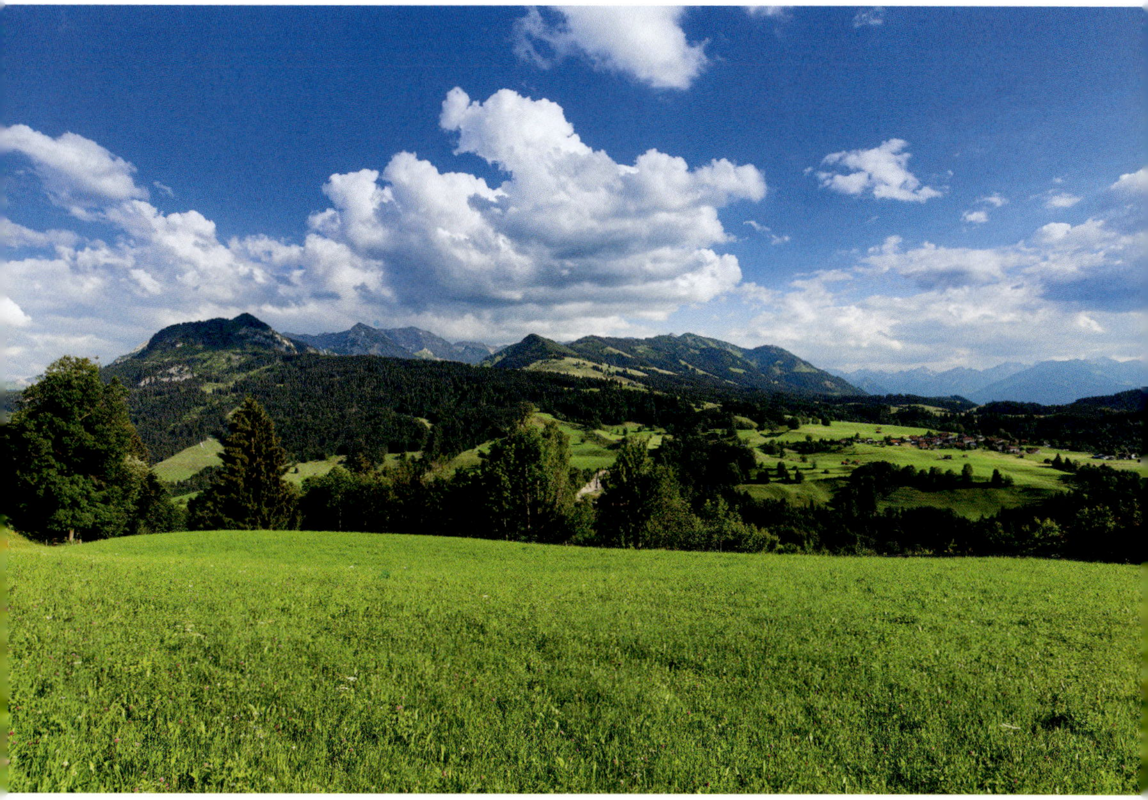

Daumengruppe besser ins Bild. Wenige Meter unterhalb vom **Parkplatz Breiten** wechseln wir am Waldrand auf den rot-weiß markierten Bergweg zur Oberrieder Kapelle. Nachdem wir im Wald ein zweites Mal den Berghofener Bach gekreuzt haben, überqueren wir eine Bergwiese.

Aussicht von Breiten über das Ostrachtal zum Imberger Horn (links) und dem Bergzug mit dem Sonthofener Hörnle

Oberrieder Kapelle Sowie uns der Weg in nördlicher Richtung erneut in den Wald führt, müssen wir beim höchsten Punkt der Wanderung scharf links abbiegen (**Abzweig Oberried**). Hier ändert sich der Charakter der Tour. Waren wir bisher auf leicht zu laufenden Straßen und Wegen unterwegs, erfordert der

Kapelle Oberried

Ende des 19. Jahrhunderts wurden die Höfe von Oberried abgerissen und die Kapelle zu einer einfachen Unterkunftshütte umgebaut. Auf Druck der damaligen Bevölkerung wurde Letzteres wieder rückgängig gemacht, sodass die Kapelle als einziges Gebäude von Oberried erhalten blieb und inzwischen mehrmals saniert wurde.

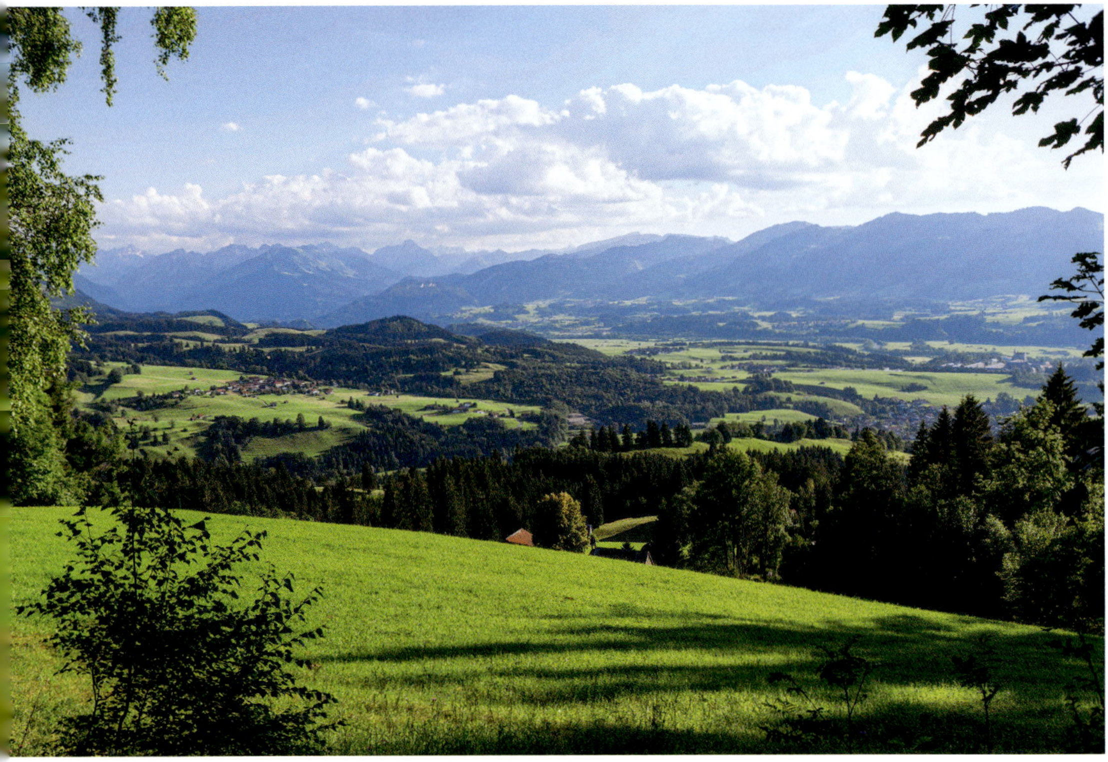

Blick zu den Hörnern und den Allgäuer Hochalpen

Landschaft bei Unterried

Abstieg nun Trittsicherheit. Nach gut 300 Metern aber haben wir bei der **Rast und Infohütte** das Gröbste überstanden. Einen Steinwurf weiter unten erfahren wir, was es mit dem Sonthofer Zeichenstein auf sich hat, und erreichen die **Kapelle Oberried**. Vor Ort informieren Tafeln über die Geschichte des einst höchstgelegenen Ortsteils der Marktgemeinde Sonthofen. Im Anschluss daran folgen wir der Wegschlaufe durch den noch jungen Obstgarten unterhalb der Rasthütte. Von dort halten wir uns einfach an die gelb-weiße Markierung zurück nach Unterried, wo diese kurze und kurzweilige Runde endet.

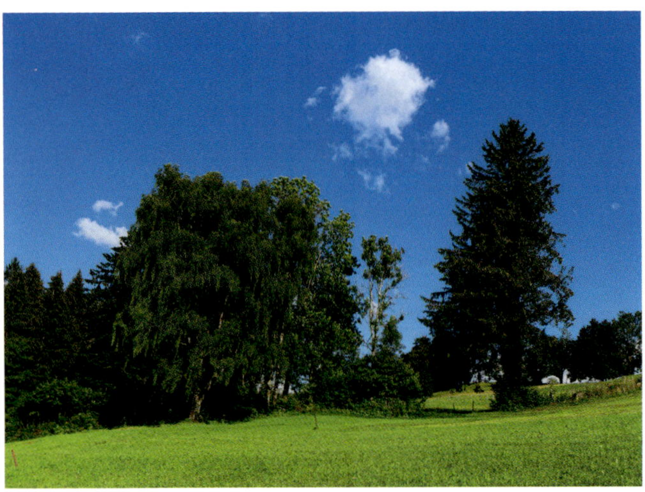

Wichtiges zur Tour

Tourencharakter
Bis zum Parkplatz Breiten ist dies eine sehr einfache und aussichtsreiche Tour auf wenig befahrenen Straßen und Mautstraßen. Die Passage zwischen Abzweig Oberried und der Kapelle erfordert festes Schuhwerk. Stöcke sind von Vorteil.

Ausgangspunkt/Endpunkt
Kapelle Unterried (895 m)

Höchster Punkt
Abzweig Oberried (ca. 1160 m)

Anfahrt
Auto: Von der B 19 bei Sonthofen auf die östliche Alpenstraße abfahren, bei der Jägerkaserne links in die Berghofer Straße und dann rechts in den Fluhensteinweg abbiegen, der Straße über Staig und Walten bis Unterried folgen. GPS 47.5166, 10.3155; Bus & Bahn: –

Einkehr
Keine, aber schöne Rastmöglichkeiten

Informationen
Touristinfo Sonthofen, Tel. 08321/61 5291, www.alpsee-gruenten.de

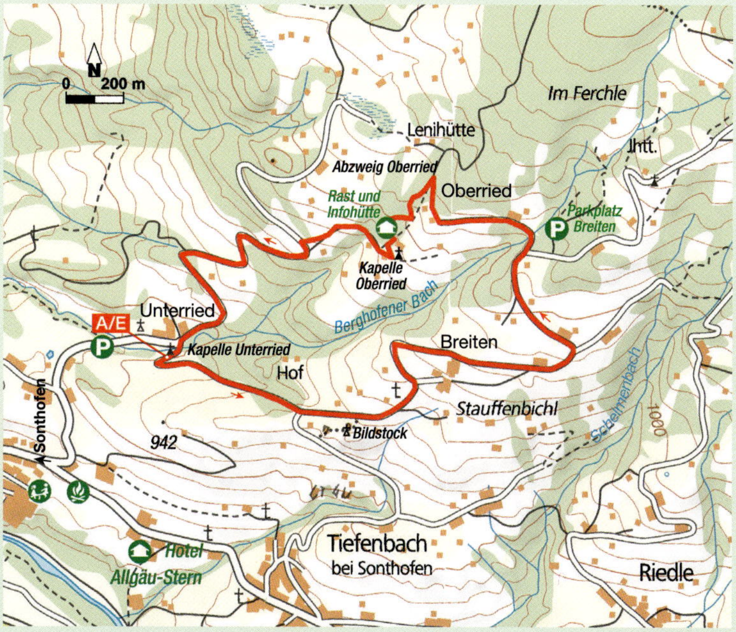

8 Unter dem Imberger Horn

Strausbergalpe versus Strausberghütte

leicht/mittel
2 Std.
190 Hm
4,7 km
nein

Der Höhenzug westlich des Imberger Horns ist so etwas wie die Hausstrecke der Sonthofener. Die Gasthäuser und Alpen sind gut zu erreichen. Das gilt übrigens auch für all diejenigen, die mit dem E-Bike oder Pedelec unterwegs sind. Unsere Runde führt uns zunächst auf einfachem Terrain zur Strausbergalpe, dann über den Zwölferkopf zur Strausberghütte.

Im Strausbergtal Vom **Parkplatz Strausberg** am Ende der Mautstraße folgen wir dem Fahrweg in Richtung Imberger Horn. Dieser erste nur sachte ansteigende Abschnitt führt uns durch das durch Gletscher geformte Strausbergtal. Rechts von uns fällt das Gelände steil zum Löwenbach ab. Bald öffnet sich die Sicht direkt nach Süden auf

Blick über das Strausbergmoos

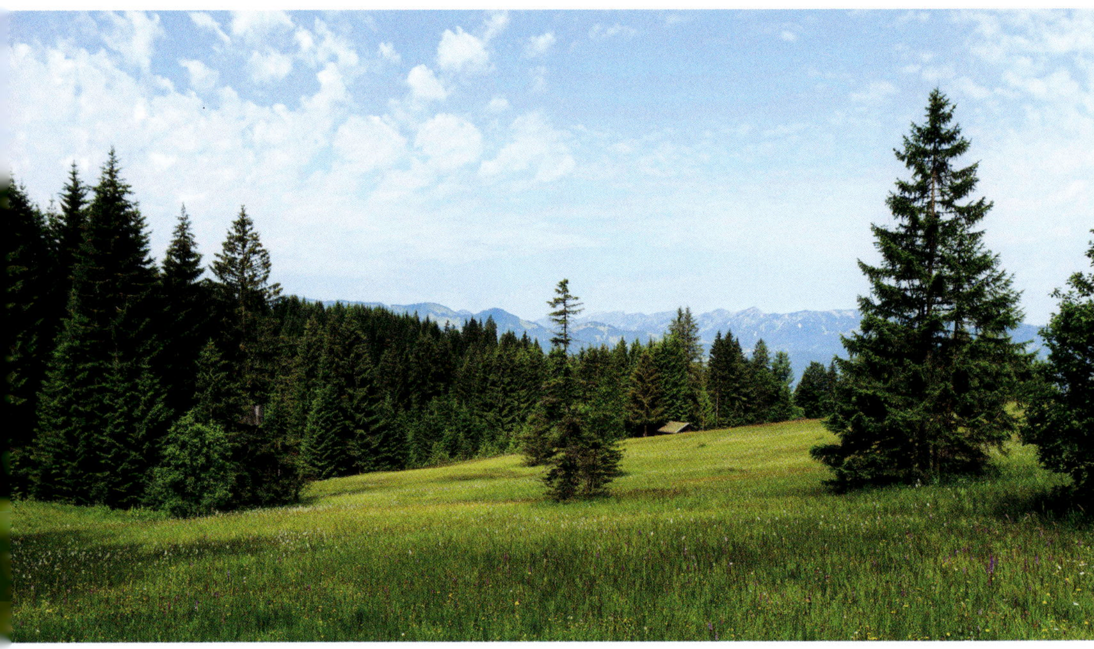

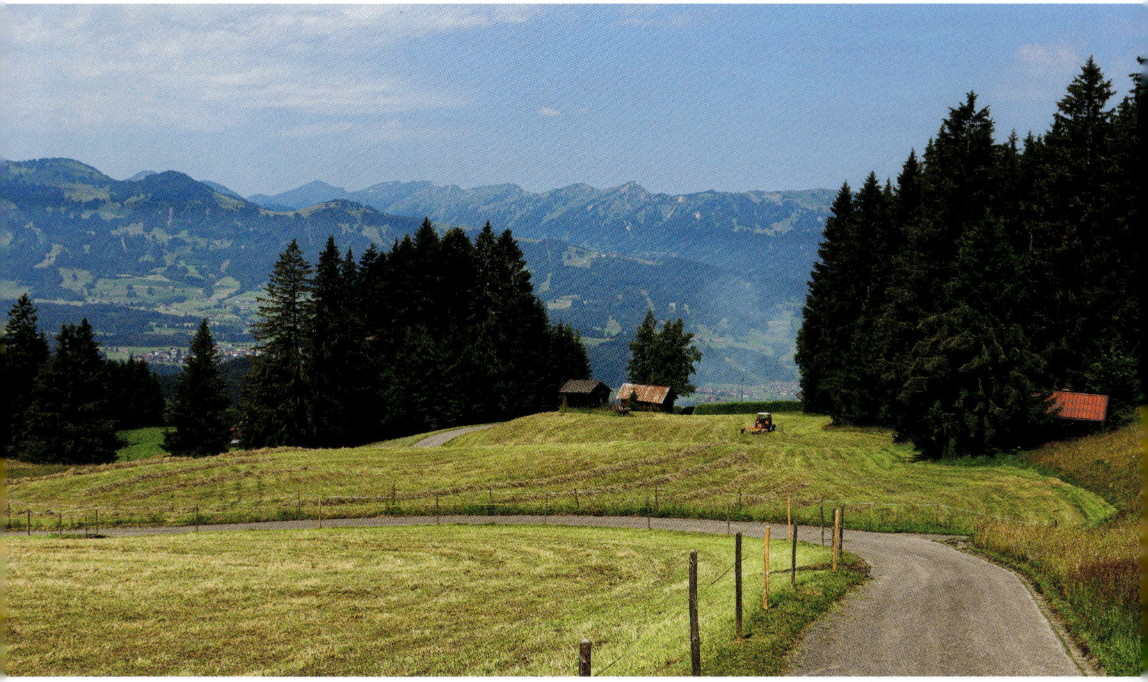

Auf dem Weg zur Strausberghütte öffnet sich die Sicht auf die Bergkette der Hörner.

das Sonthofener Hörnle sowie nach Südosten auf die Allgäuer Hochalpen mit dem Breitenberg, der Rotspitze und, rechts davon, mehreren Gipfeln der Daumengruppe. Nach 600 Metern lassen wir den Abzweig zur Michael-Schuster-Hütte rechts liegen und folgen dem Weg weiter durch artenreiche Wiesen des Strausbergmoos zur **Strausbergalpe**.

Auf steilem Pfad Bei der idyllisch gelegenen Bergwirtschaft finden wir eine erste Möglichkeit zur Einkehr. Außerdem ändert sich hier der Charakter der Tour. Glich die Wanderung bislang einem gemütlichen Spaziergang, erfolgt der weitere Aufstieg auf steileren und teils auch ausgewaschenen Pfaden. Oder wie es ein Warnschild vor Ort beschreibt: »Hier verlassen Sie den gesicherten Bereich.« Ganz so wild ist es aber zum Glück nicht,

Strausbergmoos

Das Strausbergmoos zählt zu den am wenigsten vom Menschen beeinflussten Mooren in Bayern, womit hier Moorlibellen, der Sonnentau und viele weitere seltene Pflanzen- und Tierarten einen für sie geeigneten Lebensraum finden.

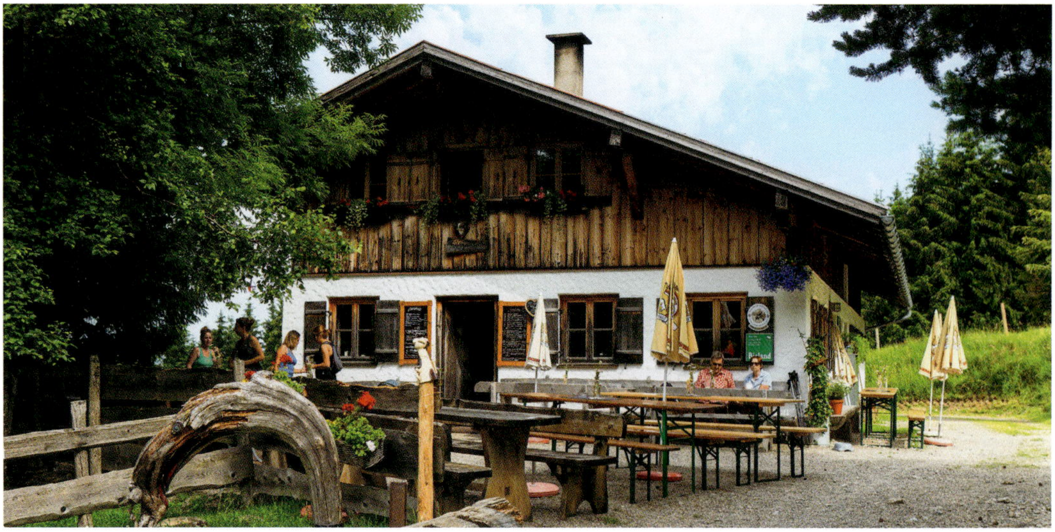

Die Strausbergalpe besticht mit ihrer ruhigen Lage zwischen dem Sonthofener Hörnle und dem Imberger Horn.

sodass wir beim Wegweiser oberhalb der Alpe ruhig links abbiegen und dem Pfad hoch an den Wald folgen können. Gut zu wissen: Die Breme, Bremse oder auch Brieme, die einen quer durch die Wiese verfolgt, meidet den Wald, sodass wir es uns in Ruhe auf dem **Bänkle** gemütlich machen und die schöne Aussicht genießen können.

Um den Zwölferkopf zur Strausberghütte Rund 170 Meter weiter erreichen wir eine Lichtung und gabelt sich der Wanderweg nahe einem im Sommer mit Blumen geschmückten **Kreuz**. Hier halten wir uns links, überwinden den höchsten Punkt der Runde und folgen dem gelb-weiß markierten Forstweg zur Strausberghütte. Nachdem der Wald kurz einen Blick auf den Burgschrofen freigibt, passieren wir den unscheinbaren Gipfel des Zwölferkopfs. Wo der Wanderweg nach Süden schwenkt, öffnet sich die Sicht auf den Grünten. Weiter geht es auf dem Forstweg an den unteren Waldrand sowie durch wieder offenes Grünland. Bald mündet unser Weg in einen anderen und trennen uns rechts nur noch wenige Schritte von der **Strausberghütte**. Das Gasthaus bietet uns eine zweite schöne Möglichkeit, die Wanderung mit einer Einkehr zu verbinden. Danach sind es nur noch einige Meter bis zur Zufahrt zum **Parkplatz Strausberg**.

Wichtiges zur Tour

Tourencharakter
Beim Aufstieg ab der Strausbergalpe ist etwas Trittsicherheit erforderlich. Ansonsten ruhige Runde auf bequem zu wandernden Wegen und der Zufahrt zu den beiden Alpen. Diese sind über die Fahrwege auch mit dem Rollstuhl erreichbar.

Ausgangspunkt/Endpunkt
Parkplatz Strausberg (1200 m)

Höchster Punkt
Kreuz nahe dem Zwölferkopf (1360 m)

Anfahrt
Auto: Von der B 308 Sonthofen–Bad Hindelang östlich von Binswangen nach Imberg abbiegen, weiter ab Imberg auf der Mautstraße bis zum Parkplatz Strausberg. GPS 47.4886, 10.3351; Bus & Bahn: –

Einkehr
Strausberg-Alpe (Mitte Mai bis Anfang Oktober ab 10 Uhr), Strausberghütte (Mi–So ab 11 Uhr)

Informationen
Touristinfo Sonthofen, Tel. 08321/61 5291, www.alpsee-gruenten.de

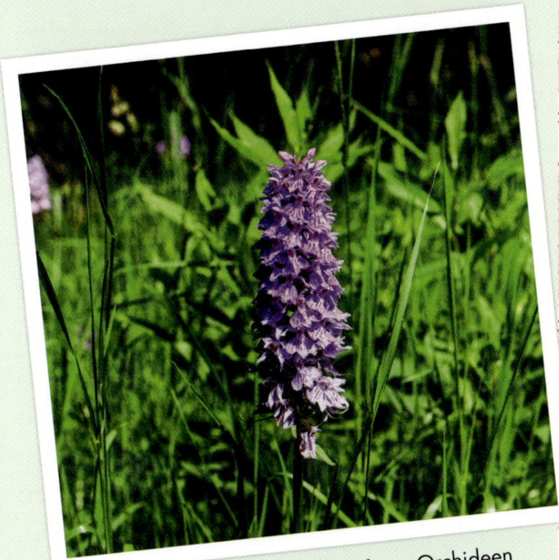

Knabenkräuter zählen zu den häufigen Orchideen im Allgäu.

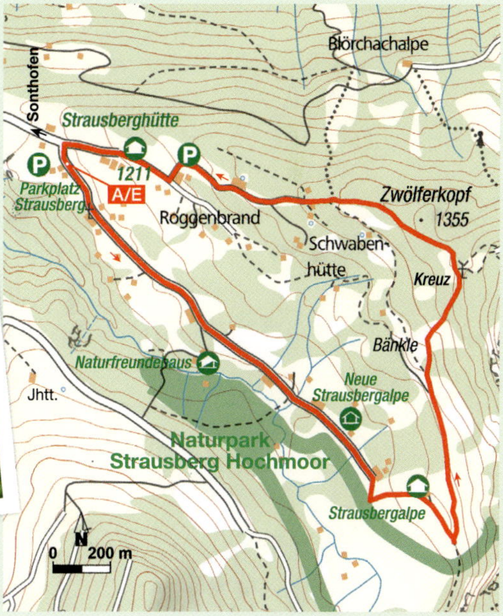

9 Unbekannter Vizemeister

Von Hinterstein an die Zipfelsbachfälle

- schwer
- 3 Std.
- 370 Hm
- 6,3 km
- nein

Wer nach Deutschlands höchsten Wasserfällen sucht, der landet nur allzu schnell im Schwarzwald. Ungeachtet dessen befinden sich die höchsten Kaskaden aber natürlich in den Bayerischen und Allgäuer Alpen. Zusammen mit dem Seebach-Wasserfall belegen die Zipfelsbachfälle den zweiten Rang – und finden dennoch nur wenig Beachtung.

Auf dem Weg zu den Zipfelsbachfällen

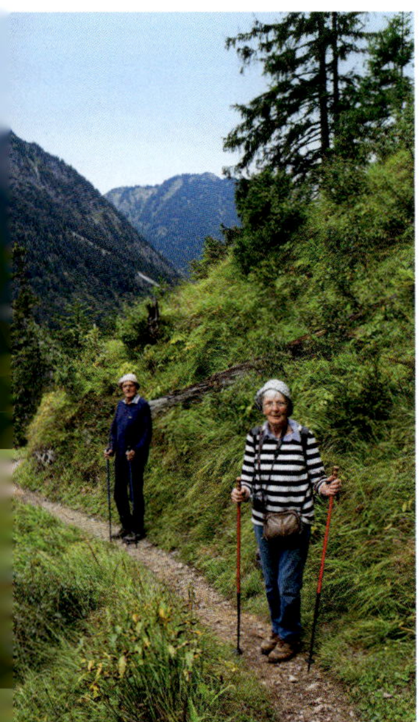

Abseits in seiner schönsten Form Hinterstein zählt zu den Orten im Allgäu, die sich abseits der wichtigen Verkehrsverbindungen befinden. Der Ortsteil von Bad Hindelang kann nur von Westen her über die OA 28 angefahren werden. Durchgangs- und Schwerlastverkehr fehlen hier genauso wie die andernorts dröhnenden Motorräder. Laut wird es daher meist nur dann, wenn die Bergwacht zu einem Einsatz startet. Das aber nehmen wir gerne in Kauf, denn mit ihrem Hubschrauber befreit die Bergwacht von Bad Hindelang Wanderer aus misslichen Lagen und rettet mitunter sogar Leben.

Aufstieg vom Grünen Hut … Wer mit dem Pkw anreist, läuft vom **Parkplatz auf der Höh** durch den Rauhornweg bis zur Bushaltestelle beim **Bergsteiger-Hotel Grüner Hut**. Dort biegen wir rechts zum Köpfle ab, sodass wir links um das Hotel herumlaufen und auf den Pfad wechseln. Auf diesem ersten Abschnitt gewinnen wir rasch an Höhe. Das zaubert uns zwar bald Schweißperlen auf die Stirn, eröffnet uns aber auch ein schönes Panorama über den Ort zum Hintersteiner Breitenberg und, links davon, zur Heubatspitze. Sowie wir in den Wald eintauchen, entschärfen einige Kehren die Steigung. Hier lohnt es sich, den Wegrand im Auge zu behalten, wo ab dem späten Sommer

Salomonssiegel (auch Duftende Weißwurz) und Schwalbenwurz-Enziane blühen.

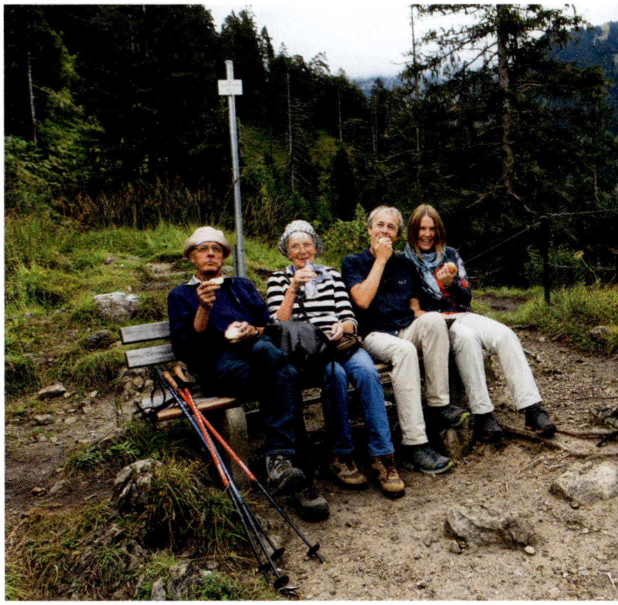

Wohlverdiente Rast auf dem Köpfle

... aufs Köpfle Bei den Wegweisern Grüner Hut und **unter Köpfle** halten wir uns jeweils rechts, sodass uns der Weg über weitere Kehren an einer Felswand vorbei zum oberen Waldrand führt. Nach gut einem Kilometer ab dem Start in Hinterstein haben wir den Aussichtspunkt **Köpfle** schließlich erreicht. Am höchsten Punkt der Tour kommt die Bank wie gerufen für eine erste Rast. Die Bank ist nach Westen ausgerichtet, sodass auch hier der Hintersteiner Breitenberg das Panorama bestimmt. Rechts daneben sind das Imberger Horn und die Bergstation der Hornbahn gut zu erkennen. Wenden wir uns nach Südosten und Osten, rücken stattdessen die Gipfel der Allgäuer Hochalpen und der Tannheimer Berge ins Bild.

Einstimmung mit dem Wiesbach Mit diesen schönen Eindrücken kehren wir zum **Wegweiser unter Köpfle** zurück und folgen nun der Beschilderung in Richtung »Wasserfälle«. Der Pfad ist zwar rot-weiß markiert, lässt sich aber gut wandern, sodass wir mit Sicht über das Hintersteiner Tal gut vorankommen. Nach drei Kehren treffen wir auf einen weiteren Wegweiser unter Köpfle. Dort biegen wir scharf rechts ab und nehmen die stärker bewaldete Passage zum **Wiesbach**. Mit seinen vielen Mini-Kaskaden, Gumpen und Kolken bildet er ein dankbares Motiv für Fotografen. Auch sonst ist der idyllisch ins Tal rauschende Gebirgsbach herrlich anzusehen. Und doch gibt er uns nur einen Vorgeschmack auf den Wasserfall vor uns.

Große unbekannte Zipfelsbachfälle Weiter geht es über **Stieg** und einen kleineren Bach hinweg zu den **Zipfelsbach-**

Kutschenmuseum Hinterstein

Im Kutschenmuseum können die Besucher in eine künstlich geschaffene Traumwelt mit fantastischen Landschaften eintauchen, in der alte Kutschen liebevoll in Szene gesetzt werden. Das Museum ist täglich ab 8 Uhr geöffnet, der Eintritt ist frei.

fällen. In mehreren Stufen stürzt der Zipfelsbach rund 300 Meter in die Tiefe. Vom Wanderweg ist die Fallstufe über den Zipfelschrofen sehr gut einzusehen. Weitere kleinere Fallstufen befinden sich sowohl oberhalb des Zipfelschrofens als auch unterhalb des Wanderwegs. Auf der anderen Seite der Brücke ist der Zugang an das Becken möglich, sodass wir das Naturschauspiel ausgiebig genießen und auf uns wirken lassen können. Ambitionierte Wanderer finden beim nächsten Abzweig außerdem einen Pfad hoch zur Zipfelsalpe. Bis dorthin wären allerdings 550 Höhenmeter zu leisten, was die Anforderungen dieses Wanderführers deutlich übersteigt.

Die Felsen vor der Hauptkaskade eignen sich bestens für Erinnerungsfotos.

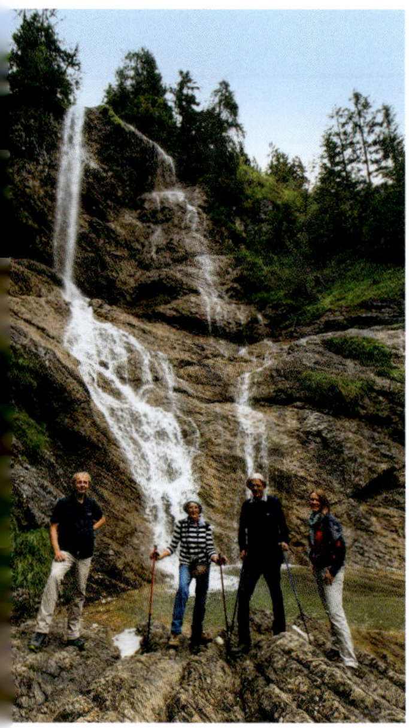

Auf dem Bärenweg nach Hinterstein Damit folgen wir ab dem Wasserfall dem Bärenweg an einem Aussichtspunkt vorbei sowie über »**In der Sange**« bis nahe an den Gemsbach, wo wir scharf links nach Hinterstein abbiegen. Wir gelangen so auf den Sangenweg, der weiter unten bei der Kirche und dem **Pfarrhof** in die Talstraße mündet. Gegenüber der Straße kommen wir nochmals an den Zipfelsbach und haben die Wahl: Wer auf direktem Weg zurück zum Ausgangspunkt wandern möchte, biegt beim Bach links ab. Alle anderen folgen dem Bach bis zu seiner Mündung in die Ostrach und halten sich erst beim **Wegweiser Im Brand** links Richtung Kutschenmuseum. Flussaufwärts führt uns diese etwas längere, aber schönere Variante zur gedeckten **Guferbrücke**. Wer das Kutschenmuseum besuchen möchte, nutzt die Brücke über die Ostrach. Für die Rückkehr zu unserem Ausgangspunkt in Hinterstein spazieren wir bei der Brücke links und biegen bei den nächsten Häusern ebenfalls links auf den landwirtschaftlichen Weg ab. Wo dieser endet, finden wir ein Stück nach rechts versetzt einen Fußweg, der mit dem **Parkplatz Auf der Höh** verbunden ist.

Wichtiges zur Tour

Tourencharakter
Der Aufstieg von Hinterstein zum Köpfle erfordert Trittsicherheit und Kondition am Berg, kann aber auch ausgelassen werden. Ansonsten ist es eine gut machbare Runde mit einigen schönen Ausblicken über das Hintersteiner Tal.

Ausgangspunkt/Endpunkt
Parkplatz Auf der Höh (880 m)

Höchster Punkt
Köpfle (1100 m)

Anfahrt
Auto: Ab Sonthofen über die Östliche Alpenstraße/B 308 nach Bad Hindelang, weiter über die OA 28 nach Hinterstein zum Parkplatz Auf der Höh. GPS 47.4745, 10.416; Bus & Bahn: Ab Bad Hindelang fährt die Linie 9749 zur Haltestelle Grüner Hut in Hinterstein.

Einkehr
Direkt auf der Strecke keine, Gastronomie in Hinterstein

Informationen
Bad Hindelang Tourismus, Tel. 08324/ 89 20, www.badhindelang.de

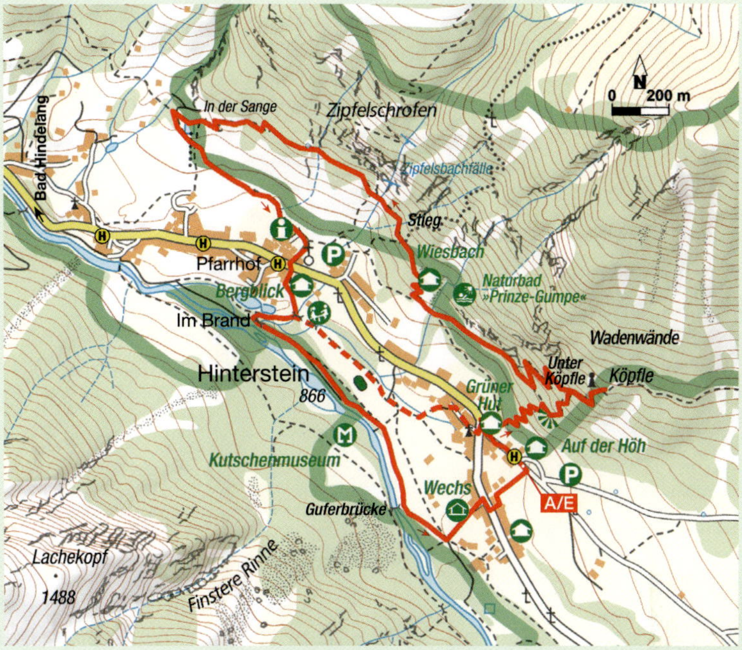

10 Im Quellgebiet der Wertach

Moore und Tobel nördlich von Oberjoch

- mittel
- 3 Std.
- 200 Hm
- 7,8 km
- nein

Der bekannteste Panoramaweg von Oberjoch verläuft auf dem Grat zwischen Iseler, Kühgundkopf und Kühgundspitze und erfordert alpine Bergsteigerqualität. Verglichen damit stellen die Wege zwischen Ober- und Unterjoch nur geringe Anforderungen. Auf schöne Ausblicke auf die umliegenden Berge müssen wir dennoch nicht verzichten.

Im Kematsriedmoos Als Startpunkt kommen neben der Haltestelle bei der Iselerbahn mehrere Parkplätze in Frage. Wer beim **P3** gegenüber des Wiedhaglifts startet, nutzt auf den ersten Metern den Fußweg zum Moorparkplatz P2. Auf der Nordseite der Schotterfläche gelangen wir an der **Moorhütte** und dem Moorbad vorbei ins Kematsriedmoos. Entlang des schnurgeraden, mit Häcksel bedeckten Wegs informieren mehrere Tafeln über die hier durchgeführte Flurneuordnung, die Entstehung und Nutzung sowie die Wiedervernässung des Moors und seiner Lebensräume. Ein niedrig gehaltener Aussichtsturm ermöglicht uns einen besseren Überblick über die offenen Bereiche des Moors.

Minikaskaden und Gumpen prägen den Alpsteigtobel.

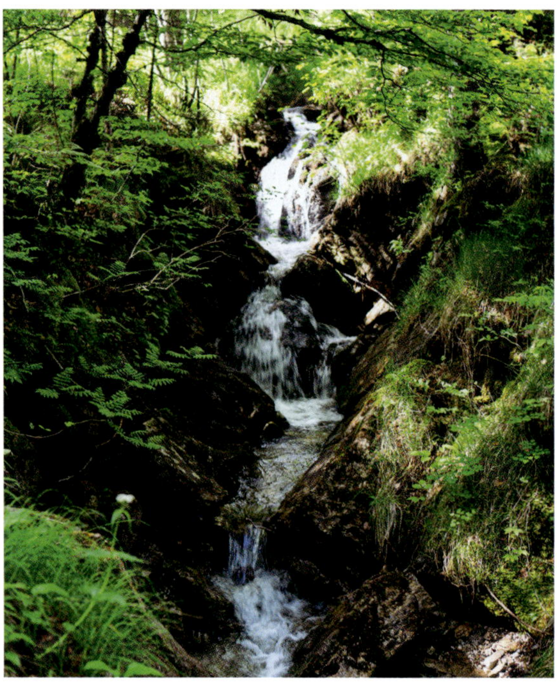

Auf der Alten Jochstraße Nördlich der Fläche beschreibt der Moorrundweg eine Linkskurve und öffnet sich die Sicht nach Süden auf den Gebirgszug mit Iseler und Kühgund. Einen Steinwurf weiter halten wir uns bei der

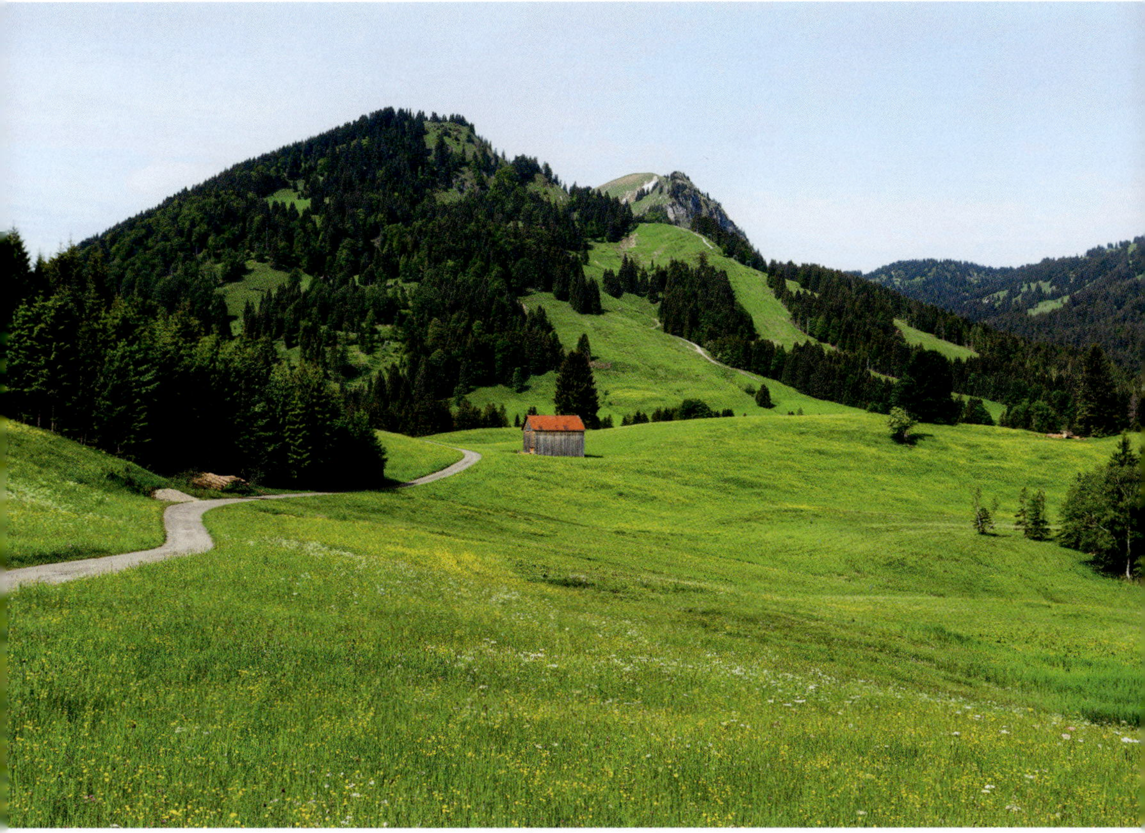

Blick zurück auf den Krummenbacher Berg

Deutschen Alpenstraße zweimal rechts und folgen der Alten Jochstraße in ein nahes Waldstück. Im Wald beschreibt der asphaltierte Fahrweg eine Linkskurve und führt uns bald wieder über offenes Gelände nahe der Deutschen Alpenstraße und über den Wegweiser Untere Schwand Alpe (dort rechts ab) über die Wertach zur **Alpe Untere Schwande**.

Hotzenrundweg, Alpsteigtobel und Salzstraße Wir bleiben auf dem Fahrweg, der uns zwischen dem Krummenbacher Berg südlich und dem Hotzenberg nördlich von uns hindurchführt. Mit Glück lassen sich hier an ruhigen Tagen

Salzstraße

Die Salzstraße wurde 1540 unter dem Grafen Hugo von Montfort erbaut und war bis ins 19. Jahrhundert hinein ein wichtiger Handelsweg zwischen Hall in Tirol, Hindelang bis nach Lindau und Augsburg.

Rehe beobachten. Im weiteren Verlauf treffen wir auf den **Hotzenrundweg**, der uns geradeaus zum Sonnenhanglift Unterjoch bringt. Bei der Parkfläche biegen wir rechts ab, passieren den Spielplatz und folgen der Straße zur **Krummenbacher Kapelle**. Bei der hübschen Kapelle zweigen wir links ab und halten uns anschließend zweimal direkt nacheinander rechts, sodass wir an den Weißenbach und das untere Ende des **Alpsteigtobels** gelangen. Der Aufstieg durch den Tobel erfordert etwas Trittsicherheit, ist aber gut zu meistern. Am oberen Ende erreichen wir die Passstraße nahe dem **ehemaligen Zollamt**. Der Rückweg erfolgt wahlweise mit dem Bus oder auf der **Alten Salzstraße**. Im zweiten Fall folgen wir dem historischen Handelsweg zur **Talstation der Grenzwiesbahn** und ab dort dem Fußweg entlang der B 308 bis zurück zum **Parkplatz P3** bzw. zur Iselerbahn.

Die Alpe Untere Schwande ist über barrierefreie Wege für jedermann gut zu erreichen.

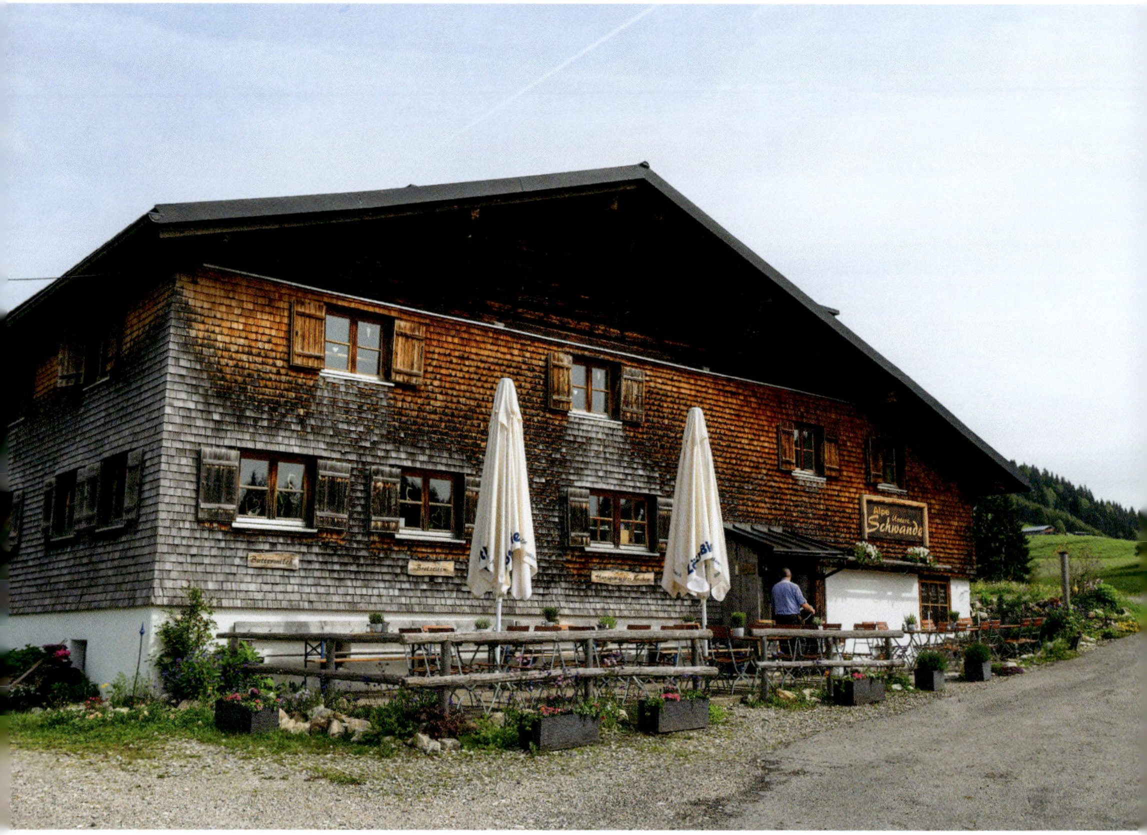

Wichtiges zur Tour

Tourencharakter
Der Aufstieg durch den Alpsteigtobel erfordert etwas Trittsicherheit, auch ist hier Kondition am Berg von Vorteil. Ansonsten sehr leicht zu wandernde Runde auf Häcksel (im Moor), Schotterwegen und asphaltierten Landwirtschaftsstraßen.

Ausgangspunkt/Endpunkt
Parkplatz 3 beim Wiedhaglift (1153 m)

Höchster Punkt
Alte Salzstraße (bis 1200 m)

Anfahrt
Auto: Von der A7 bei Ausfahrt 137 auf die B 309 nach Nesselwang abfahren, weiter über die B 310 bis Oberjoch, dort der Beschilderung an der Iselerbahn vorbei zum Wiedhaglift folgen. GPS 47.5164, 10.4168; Bus & Bahn: Es bestehen Busverbindungen zur Haltestelle Oberjoch Iselerbahn, Bad Hindelang.

Einkehr
Moorhütte, Alpe Untere Schwande, Grenzwies-Stuben, Erdinger-Urweisse-Alp

Informationen
Bad Hindelang Tourismus, Tel. 08324/ 89 20, www.badhindelang.de

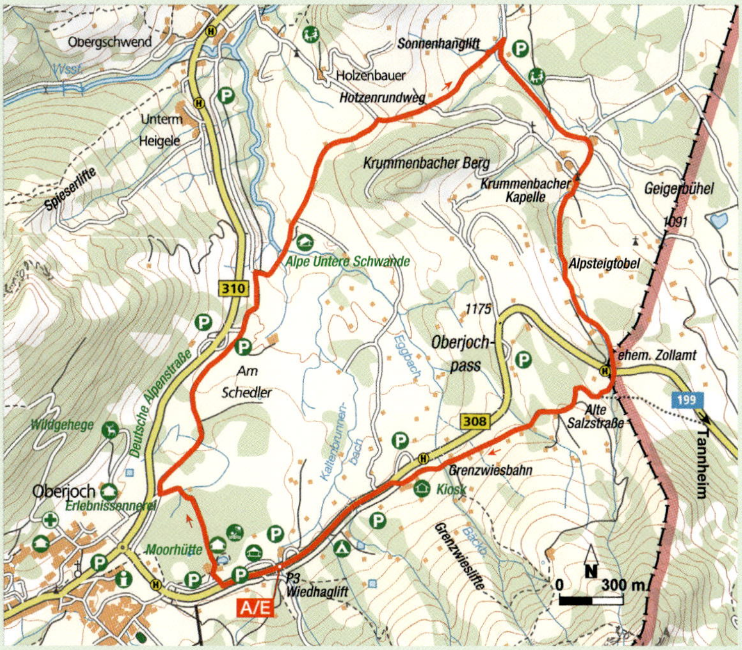

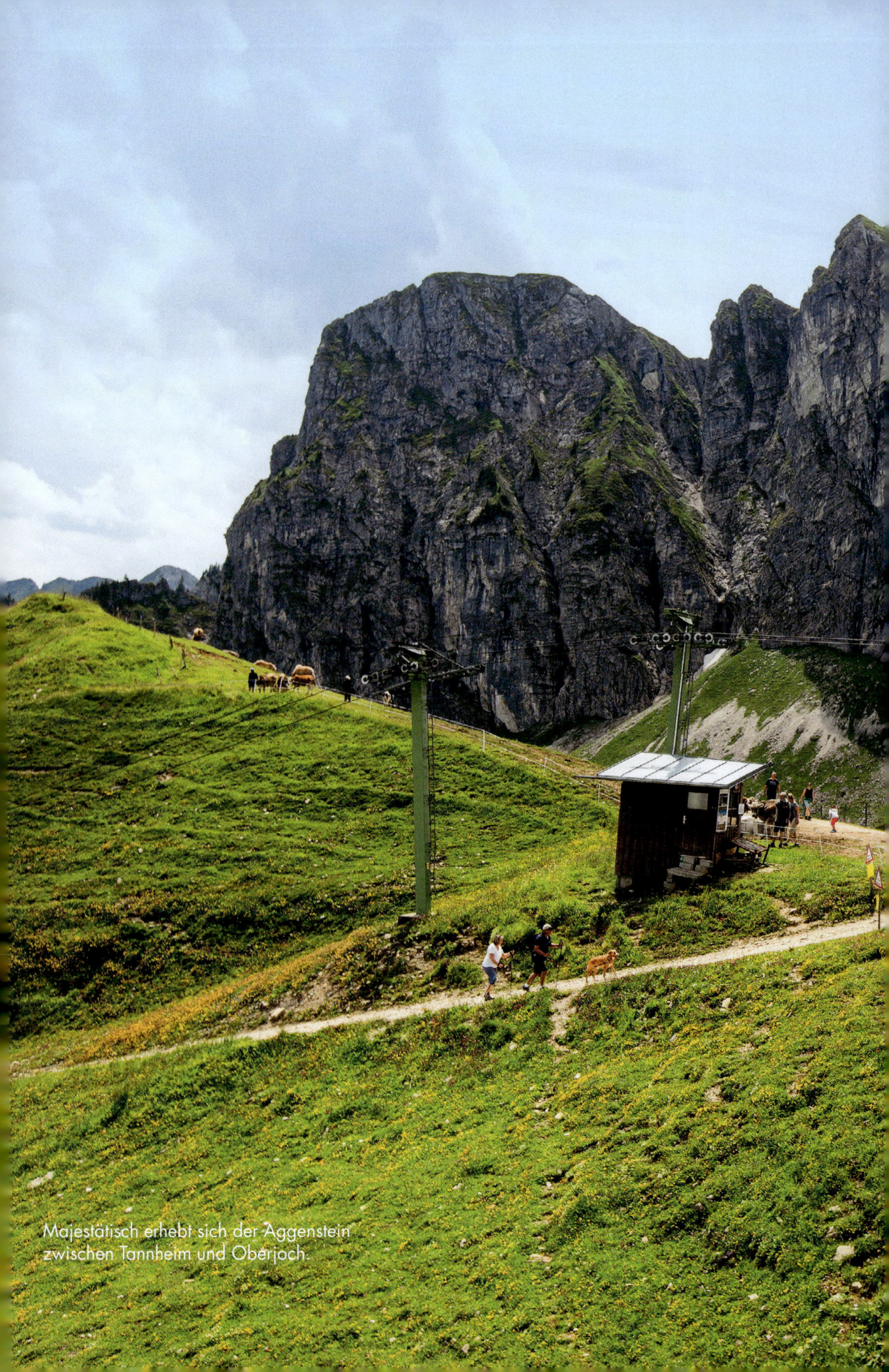

Majestätisch erhebt sich der Aggenstein zwischen Tannheim und Oberjoch.

Ostallgäu

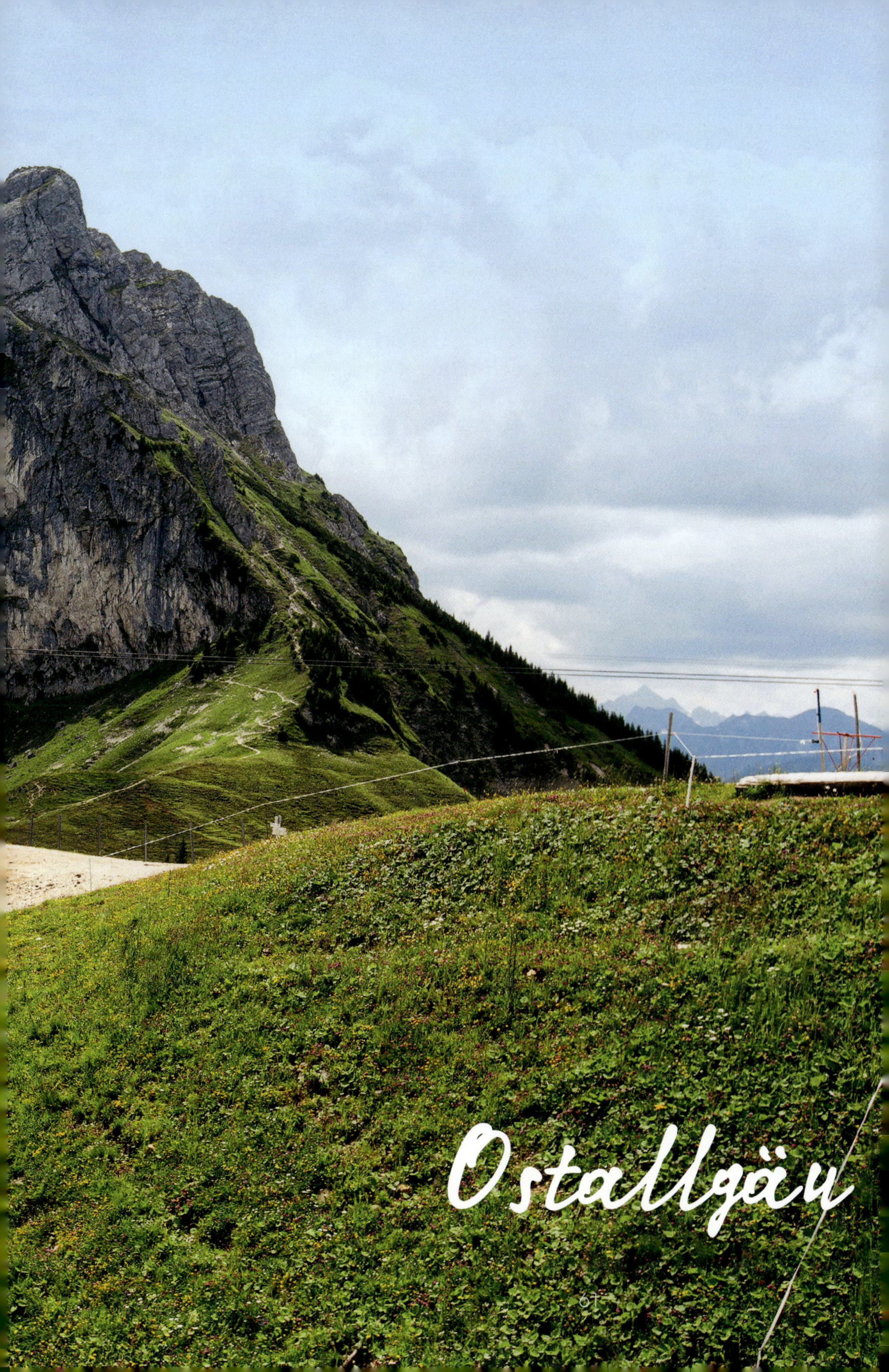

11 Mittelberger Panoramaweg

Zwischen Rottachsee und Grüntensee

- leicht
- 1.45 Std.
- 120 Hm
- 5,2 km
- nein

Oy-Mittelberg gehört zu den Orten, die einem nicht spontan einfallen, wenn es um Panoramawege geht. So haben auch wir den Höhenzug zwischen Rottachsee und Grüntensee erst auf den zweiten Blick entdeckt. Zum Glück, denn vor Ort haben wir sehr viel mehr als erwartet gefunden.

Eine Bank für Riesen Vom **Wanderparkplatz** oberhalb der Mittelberger Kirche St. Michael geht es zunächst auf der Zufahrt zum Gerhaldeweg. Der Panoramaweg führt geradeaus am **Bildstock** vorbei. Zuvor lohnt sich ein Abstecher zum Aussichtspunkt gegenüber der vergoldeten Christusfigur. Mit diesem ersten schönen Eindruck wandern wir auf dem Gerhaldeweg sowie ab hier auch auf dem Oberallgäuer Rundwanderweg um die Linkskurve bergan zur **Wanderbank Allgäu**. Die 2015 installierte Bank gilt mit zwölf Metern Länge und sechs Metern Höhe als größte Wanderbank Deutschlands. Als Sitzgelegenheit eignet sie sich weniger – das Besteigen ist sogar ausdrücklich untersagt. Stattdessen soll sie zum Ausdruck bringen, dass Wandern im Allgäu eine »Riesensache« ist. Ein dankbares Fotomotiv gibt der knapp 14 Tonnen schwere Koloss jedenfalls her.

Für Spaziergänger

Neben der von uns beschriebenen langen und kurzen Variante des Panoramawegs sind in Mittelberg zwei weitere Runden ausgewiesen. Diese biegen bereits bei der Bieneninfo bzw. kurz nach dem Kletterwäldle ab und eignen sich mit 1,8 sowie 2,2 km Länge bestens zum Spazierengehen.

Hexenwäldle und Kletterwäldle Oberhalb der Landmarke schwenkt der Panoramaweg nach Südosten und passiert das mit Rastplatz und Pfaden ausstaffierte Hexenwäldle. Gut 200 Meter weiter trennen sich bei der Themenstation **Bieneninfo** die Wege. Während der Oberallgäuer Rundwanderweg rechts abbiegt und Kurs auf Oberzollhaus nimmt, spazieren wir weiter geradeaus, nehmen die nächste Linkskurve und erreichen den **Rastplatz Kletterwäldle**. Wer mit Enkeln unterwegs ist, kann sich bei der Sitzgruppe mit Tisch entspannt zurücklehnen und die Aussicht bis zum Säuling und zur Zugspitze genießen, während sich die Kleinen im Hangeln, Klettern und Balancieren üben. Hauptsache, sie toben sich aus.

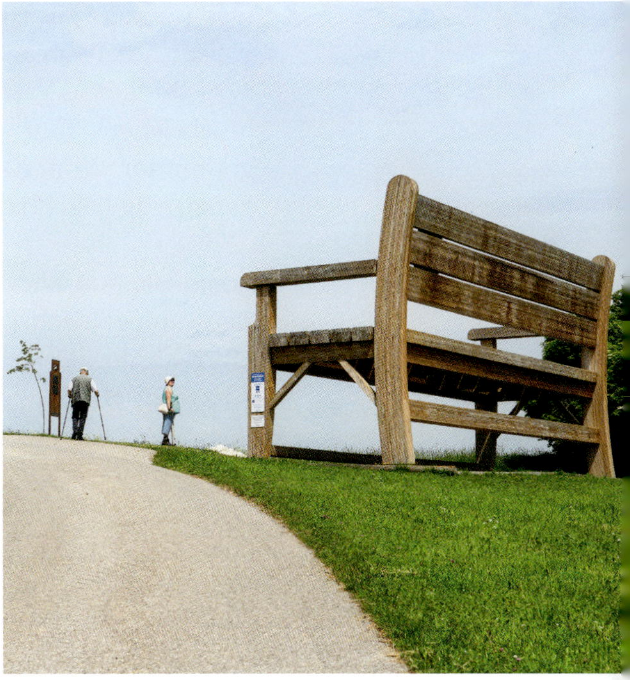

Leider nur zum Angucken: die Bank für Riesen

Vom Gletscher zur Aussichtsloge Als Nächstes kommen wir zum **Panoramablick Steinmeile**. Der Aussichtspunkt ist über einen kurzen Pfad mit dem Panoramaweg verbunden und in seiner Lage perfekt gewählt. Wir befinden uns hier auf dem First des Bergrückens zwischen Gerhalde und Horn, sodass wir neben einigen Bergen der Allgäuer Alpen weite Teile des Allgäuer Alpenvorlands überblicken können. Vor Ort helfen zwei Schautafeln, die vielen Gipfel und Orte zu bestimmen. Zudem erfahren wir ein wenig über die Geschichte dieses Fleckchens, das vor 20 000 Jahren ein 150 Meter dicker Gletscher überdeckte.

Für Weitblickhocker und Abkürzer Zurück auf dem breiten Wanderweg lassen wir den nächsten Abzweig links liegen, sodass wir weiter geradeaus zum windgeschützten **Mittelberger Weitblickhock** kommen. Auch hier lädt eine Sitzgruppe, bestehend aus zwei Bänken mit Tisch, zum Verweilen und Genießen der Landschaft ein. Wir können es ruhig angehen lassen, die meisten Höhenmeter dieser leichten Runde haben wir hier bereits bewältigt. Dies gilt insbesondere für diejenigen, welche beim nächsten Wegweiser links abbiegen und für den Rückweg nach Mittelberg die kurze Variante wählen. Die vor Ort als Runde 3 beschriebene Tour wird während der kalten Jahreszeit als geräumter Winterwanderweg unterhalten und ist damit ganzjährig begehbar.

Komplettrunde und Erweiterung Unsere etwas längere Variante biegt nach dem Weitblickhock rechts in Richtung Horn ab. In diesem Fall steigt der Panoramaweg bis zum **Abzweig Horn** nochmals leicht an und eröffnet uns auf dem Weg dorthin eine überraschend schöne Sicht über den südlichen Teil des Rottachsees. Beim Abzweig stehen wir ein zweites Mal vor der Wahl. Um auf dem Panoramaweg zu bleiben, halten wir uns bei der Weggabelung links. Wer sich etwas mehr zutraut und die Tour mit einem echten Gipfel krönen möchte, dem empfehlen wir den Pfad rechts hoch zum Horn. Dieser quert zunächst eine Rinderweide, bietet uns eine weitere Rastmöglichkeit und führt uns schließlich im Anstieg an einem Bildstock vorbei hinauf aufs **Burgkranzegger Horn**. Das Gipfelkreuz ist nahezu vom Wald umschlossen. Folgen wir dem Pfad ein paar Schritte weiter nach Westen, öffnet sich jedoch die Sicht nach Südwesten auf den Grünten. Auch dort lädt eine geschickt platzierte Bank zum Verweilen ein.

Gipfelkreuz auf dem Burgkranzegger Horn

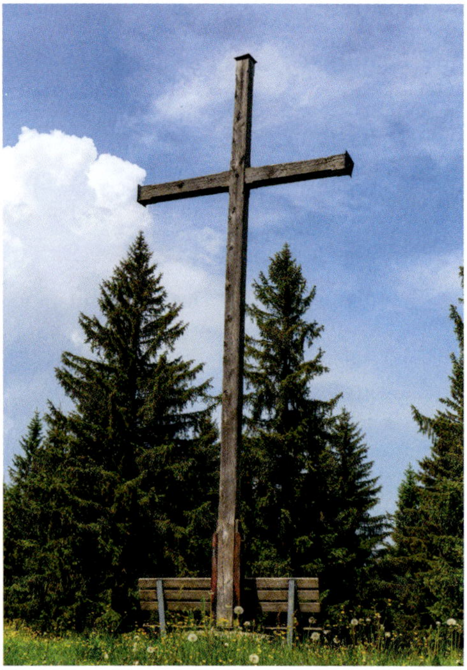

Wieder runterkommen Zurück beim **Abzweig Horn** folgen wir der Beschilderung zur **Kurklinik**. Dort geht der Wanderweg in die Alois-Wagner-Straße über. Auf diesem letzten Abschnitt passieren wir den **Park der Sinne** sowie einen großzügig angelegten Spielplatz mit einigen Sitzmöglichkeiten. Zurück in Mittelberg biegen wir links in die Lindenstraße ab und finden um die **Kirche St. Michael** herum zurück zum **Wanderparkplatz**.

Wichtiges zur Tour

Tourencharakter
Eine technisch anspruchslose Runde auf breiten Wegen – die kurze Runde wird als Winterwanderweg unterhalten, für den Abstecher aufs Burgkranzegger Horn ist festes Schuhwerk und etwas Kondition am Berg erforderlich.

Ausgangspunkt/Endpunkt
Wanderparkplatz oberhalb Mittelberg (1044 m)

Höchster Punkt
Abzweig Horn (ca. 1100 m)

Anfahrt
Auto: Von der A7 bei Ausfahrt 137 auf die B 309 nach Nesselwang abfahren, anschließend der Beschilderung über Oy nach Mittelberg folgen. Die Zufahrt zum Parkplatz erfolgt über den Gerhaldeweg. GPS 47.6415, 10.4323; Bus & Bahn: –

Einkehr
in Mittelberg, sehr schöne Rastmöglichkeiten

Informationen
Kur- und Tourismusbüro Oy-Mittelberg, Tel. 08366/207, www.oy-mittelberg.de

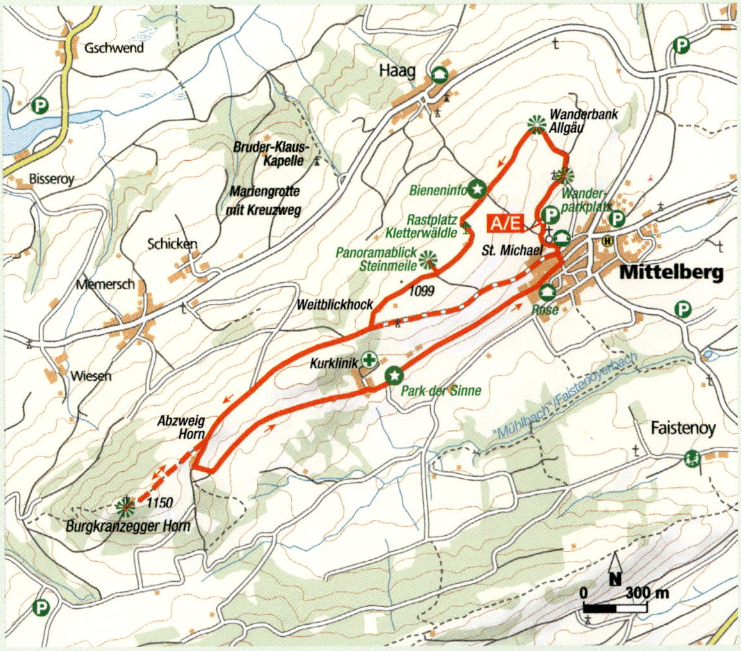

12 Auf die Ellegger Höhe

Aufstieg von Faistenoy

- mittel
- 3.30–4 Std.
- 250 Hm
- 9,3 km
- nein

Der Ausgangspunkt beim Skilift lässt es vermuten: Zum Auftakt erwartet uns eine nicht ganz unerhebliche Steigung. Sowie wir diese gemeistert haben, können wir uns umso mehr auf ruhige Wege freuen, die uns mit Aussichten sowohl zu den Bergen südlich des Grüntensees als auch nach Norden zum Rottachsee reich bescheren.

Der Skipiste entgegen Der Einstieg in diese Runde befindet sich am westlichen Ende vom **Parkplatz Skilift Faistenoy**. Die »Ellegghöhe« ist bereits angeschrieben, wobei die Wegzeit mit 1 ¼ Stunden angegeben ist. Ganz so schnell werden wir wohl nicht unterwegs sein, aber die Anstiege bis dorthin sind auf jeden Fall zu schaffen. So eingestimmt, folgen wir der gelb-weißen Markierung über den landwirtschaftlichen Weg bis zu einer Gehölzgruppe im oberen Hangbereich. Dort geht der Weg in einen Wiesenpfad über, der uns zwischen zwei weiteren Gehölzgruppen hindurch bis zu einem Wegweiser führt. Wir biegen rechts ab, passieren einen Steinwurf weiter das obere Ende des Ellegglifts und folgen dem teils nur schwach ausgeprägten Wiesenpfad weiter in westlicher Richtung.

Bei der Ellegger Höhe lädt ein schattiges Plätzle zum Verweilen ein.

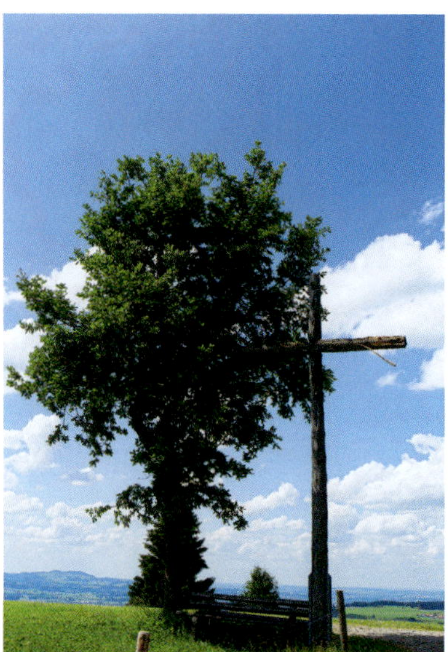

Die Reuterwanne im Blick Auf diesem Abschnitt ist die Sicht nach Norden durch den nahen Wald eingeschränkt. Umso eindrucksvoller ist dafür der Ausblick nach Süden über den Grüntensee auf die Reuterwanne. Dahinter verbirgt sich Jungholz, eine funktionale Exklave Österreichs, die nur über einen Punkt auf dem Sorgschrofengipfel mit Tirol verbunden ist. Links davon ist die Alpspitze zu sehen, rechts reicht die Sicht bis zum Bergzug mit dem Wertacher Hörnle bei Oberjoch. Dazwischen sind mehrere Gipfel der Tannheimer Berge am Horizont auszumachen.

Über Oberellegg auf die Ellegger Höhe Wo unser Pfad abflacht, zweigt rechts ein Wanderweg in den Wald ab. Wer diesen nimmt, trifft nach wenigen Metern auf den Schwäbisch-Allgäuer Weitwanderweg, der rechts zurück nach Faistenoy führt. Auf diese Weise ließe sich die Wanderung auf lockere 3,5 Kilometer verkürzen. Wir indes bleiben auf dem Wiesenpfad, bis dieser oberhalb der wenigen Häuser von Schray in eine Straße übergeht bzw. dabei eine S-Kurve beschreibt. Bei **Oberellegg** treffen wir auf den Oberallgäuer Rundwanderweg und nehmen rechts den Anstieg hoch zur **Ellegghöhe**. Beim höchsten Punkt haben wir uns eine längere Pause sicherlich verdient, sodass wir auf der Rastbank gerne Platz nehmen werden, um durchzuschnaufen und den Blick über die Landschaft rund um uns herum schweifen zu lassen. Ab dem späteren Nachmittag spendet außerdem eine Eiche Schatten.

Abstieg zur Marienkapelle von Binzen Wir verlassen die Höhe in östlicher Richtung und befinden uns noch kurz auf dem Bergrücken, zweigen dann aber zusammen mit dem Oberallgäuer Rundwanderweg links nach Binzen ab. Das Gefälle wird auf dieser Seite durch mehrere Kurven entschärft, womit sich wechselnde Blickwinkel auf den Rottachsee oder auch Rottachspeicher ergeben. Bei der liebevoll instand gehaltenen **Marienkapelle** biegen wir rechts ab, womit wir auf dem Oberallgäuer Rundwanderweg bleiben. Der Weg führt uns zunächst in nördlicher, dann (rechts ab) in östlicher Richtung, jedoch immer Richtung Faistenoy durch landwirtschaftlich geprägte Flächen.

Teilsäule von Faistenoy

In Faistenoy begegnet uns eine historische Form der Wasserversorgung. Das vermutlich schon im 14. Jahrhundert errichtete System nutzte unterirdisch verlegte Holzrohrleitungen. Im Ort wurde die Hauptleitung durch die sogenannten Teilsäulen geleitet. In den Teilsäulen wurde ein Teil des Wassers in die Nebenleitungen zu den Orten abgezweigt, wo das Wasser benötigt wurde.

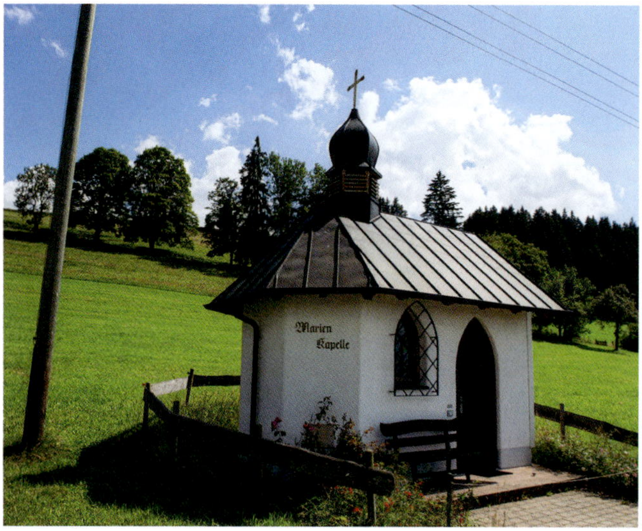

Marienkapelle von Binzen

Im Faistenoyer Tal Wo der Weg auf die Gemarkungsgrenze zwischen Wertach und Oy-Mittelberg trifft, werden wir in etwa rechtwinklig um ein Feld herumgeführt und überwinden einen letzten Hochpunkt. Wir befinden uns nun im Quellgebiet des Faistenoyer Bachs, der ein Stück weit rechts von uns im Wald entspringt. Anstelle weiter Aussichten umgeben uns hier die sanft geschwungenen saftiggrünen Hornwiesen. Wo sich unser Weg mit einem zweiten Weg vereint, laufen wir geradeaus weiter, nehmen erst die Passage am Waldrand und spazieren dann durch den Wald und über einen Zulauf des Faistenoyer Bachs hinweg. Nachdem wir außerdem die wenigen Gebäude eines Hofs passiert haben, mündet unser Weg in eine Straße. Dort verlassen wir den Oberallgäuer Rundwanderweg. Anders als etwa sportliche Fernwanderer biegen wir also nicht links, sondern rechts zum Auwaldstreifen und Bach ab.

Am Faistenoyer Bach Der letzte Abschnitt dieser Runde verläuft direkt am **Faistenoyer Bach** bzw. auf dem zwar rot-weiß markierten, dafür aber bequem zu wandernden Mühlbachweg. Mit den Aussichten sind wir also fertig, dafür tauchen wir in einen malerischen, teils sehr schmalen Auwald ein. Während neben uns das Wasser munter talwärts plätschert, zwitschern über uns Buchfinken und Amseln. So finden wir hier einen Ort, der uns aufatmen und zur Ruhe kommen lässt. Am Ende vom Mühlbachweg geht es rechts an einem **Bildstock** vorbei nach Faistenoy bis zu einer **Teilsäule**. Über den Berschwaldweg gelangen wir zurück zum **Parkplatz Skilift Faistenoy**, wo wir stolz auf die eigene Leistung sein dürfen und zufrieden auf eine abwechslungsreiche Runde zurückblicken können.

Wichtiges zur Tour

Tourencharakter
Nach dem ersten Anstieg auf den Bergrücken ist dies eine mittelschwere Wanderung mit wechselnden Blickrichtungen. Die Wiesenpfade auf dem Kamm werden wenig begangen und sind entsprechend stark mit Gras bewachsen.

Ausgangspunkt/Endpunkt
Parkplatz am Skilift Faistenoy (939 m)

Höchster Punkt
Elleghöhe (1126 m)

Anfahrt
Auto: Von der A7 bei Ausfahrt 137 auf die B 309/310 nach Nesselwang und von dieser hinter Oy-Mittelberg nach Faistenoy abfahren. Die Zufahrt zum Parkplatz erfolgt über die Brunnenstraße und den Berschwaldweg. GPS 47.6321, 10.4428;
Bus & Bahn: Ab Oy Bahnhof bestehen Busverbindungen zur Haltestelle Faistenoy. Der Zugang erfolgt über die Wertachstraße und Brunnenstraße.

Einkehr
Auf der Stecke keine, einige schön platzierte Bänke am Wegrand

Informationen
Kur- und Tourismusbüro Oy-Mittelberg,
Tel. 08366/207, www.oy-mittelberg.de

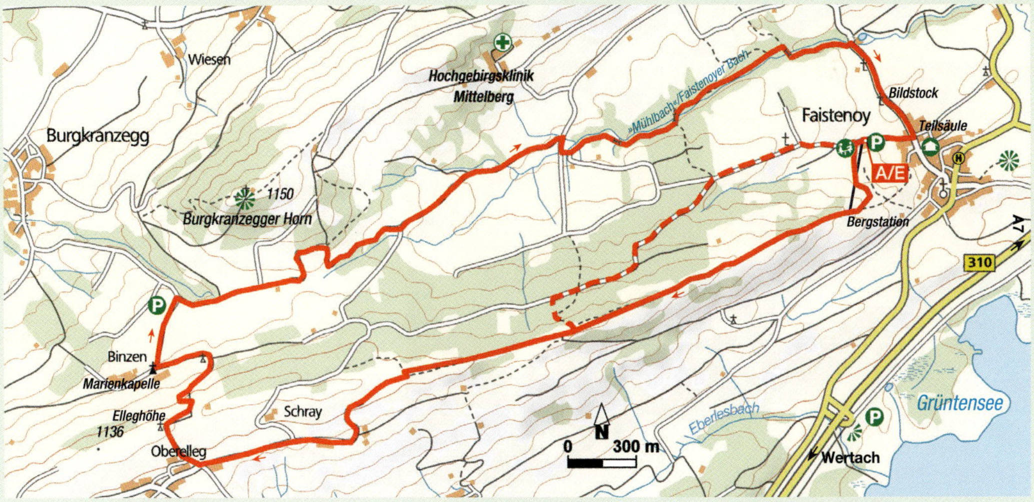

13 Grüntensee-Rundweg

Am Fuße von Reuterwanne und Alpspitz

leicht
3–3.30 Std.
60 Hm
9,1 km
nein

Der Grüntensee ließe sich auch trefflich als Familiensee par excellence umschreiben. Denn mit einem Zelt- und zwei Campingplätzen, dem Buron Kinderpark, dem Kletterwald sowie leicht zugänglichen Badestellen und dem nahezu barrierefreien Uferweg sind alle bestens versorgt. Freuen wir uns auf einen entspannten Ausflug.

Gegen die Zeit Als Einstiegspunkt haben wir den **Parkplatz am Buron** gegenüber dem gleichnamigen Kinderpark und Stadl gewählt. Wir kehren beiden den Rücken zu und nutzen den Fußweg rechts vor uns hinunter zum **Seeuferweg**. Es gibt keinen Grund zur Eile. So können wir entspannt rechts abbiegen. Damit laufen wir die Runde also entgegen dem Uhrzeigersinn. Einen Katzensprung weiter nähert sich der Weg dem See, führt uns zuerst über einen Zulauf und anschließend um eine Ausbuchtung und einen zweiten Zulauf hinweg. Schließlich ist das Ufer erstmals zugänglich, sodass wir unseren Blick genüsslich über die Wasseroberfläche schweifen lassen können.

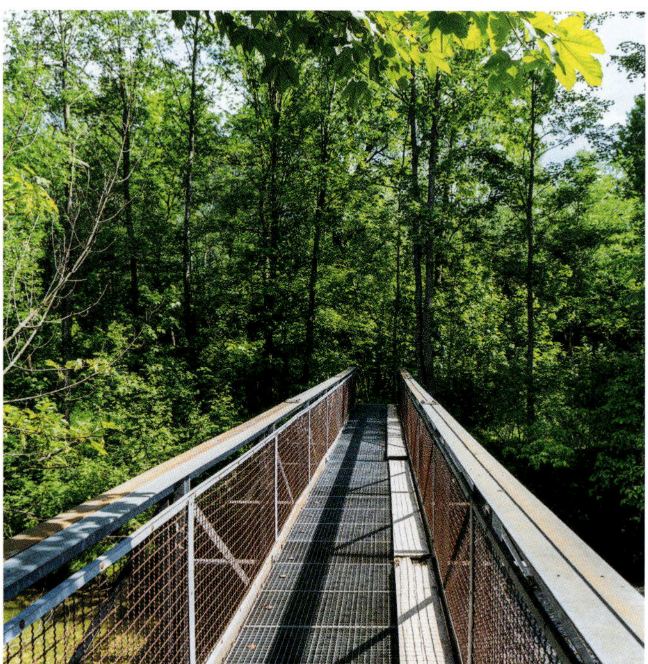

Eine stabile Brückenkonstruktion führt uns über die Wertach.

Über den Staudamm zum Seehaus Auf dem Weg bis zur Staumauer eröffnen sich uns weitere Aussichtspunkte, darunter ein besonders bemerkenswerter, bei dem wir

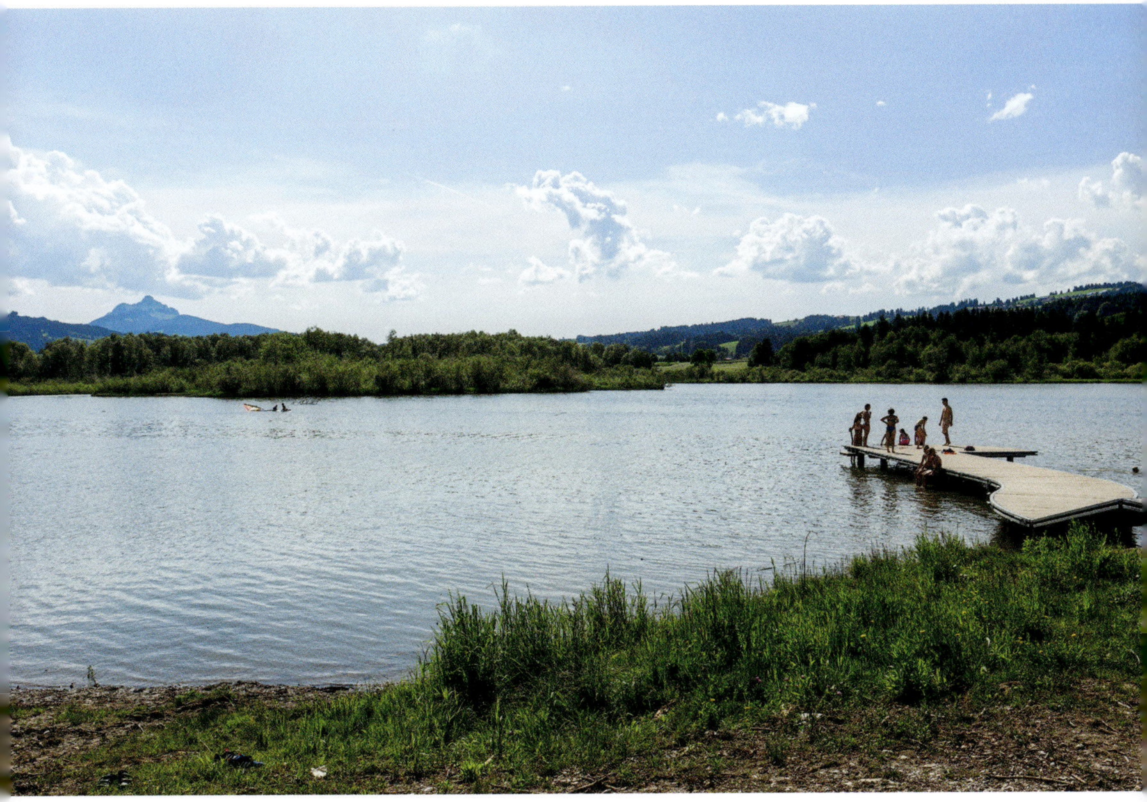

Badestelle am Grüntensee mit Blick auf den Grünten

gerne etwas verweilen. Bei der **Staumauer** selbst befindet sich der Auslauf des Sees in die Wertach. Lohnender ist allerdings der Blick in die entgegengesetzte Richtung, wo wir über den See hinweg direkt auf den Grünten schauen. Am anderen Ende der Talsperre halten wir uns rechts, folgen dem Fußweg durch einen Waldstreifen und sehen dann auch schon das **Seehaus** vor uns. Durch seine gute Erreichbarkeit mit eigenem Parkplatz, einigen Liegestühlen, Kinderspielplatz sowie dem Kletterwald und der Badestelle geht es hier an sonnig-warmen Tagen zu wie im Taubenschlag.

Auf der naturbelassenen Seite In etwa mittig vom Parkplatz biegen wir links in Richtung Faistenoy ab. Der Wanderweg verläuft hier deutlich oberhalb vom See und eröffnet uns schöne Aussichten nach Norden auf den Bergrücken mit der Ellegghöhe und auch hier zum weiter westlich gelege-

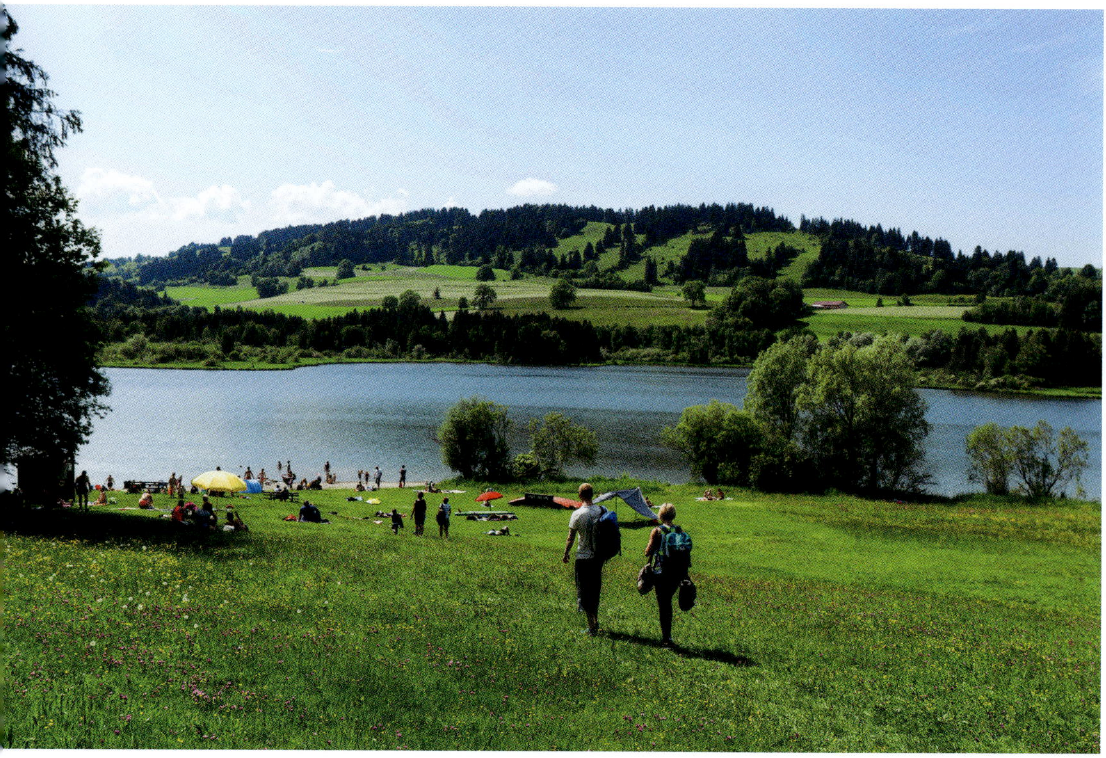

Liegewiese nahe dem Seehaus

Kiesbänke kennzeichnen den naturbelassenen Lauf der Wertach.

nen »Wächter des Allgäu«. Nachdem wir den **Campingplatz Wertacher Hof** passiert haben, biegen wir links ab und überqueren den Katzenbach. Durch die Nähe zur B 310 ist diese Seite des Grüntensees touristisch deutlich weniger erschlossen. Schöne Aussichten über den See zur Reuterwanne sowie in südöstlicher Richtung zur Nesselwanger Alpspitze gibt es aber auch hier. Beim **Eberlesbach** halten wir uns links, sodass wir dem Weg folgen, der sich näher am See befindet. Gut zwei Kilometer weiter biegen wir links ab und überqueren ein zweites Mal die hier als Wildbach belassene **Wertach**. Von dort führt uns der Grüntenseerundweg zurück an den See sowie an **Camping Grüntensee** vorbei zu unserer Einstiegsstelle unterhalb vom **Parkplatz am Buron**.

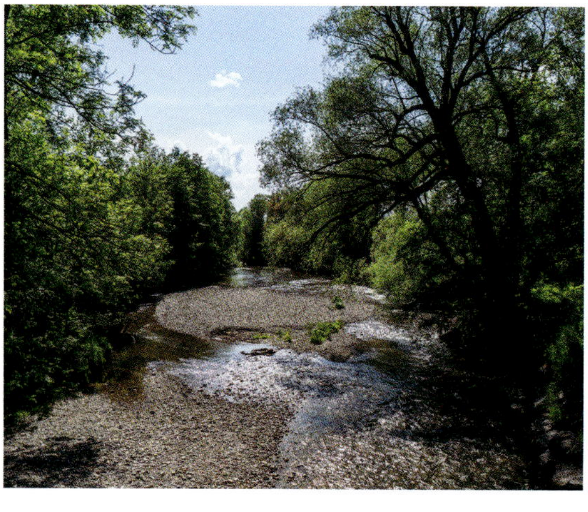

Wichtiges zur Tour

Tourencharakter
Technisch sehr einfache Runde auf meist breiten Wegen mit wechselnden Aussichten über den See zu den umliegenden Höhen.

Ausgangspunkt/Endpunkt
Parkplatz gegenüber Buron Stadl (939 m)

Höchster Punkt
Parkplatz gegenüber Buron Stadl (939 m)

Anfahrt
Auto: Von der A 7 bei Ausfahrt 137 oder 138 nach Nesselwang abfahren. Beim westlichen Ortsende von der B 309/310 auf die OAL 1 abbiegen, der Straße zum Buron Park folgen. GPS 47.6107, 10.4495; Bus und Bahn: Ab Nesselwang bestehen Busverbindungen zur Haltestelle Camping Grüntensee/Buron.

Einkehr
Seehaus, Restaurant Grüntensee, Buron Stadl am Ausgangspunkt

Informationen
Touristinfo Wertach, Tel. 08365/702199, www.wertach.de

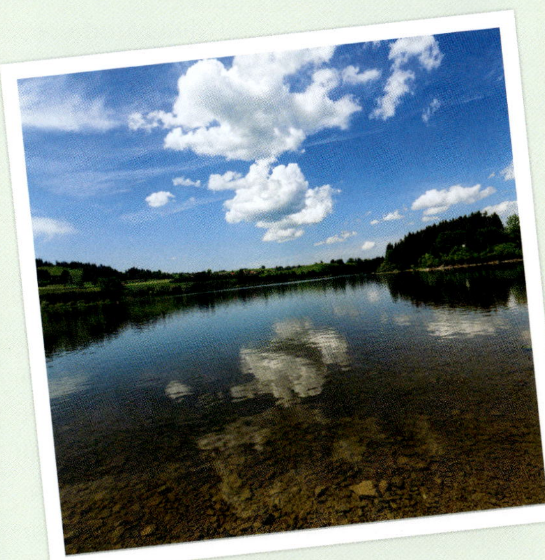
Blick über den Grüntensee

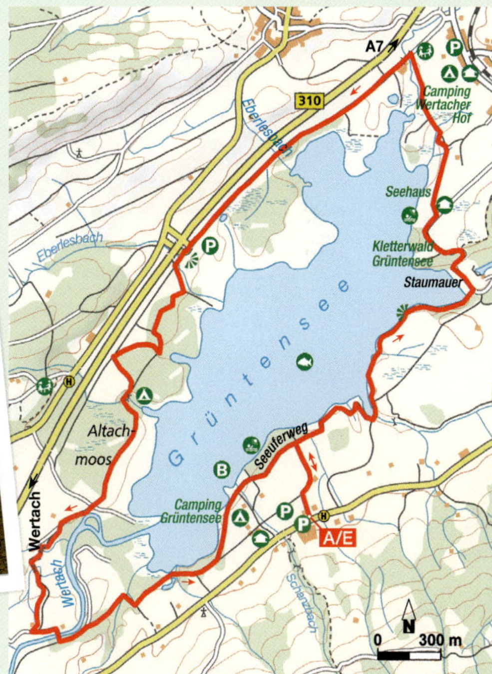

14 Locker auf den Edelsberg

Höhenwanderung bei der Alpspitz

- mittel
- 3 Std.
- 500 Hm
- 7,8 km
- ja

Die Runde zum Edelsberg zählt zu den leichten und zugleich sehr schönen Höhenwanderungen oberhalb von Nesselwang. Hier erwarten uns breite, bequem zu laufende Fußwege, und auch der Gipfel auf den Edelsberg stellt nur geringe Anforderungen. Als Krönung lockt ein Bergpanorama, an das wir uns gerne erinnern werden.

Ein Gipfel vorweg Wir starten den Ausflug ganz bequem mit einer Fahrt in der Alpspitzbahn bis hoch zur **Bergstation**. Nach der ersten Orientierung nutzen wir den Schotterweg zum nahen **Panoramastadel**. Dort biegen wir rechts ab und folgen dem Wanderweg zunächst in Richtung Alpspitz. Nach 450 Metern zweigt rechts ein Pfad zur Nesselwanger Alpspitz ab (**Abzweig Alpspitz**). Bis zum Gipfelkreuz sind es 300 Meter und etwa 40 bis 50 Höhenmeter. Gerne können wir den Abstecher dorthin in die Tour einbauen, sollten aber wissen, dass der Gipfel selbst nur mit etwas Gekraxel zugänglich ist.

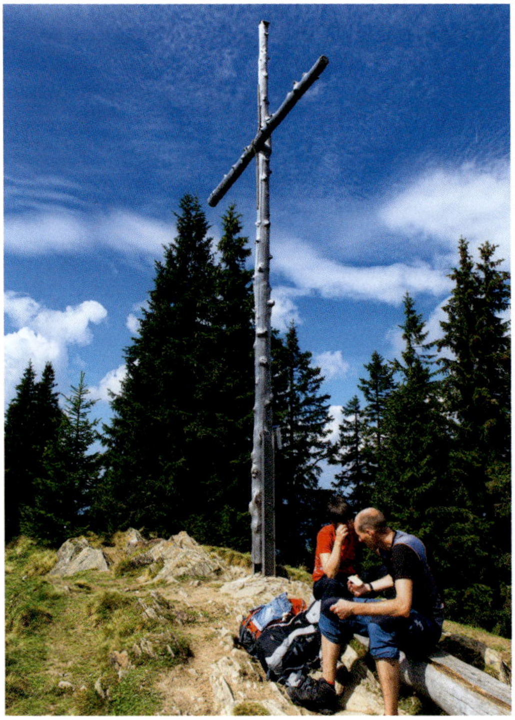

Zwei Tannenstämme bilden das Gipfelkreuz auf dem Edelsberg.

Panorama-Edelsberg Zurück beim Abzweig Alpspitz haben wir einen Steinwurf weiter die Option, links zur Fichtelhütte abzukürzen und den Gipfelbereich vom Edelsberg auszulassen. In dem Fall kann man sich den Aufstieg zum Edelsberg sparen. Ganz ehrlich: Es wäre ein Jammer! Denn oben auf dem **Edelsberg** erwartet uns ein Panorama von der Nagelfluhkette im Westen über die Allgäuer

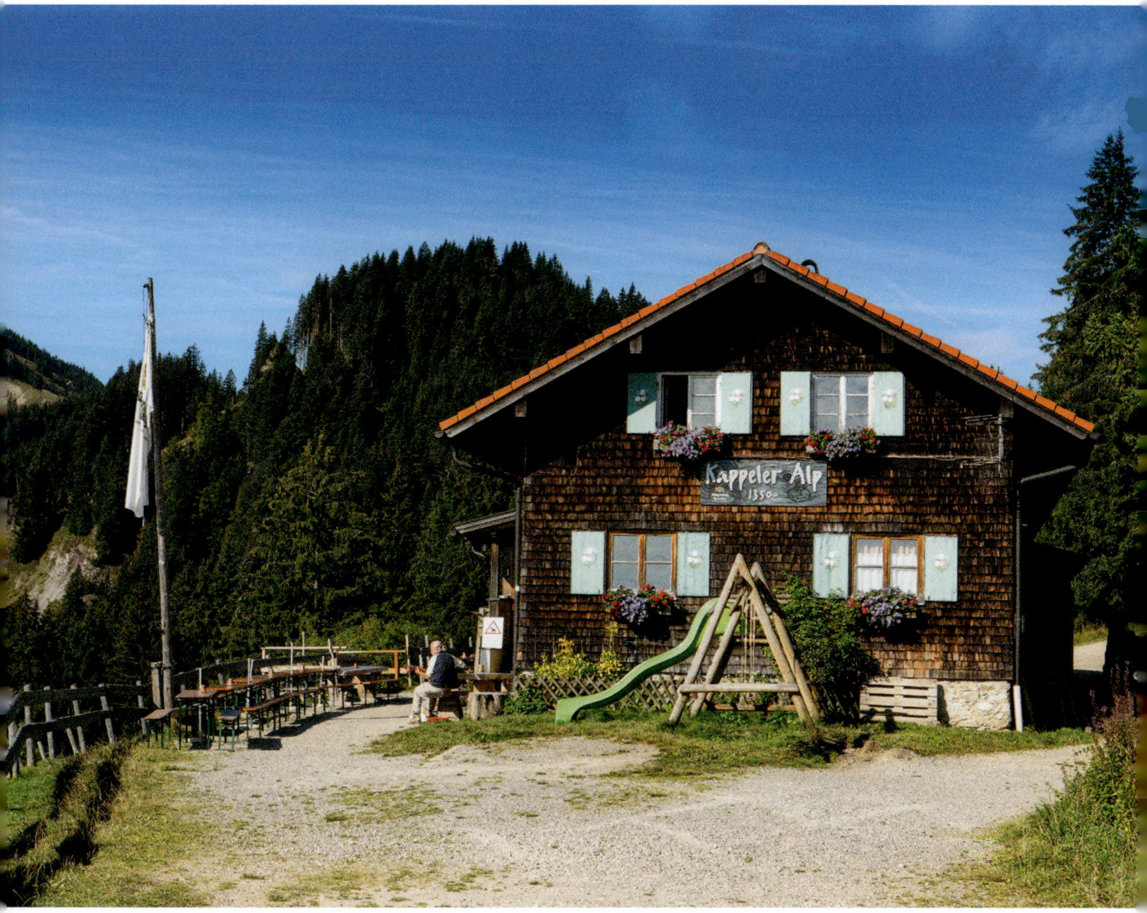

Die Kappeler Alp wird schon ab dem frühen Morgen von der Sonne verwöhnt.

Hochalpen und Tannheimer Berge bis hin zu den Ammergauer Alpen im Osten. Die reich beschriebene Panoramatafel hilft, mit der Zugspitze, dem Hochvogel und dem Großen Widderstein die höchsten und bekanntesten Gipfel in der Umgebung treffsicher zu bestimmen. Daneben sind mit dem Aggenstein, dem Nebelhorn und dem Imberger Horn auch mehrere Gipfel zu sehen, denen wir mit den Panoramawegen für Senioren zumindest sehr nahe kommen.

Wandern im Winter

In der kalten Jahreszeit werden die Wege zur Kappeler Alp und zum Hufbichl als Winterwanderwege präpariert. Daneben sind geführte Schneeschuhtouren möglich, die ebenfalls ein herrliches Panorama auf die Allgäuer und Tannheimer Berge versprechen. Infos unter www.alpspitzbahn.de

Kappeler Alp Sowie wir uns von diesem fantastischen Panorama losreißen können, verlassen wir den Gipfel in östlicher Richtung und folgen dem Pfad hinunter zur **Fichtelhütte** (privat). Dort biegen wir rechts ab und halten uns zunächst an die Schilder Richtung Gundhütte, ehe wir Richtung Hündeleshütte abzweigen und erst auf dem Weg dorthin zur **Kappeler Alp** wechseln. Die herrlich oberhalb von Pfronten gelegene Bergwirtschaft lädt ein, die Wanderung mit einer Einkehr zu verbinden. Anschließend trennen uns circa 20 Minuten bis zurück zur **Bergstation der Alpspitzbahn**, wo wir weitere Gelegenheiten finden, die Tour gemütlich ausklingen zu lassen.

Kleiner Schutzpavillon unterhalb vom Edelsberg

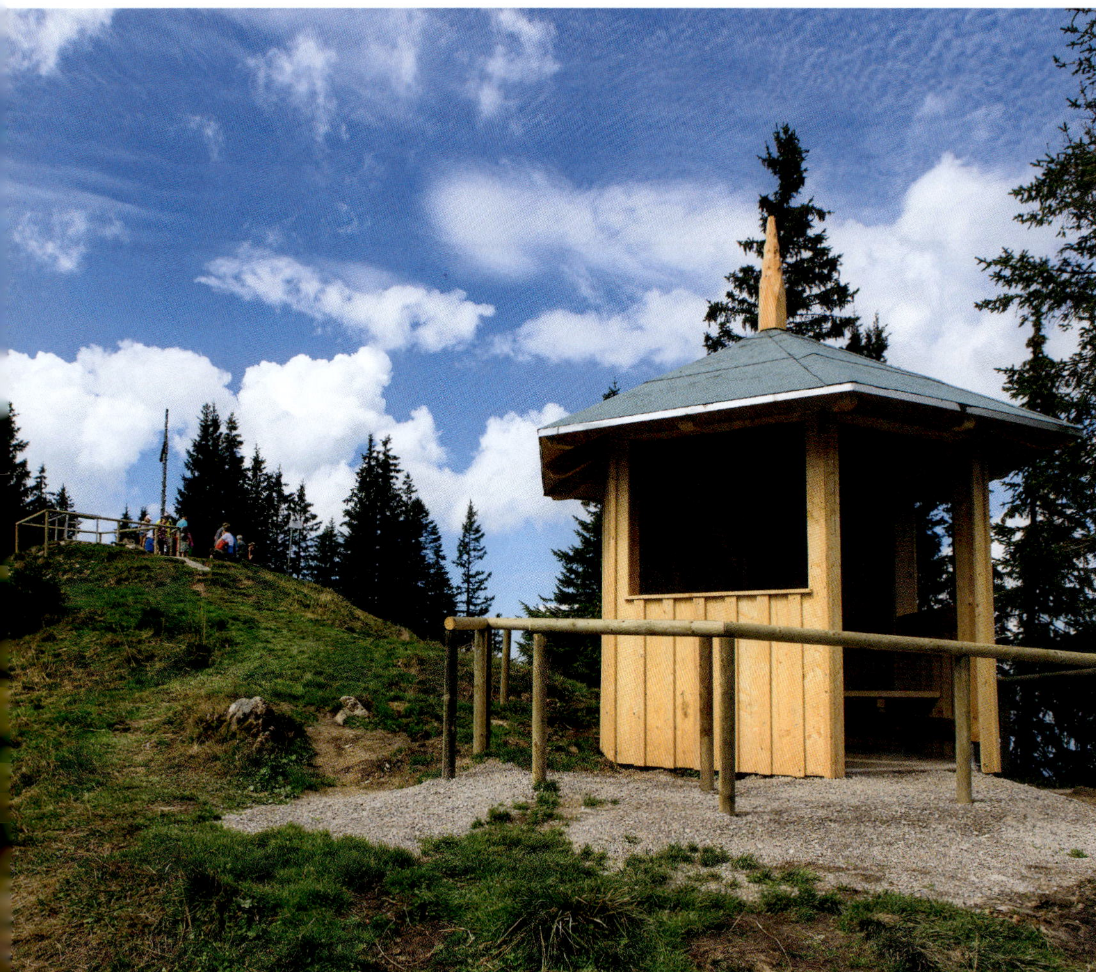

Wichtiges zur Tour

Tourencharakter
Aussichtsreiche Höhenwanderung auf überwiegend gut gepflegten Wald- und Schotterwegen. Der etwas anspruchsvollere Aufstieg zum Edelsberg kann umgangen werden.

Ausgangspunkt/Endpunkt
Bergstation Alpspitzbahn (1450 m)

Höchster Punkt
Edelsberg (1624 m)

Anfahrt
Auto: Von der A7 bei Ausfahrt 137 oder 138 nach Nesselwang abfahren und der Beschilderung zur Alpspitzbahn folgen. GPS 47.6188, 10.4979; Bus & Bahn: Es bestehen Zugverbindungen von Kempten und Reutte zum Bahnhof in Nesselwang. Bis zum Ausgangspunkt ist es dann etwa ein Kilometer.

Einkehr
Kappeler Alp, Panoramastadel

Karte
AV-Karte 1:25 000, BY 3 Allgäuer Voralpen-Ost

Informationen
Touristinformation Nesselwang,
Tel. 08361/92 30 40, www.nesselwang.de

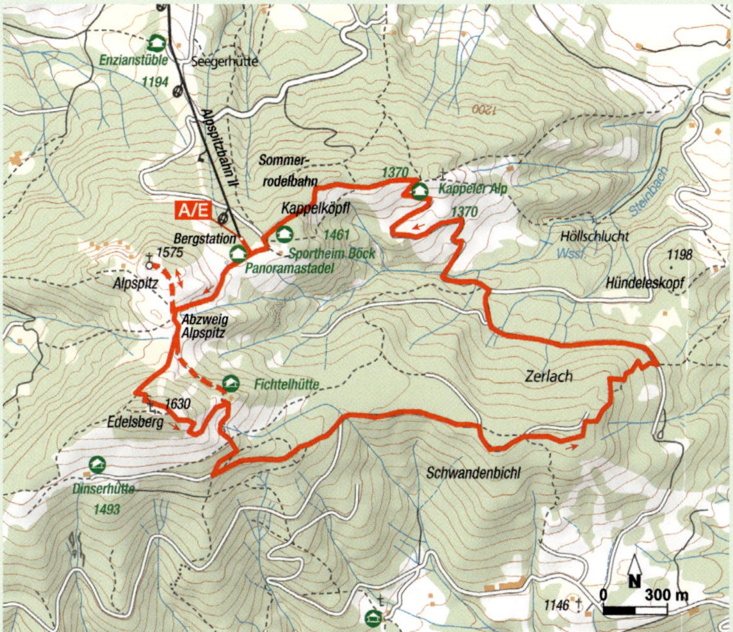

15 Hochalprunde

Arena zwischen Breitenberg und Aggenstein

leicht/mittel
2.30 Std.
230 Hm
3,6 km
ja

Auf der Hochalprunde bewegen wir uns im alpinen Gelände. Anders als etwa der Aufstieg zum Aggenstein stellt diese Wanderung nur geringe Anforderungen an Kondition und Trittsicherheit. Das gilt vor allem bei Nutzung der Hochalpbahn, mit der sich die Tour zu einem lockeren Spaziergang umformen lässt.

Aussichtsreicher Auftakt Mit den Kleinkabinen der Breitenbergbahn überwinden wir mühelos die gut 650 Höhenmeter zwischen der Talstation im Vilstal und der Bergstation mit dem daran angeschlossenen **Berghaus Allgäu**. Die große Sonnenterrasse vom Berghaus bietet uns zudem die schöne Möglichkeit, den Ausflug mit einer Kaffeepause zu starten – und nebenbei erste Eindrücke von der Landschaft zu sammeln. So eröffnet sich uns hier ein spektakuläres Pa-

Auf den Wegen am Breitenberg geht es oft lebhaft zu.

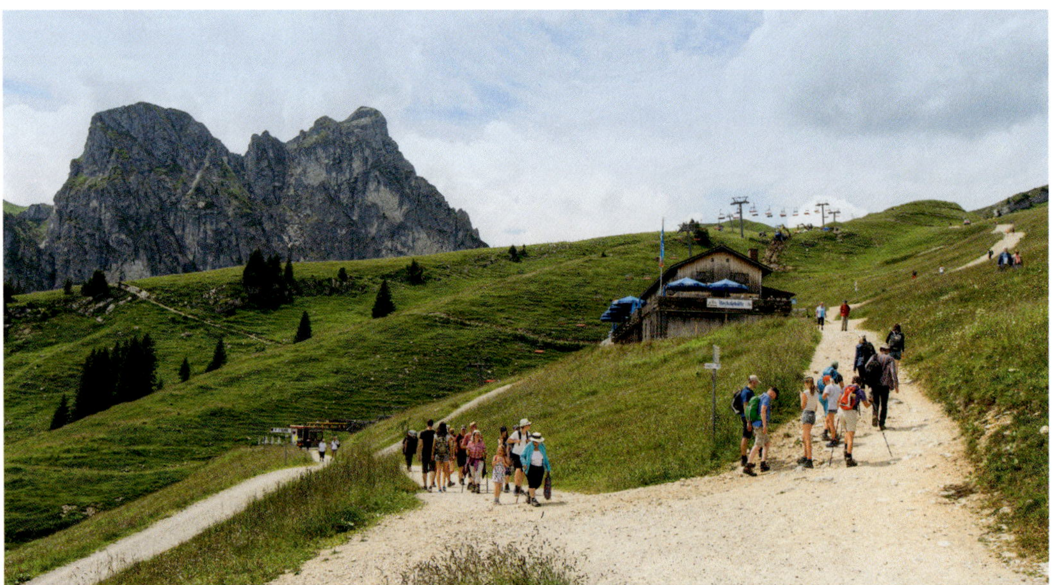

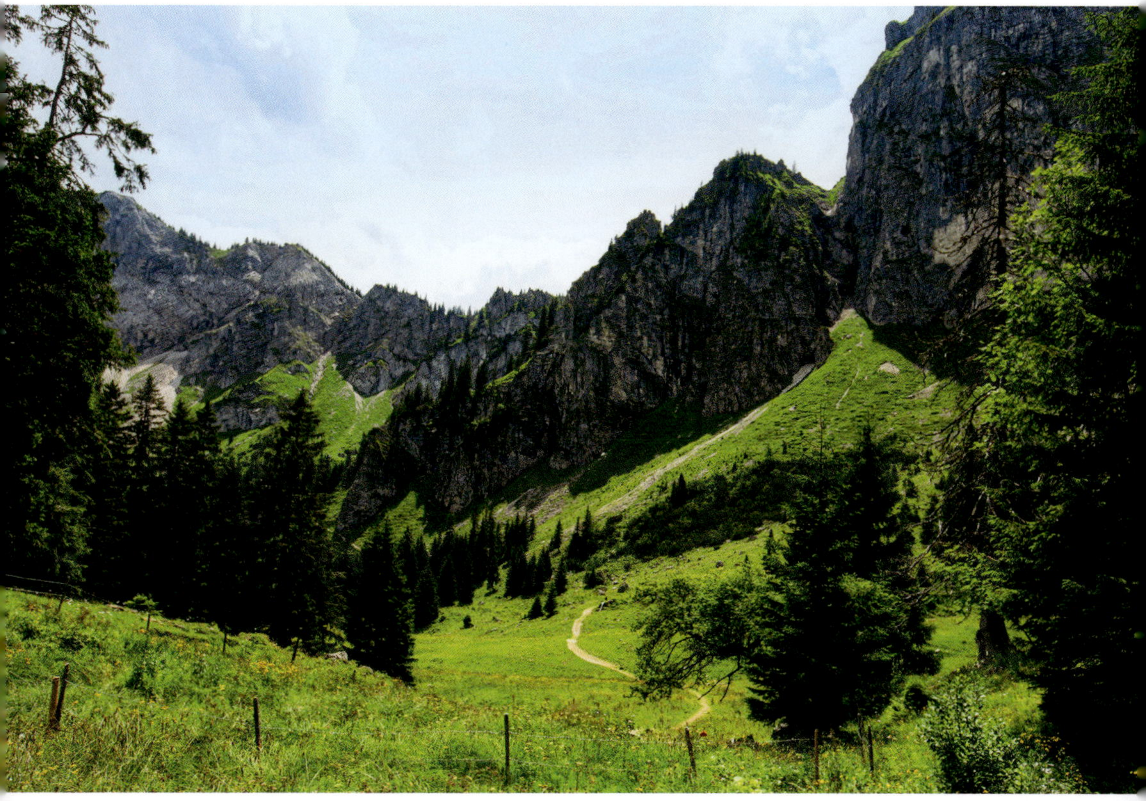

Die ruhige Seite des Aggensteins

norama über die Allgäuer und Tiroler Alpen. Schauen wir nach unten, liegen uns das Vilstal, Pfronten und die Füssener Seenplatte zu Füßen. Wir können uns Zeit lassen. Wir haben die Tour zwar mit zweieinhalb Stunden Gehzeit angegeben, doch die dreieinhalb Kilometer sind von rüstigen Wanderern auch deutlich schneller zu schaffen.

Gemütlich oder aus eigener Kraft So eingestimmt, haben wir anschließend die Wahl: Wer seine Kraft schonen möchte, nimmt den Fußweg zur nahen Hochalpbahn. Mit ihr tauschen wir den Aufstieg gegen eine luftige Fahrt im Sessellift. Als Bonbons eröffnet uns diese Variante einige schöne Blickwinkel auf die Landschaft, welche auf dem Wanderweg so nicht möglich sind. Für die Variante ohne Hochalpbahn passieren wir die **Hochalphütte**, halten uns bei der Gabelung rechts und folgen dem breiten Schotterweg zur **Bergstation der Hochalpbahn**. Der Aufstieg wird

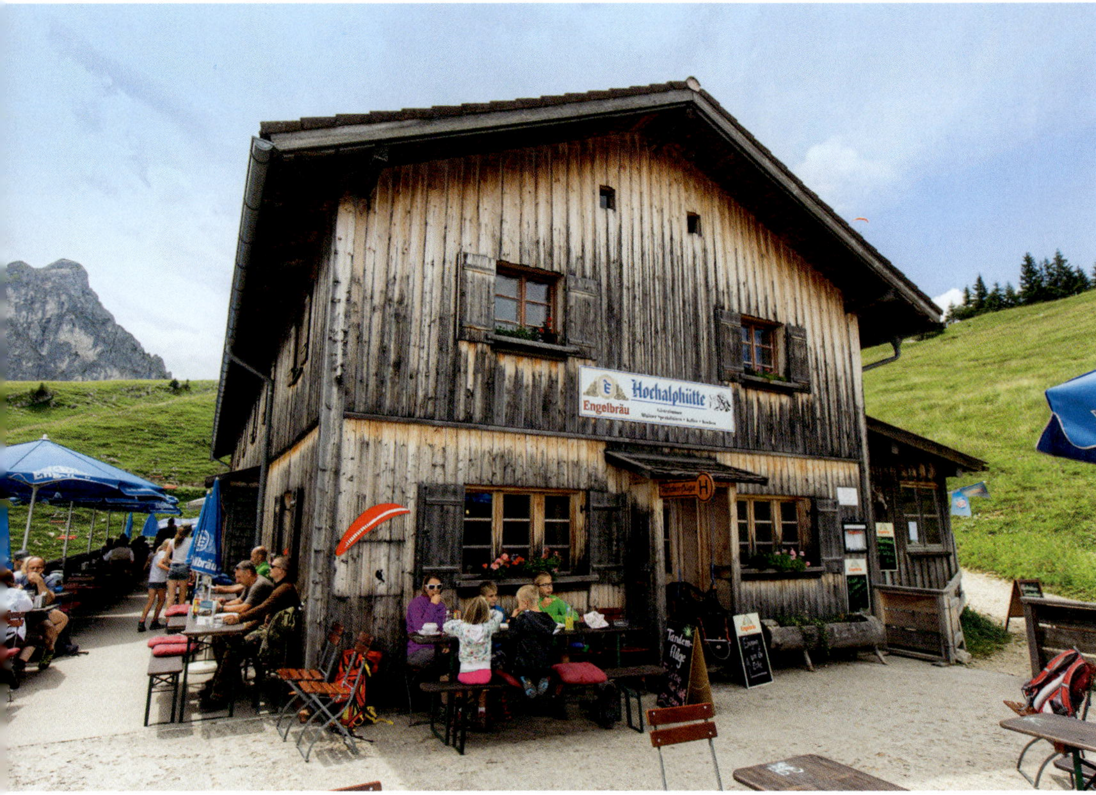

Die Hochalphütte bietet sich gleich zweimal während der Wanderung zur Einkehr ein.

uns zwar bald erste Schweißperlen auf die Stirn treiben, verwöhnt uns aber ebenfalls mit einer schönen Aussicht über die artenreichen Bergwiesen zum Aggenstein.

Im Schatten des Aggensteins Auf Höhe der Bergstation biegen wir links ab, sodass wir die nächsten Meter direkt südlich auf den Aggenstein zulaufen. Der Aufstieg ist von dieser Seite möglich, würde die Anforderungen dieses Wanderführers aber deutlich übersteigen, was bedeutet: Beim **Abzweig Aggenstein** wechseln wir links auf den Pfad. Damit passieren wir den 1985 Meter hohen Gipfel der Tannheimer Berge und

Aufstieg zur Ostlerhütte

Ein zweites leicht zu erreichendes Ziel ist die Ostlerhütte. Für den Aufstieg orientieren wir uns bei der Bergstation der Hochalpbahn rechts und nehmen den steilen Schotterweg hoch auf den Breitenberg. Die Hütte befindet sich nahe dem Gipfel und eröffnet uns ebenfalls ein fantastisches Panorama.

steigen über mehrere Kehren ins Plattenbachtal ab. Sowie wir den **Plattenbach** überquert haben, biegen wir erneut links ab. Der Rückweg erfolgt damit durch einen Bergwald und über die beiden Quellbäche des **Faulen Graben**. Nachdem der Bergweg nochmals kurz ansteigt, sehen wir schließlich vor uns die **Hochalphütte**, wo wir wieder auf den Weg zur **Bergstation** der Breitenbergbahn treffen.

Wichtiges zur Tour

Tourencharakter
Technisch einfache Runde im alpinen Raum. Der erste Aufstieg verlangt ein wenig Kondition am Berg. Bei Nutzung der Hochalpbahn entfällt ein Großteil der Höhenmeter.

Ausgangspunkt/Endpunkt
Bergstation Breitenbergbahn (1465 m)

Höchster Punkt
Bergstation Hochalpbahn (1668 m)

Anfahrt
Auto: Von der A 7 Richtung Füssen bei Ausfahrt 138 nach Nesselwang abfahren und weiter über die OAL 23 und B 309 nach Pfronten. Dort den Schildern zur Breitenbergbahn folgen. GPS 47.5656, 10.576; Bus & Bahn: Es bestehen Zugverbindungen zum Bahnhof Pfronten-Steinach nahe der Talstation.

Einkehr
Berghaus Allgäu, Hochalphütte

Karte
AV-Karte 1:25 000, BY 5 Tannheimer Berge

Informationen
Pfronten Tourismus, Tel. 08363/698 88, www.pfronten.de

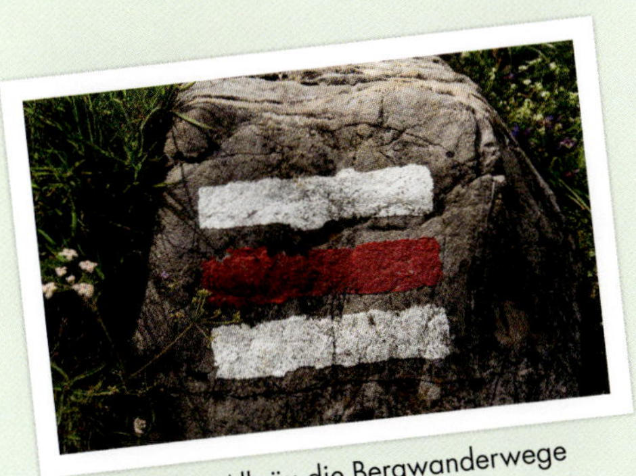

So werden im Allgäu die Bergwanderwege gekennzeichnet.

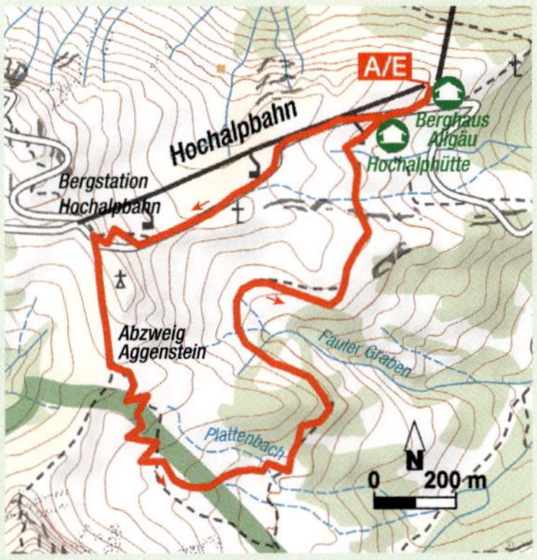

16 Burgruinen bei Eisenberg

Die Ruinen Hohenfreyberg und Eisenberg

- leicht
- 1.30 Std.
- 200 Hm
- 4,2 km
- nein

Die Burg Eisenberg befindet sich in Sichtweite zur Burg Falkenstein und diente im Mittelalter als optisches Gegengewicht zur Tiroler Machtdemonstration. Nachdem die Zwistigkeiten von einst längst Geschichte sind, bildet sie heute mit der Burg Freyenberg ein reizvolles Ausflugsziel.

Einstimmen auf die Burgen Als Startpunkt haben wir den **Wanderparkplatz oberhalb von Zell** gewählt. Wir laufen die Runde im Uhrzeigersinn. Damit folgen wir der Straße vom Wanderparkplatz aus bergan in den Wald. Wo ein anderer Weg unseren kreuzt, biegen wir rechts auf den rot-weiß markierten Wanderweg zur Schlossbergalm ab. Einen Steinwurf weiter öffnet sich die Sicht zur Burgruine Hohenfreyberg. Der ausgewiesene Wanderweg zu den Burgen führt von der Lichtung ein Stück weit in den Wald, ehe er links

Artillerierondell der Burgruine Hohenfreyberg

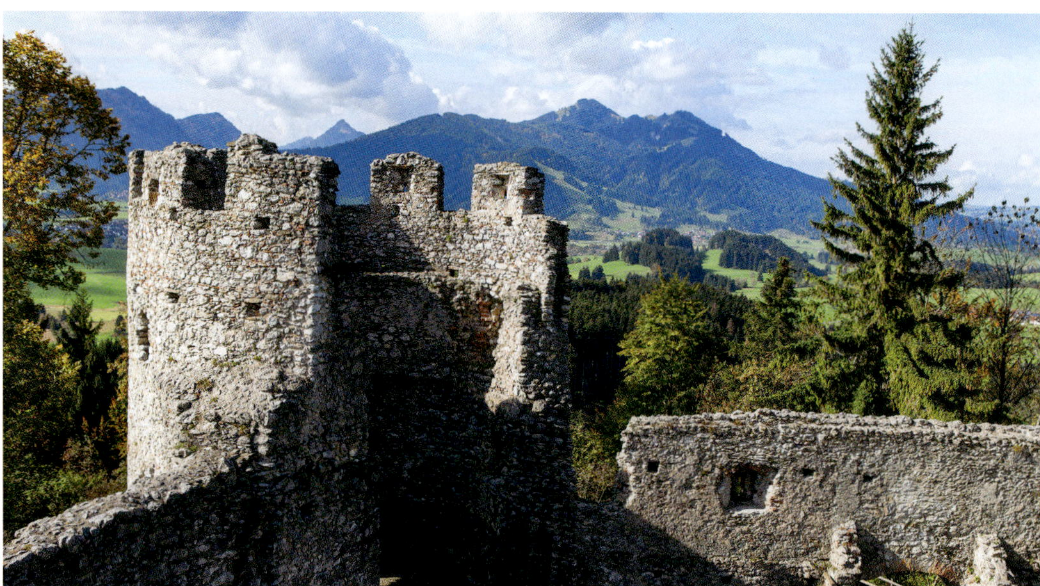

zum nächsten Wegkreuz hin ansteigt. Alternativ ist der Aufstieg auch auf dem Pfad entlang der Lichtung möglich.

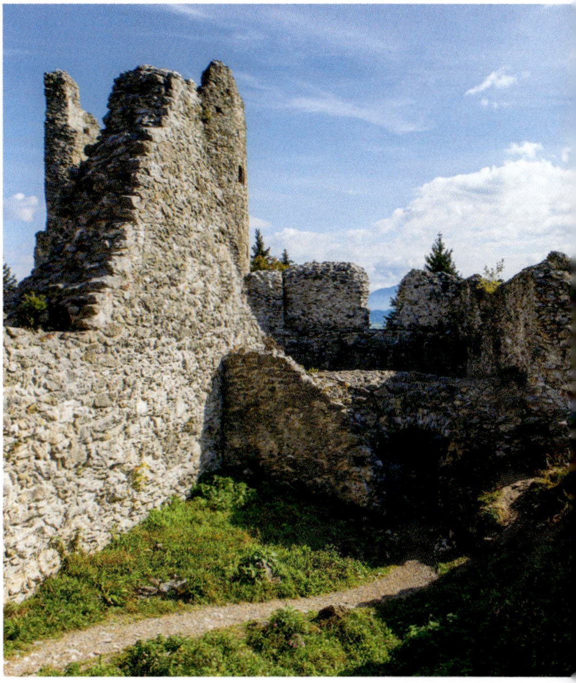

Blick über die Kernburg der Hohenfreyberg

Burgruine Hohenfreyberg Weiter nördlich bzw. oben münden beide Varianten in den Verbindungsweg zwischen dem Burgenensemble. Welche Ruine man zuerst besucht, kann jeder für sich entscheiden. Da wir schon eine schöne Sicht auf die **Burgruine Hohenfreyberg** hatten, können wir uns gerne sie als erstes vornehmen. Die Hohenfreyberg zählt zu den größten Burgen Bayerns und war mit dem ersten Bauabschnitt von 1418 bis 1432 zugleich eine der letzten Burgenneubauten des Mittelalters. Während der Ritterstand bereits vielerorts dem Niedergang geweiht war, demonstrierte Friedrich von Freyberg mit der Höhenburg ein letztes Mal seine Macht. Allein die hohen Bau- und Unterhaltungskosten, denen ein mickriger Herrschaftsbereich mit kaum 40 Höfen gegenüberstand, führten noch während des 15. Jahrhunderts dazu, dass die Hohenfreyberg veräußert werden musste – und das ausgerechnet an den Rivalen Österreich-Tirol.

Niedergang durch Eigenhand Nachdem die Tiroler die Hohenfreyberg noch zu Beginn des 17. Jahrhunderts mit neuen Artilleriewaffen, Wehrgängen und einem Artillerieturm verstärkten, verlor die Festung in den nächsten Jahrzehnten an Bedeutung. 1632 wurden die Geschütze auf die strategisch günstiger gelegene Passsperre Ehrenberg gebracht und die Burg entfestigt. Als die Schweden und Franzosen in den Wirren des Dreißigjährigen Kriegs auf die Alpen vorrückten, fasste die Landesregierung 1646 den Entschluss, die Hohenfreyberg in Brand zu setzen. Mit diesem drakonischen Mittel sollte verhindert werden, dass die Burg den Feinden in die Hände fiel und ihnen als militärischer Stützpunkt dienen konnte.

Burgenmuseum Eisenberg

Das Museum beherbergt zahlreiche mittelalterliche Gegenstände, die seit den 1980er-Jahren vor allem bei der Burg Eisenberg gefunden wurden. Das Museum ist in fünf Themenräume und einen Medienraum unterteilt, in dem die Forschungsergebnisse rund um beide Burgen anschaulich dargestellt werden. Weitere Informationen, Öffnungszeiten und Eintrittspreise gibt es auf der Seite www.burgenmuseum-eisenberg.de

Blöd gelaufen Was die Tiroler nicht wussten: Kurz nachdem sie ihre drei Vorposten im Allgäu aufgegeben hatten, änderten die gegnerischen Heere ihre Marschrichtung. Die Selbstzerstörung war damit gleichermaßen fatal wie sinnlos. Erst 1995 begann die Erforschung und Instandsetzung der Ruine. Um den romantischen Charakter der Burgruine zu erhalten, wurden hierzu mittelalterlicher Kalkmörtel und mittelalterliche Handwerkstechniken eingesetzt. Heute informieren mehrere Schautafeln vor Ort über die einzelnen Bauabschnitte und die Funktion der jeweiligen Festungsbereiche.

Burgruine Eisenberg Nach dem Rundgang kehren wir auf demselben Weg zurück zum Wegkreuz und folgen nun den Schildern zur nahen **Burgruine Eisenberg**. Sie wurde in der Zeit zwischen 1330 und 1340 durch Peter von Hohenegg errichtet, nachdem die Hohenegger ihre weiter südlich gelegenen Burgen Loch und Vilsegg an den Tiroler Grafen Meinhard II. verloren hatten. Die klamme Finanzlage der Hohenegger führte 1383 zum Verkauf der Burg an den österreichischen Erzherzog Leopold, der die Feste danach als Lehen an den Schwiegersohn des Burgherren Berthold von Hohenegg vergab. Nachdem die Burg Eisenberg ein ruhiges 15. Jahrhundert erlebte, wurde sie erst im Bauernkrieg 1525 und dann durch einen Blitzeinschlag im Jahr 1531 stark beschädigt. Wie ihre Nachbarburg wurde sie 1646 niedergebrannt und dem Verfall preisgegeben. Im Jahr 1805 ging die Ruine in den Besitz Bayerns über.

Burgfräulein Annette

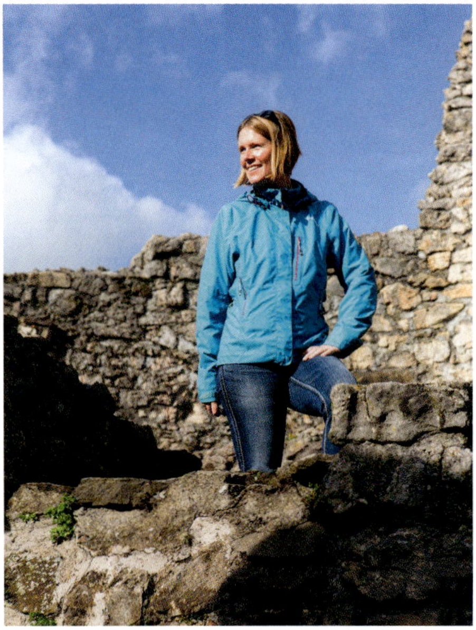

Zeit zum Einkehren Nach der zweiten Burgbesichtigung könnten wir direkt über einen Stichweg zur **Schlossbergalm** hinuntersteigen. Bequemer zu laufen ist allerdings der längere Weg. Dieser zweigt in etwa mittig zwischen den Burgen ab und führt in einem Bogen durch den Wald auf eine Rinderweide oberhalb des Gasthauses. Dort finden wir schließlich den idealen Ort für eine gemütliche Einkehr, ehe wir auf dem befahrbaren Burgweg hinunter zum **Burgenmuseum** in Zell und über die Dorfstraße zurück zur Bushaltestelle an der Landesstraße oder zum **Wanderparkplatz oberhalb von Zell** spazieren.

Wichtiges zur Tour

Tourencharakter
Die bequeme Wanderung führt über gut ausgebaute Wege und schwach befahrene Straßen.

Ausgangspunkt/Endpunkt
Parkplatz oberhalb Zell (905 m)

Höchster Punkt
Burgruine Hohenfreyberg (1055 m)

Anfahrt
Auto: Von der A 7 bei Ausfahrt 137 oder 138 nach Nesselwang abfahren und weiter Richtung Füssen. Im Kreisel von B 310 und OAL2 nach Eisenberg abfahren und weiter bis zum Parkplatz nördlich von Zell. GPS 47.6029, 10.5882; Bus & Bahn: Ab Kempten und Füssen fährt die Buslinie 56 zur Haltestelle Abzweig Zell, Eisenberg. Der Zugang erfolgt dann über die Dorfstraße.

Einkehr
Schlossbergalm (Di–So ab 10 Uhr), in Zell

Karte
Zumstein Wanderkarte 1:30 000, Pfronten

Informationen
Touristikbüro Eisenberg, Tel. 08364/1237, www.eisenberg-allgaeu.de

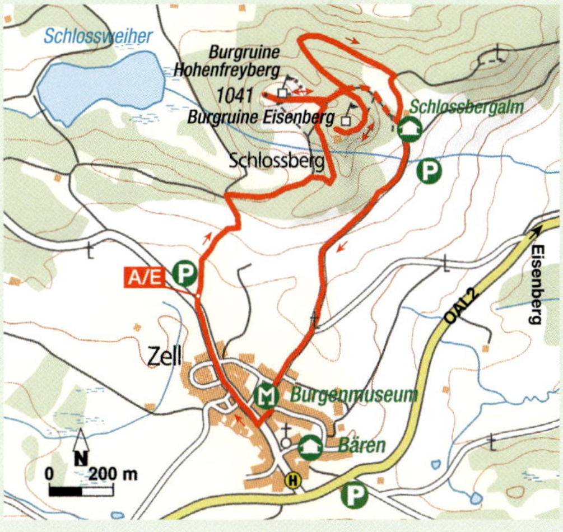

17 Auf die Salober Alm

Aufstieg ab dem Alatsee

mittel/schwer

3 Std.

360 Hm

5,7 km

nein

Bei dieser anspruchsvolleren Tour wandern wir entweder auf direktem Weg oder über die Vilser Scharte geradewegs in ein Bilderbuch hinein. Während uns die Salober Alm mit regionalen Spezialitäten verwöhnt, breitet sich vor uns ein Bergpanorama aus, das wir zu den schönsten entlang der deutsch-österreichischen Grenze zählen.

Sagenhafter Auftakt Der Alatsee zählt zweifellos zu den beliebtesten Ausflugszielen im östlichen Allgäu. Insbesondere während der Sommerferien, aber auch an sonnigen Wochenenden sind die Parkplätze oberhalb des Sees chronisch überlastet. Am See selbst informieren mehrere liebevoll gestaltete Stationen über die heimische Vogelwelt und finden wir am Westende eine Badestelle samt Liegewiese. Doch Obacht! In dem an seiner Oberfläche türkisblauen Gewässer hausen angeblich Fabelwesen und Gespenster, welchen Wanderern auflauern und sie in die Tiefe ziehen oder in Erdspalten locken. Auch sollen zum Ende des Zweiten Weltkriegs große Mengen Gold der Deutschen Reichsbank vom Schloss Neuschwanstein hierhergebracht und im See versenkt worden sein. Angelockt von den Gerüchten bargen unzählige Schatzsucher in den 1950er- und 1960er-Jahren vor allem Waffen und anderes Kriegsgerät. Der Fund eines Schatzes indes ist bis dato unbekannt. Heute ist das Tauchen im Alatsee verboten.

Alatsee

Der bis zu 35 Meter tiefe Alatsee weist in einer Tiefe von etwa 15 bis 18 Metern eine leuchtend rosa gefärbte Schicht auf. Ursache ist ein Vorkommen von Purpur-Schwefelbakterien, welche zu den am besten ausgeprägten in Süßwasserseen zählen. Da der Alatsee keine Wasserzirkulation erfährt, liegt das schwefelhaltige Tiefenwasser seit mehreren tausend Jahren nahezu unverändert am Boden des Sees.

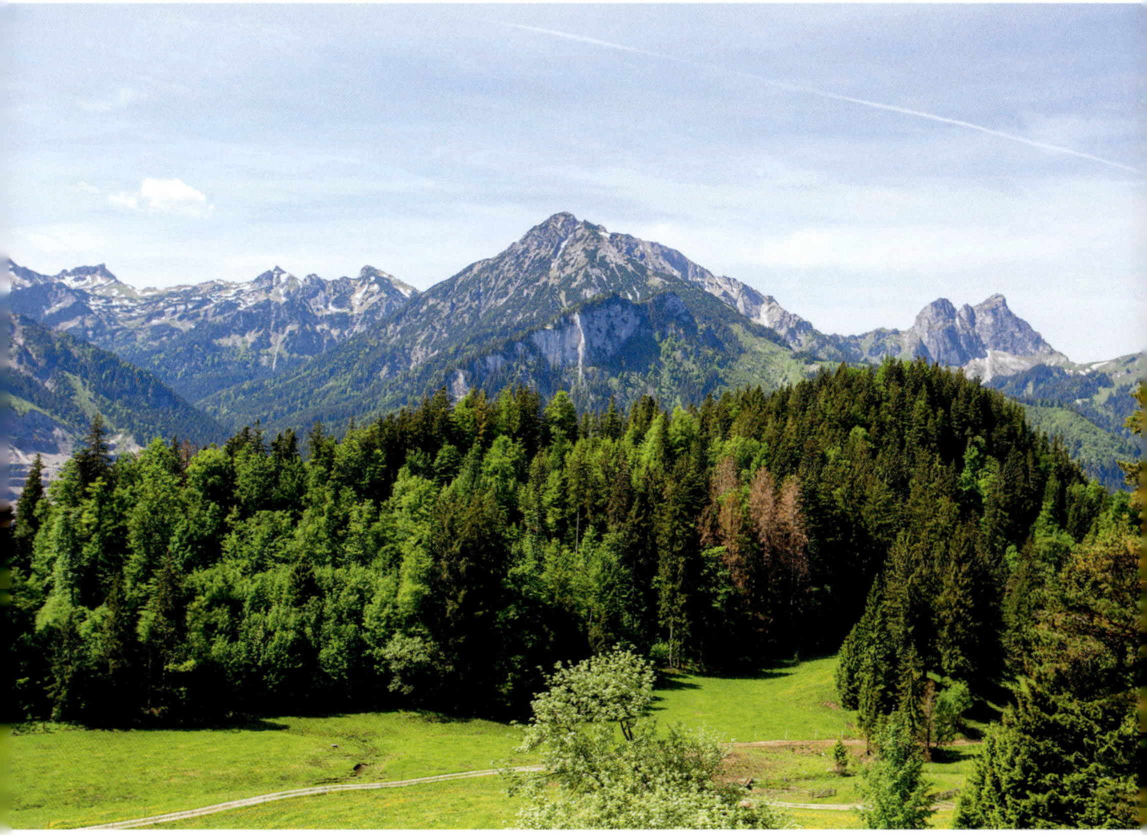

Sicht von der Salober Alm auf den Vilser Kegel und den Aggenstein (rechts)

Direkter Aufstieg Vom **Parkplatz Alatsee** laufen wir zunächst vor an den See. Für den Aufstieg haben wir zwei Möglichkeiten: Wer sich nicht zu den rüstigen Senioren zählt – oder es einfach etwas gemütlicher bevorzugt –, biegt beim Seeufer rechts ab und folgt der Beschilderung über den breiten Schotterweg direkt hinauf zur Salober Alm. Der Aufstieg führt über den **Zugspitzblick**, wo sich die Aussicht bei klarer Luft nach Südosten zum Säuling und zur Zugspitze öffnet. Nach gut anderthalb Kilometern können wir uns glücklich schätzen und auf der Sonnenterrasse der Alm auf diejenigen warten, welche den längeren Weg über die Vilser Scharte gewählt haben.

Zwei Versuchskaninchen im Schlepptau Mit der längeren Variante wird die Tour zu einer abwechslungsreichen Rundwanderung. Da sie neben einer guten Kondition am

Berg auch ein gewisses Maß an Trittsicherheit erfordert, haben wir die Probe aufs Exempel gemacht und unsere Eltern bzw. Schwiegereltern mitgenommen. Was sollen wir sagen? Im Aufstieg gab es Passagen, bei denen sie eher still waren und sich auf den nächsten Schritt konzentrierten. Sowie sie die Salober Alm vor sich sahen, schwangen sie dafür umso stolzer Reden über die erbrachte Leistung, zuversichtlich, dass sie nun auch noch sehr viel höhere Berge erklimmen könnten – falls wir ihnen denn nachkämen …

Über die Vilser Scharte … Am See halten wir uns zunächst links, sodass wir dem Weg am **Hotel Alatsee** vorbei über die Ostseite des Alatsees folgen. Wo der See in den Faulenbach übergeht, finden wir einen hübsch hergerichteten Rastplatz samt Wassertretbecken. Auf der Südseite des Sees – gegenüber dem Zugang vom Parkplatz – halten wir uns links und überqueren durch die **Vilser Scharte** die Grenze zu Österreich. Zu erkennen ist diese an einem historischen Grenzstein. Er wurde nach dem »Gränzberichtigungs-Vertrag« vom 30. Januar 1844 zwischen dem Königreich Bayern und dem Kaisertum Österreich aufgestellt und erhält bis dato alle paar Jahre einen frischen Anstrich.

Gut gerüstet auf dem Weg vom Alatsee zur Vilser Scharte

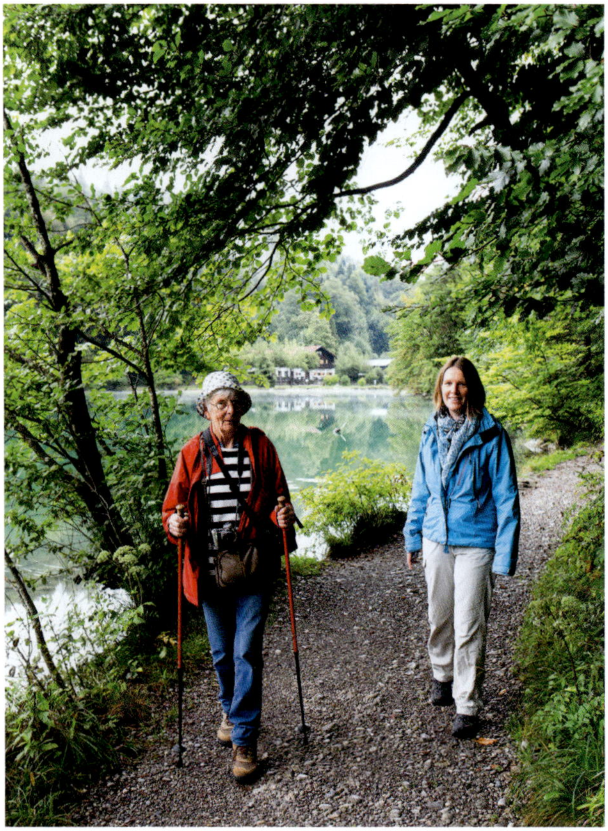

… zur Burgruine Vilsegg Wir folgen der in Tirol gelben Beschilderung über die Straße Am Angerberg (links ab) sowie am Parkplatz Vils/Alatsee vorbei bis zu den ersten Häusern von Vils. Dort biegen wir rechts in den Hoheneggweg ab, an dessen Ende wir links zum **Fußballplatz Vils** finden. Erneut rechts ab verlassen wir den Ort auf dem Ritterweg, zweigen beim Waldrand rechts ab und folgen schließlich den Wegweisern an einer baufälligen Scheune sowie an einem Wasserfall des Vilseggbachs vorbei zur **Burgruine Vilsegg**. Die Bedeutung der ehemaligen Festung ergibt sich aus einem historischen Handelsweg, welcher während des Mittelalters die Adria und Venedig mit der Donau verband. Insbesondere für den Salztransport von Hallein war dies ein bedeutender Verkehrsweg. Von der Burg sind nur wenige Mauern erhalten, sodass sich der kurze Abstecher vor allem für die Aussicht über das Vilstal lohnt.

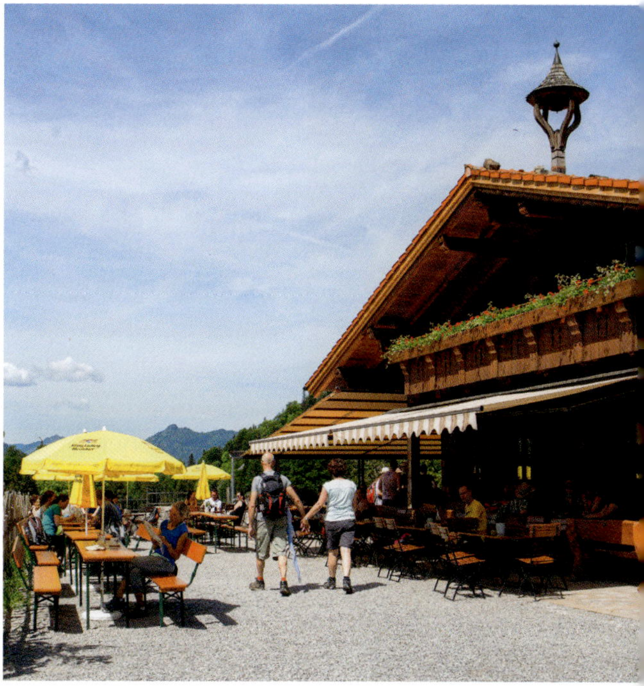

Bei schönem Wetter schützen auf der Salober Alm Markisen vor zu viel Sonne.

Salober Alm Zurück auf dem Wanderweg folgen wir dem bald steiler werdenden Pfad bergan bis zu einer Weggabelung. Links ginge es hinunter auf den Zirmenweg sowie an die Vils. Für die Salober Alm orientieren wir uns rechts, wechseln damit auf den mit Wurzeln überzogenen Pfad und sehen ein paar Schritte weiter die Markierung »roter Punkt«. Der Aufstieg wird uns einiges abverlangen, versöhnt jedoch auch mit zwei Bänken zum Verschnaufen. Nach rund 1200 Metern ab der Ruine Vilsegg wird das Terrain flacher, treten wir aus dem Wald heraus und sehen die **Salober Alm** vor uns. Spielt das Wetter mit, eröffnet uns die Sonnenterrasse einen traumhaften Blick über das Vilstal hinweg auf den Roßberg. Rechts da-

Burgruine Vilsegg

Die Burg Vilsegg wurde in mehreren Bauphasen ab dem 13. bis 15. Jahrhundert errichtet. Erbauer waren die den Rettenbergern verbundenen Herren von Hohenegg. Die Burg war noch im Jahr 1709 bewohnt, ehe sie 1774 als Ruine beschrieben wurde. Durch Steinraub am Mauersockel stürzte die Ostwand zusammen mit weiteren Festungsteilen 1939 ein. Seit 1981 engagiert sich die Interessengemeinschaft zur Erhaltung der Ruine Vilsegg um die Sicherung und Sanierung des alten Gemäuers.

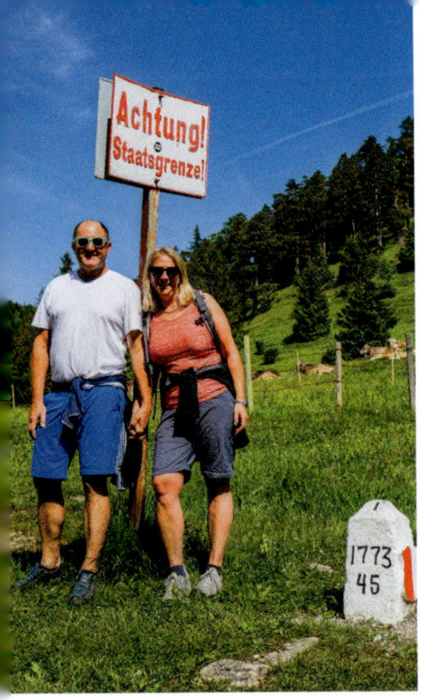

von schließen sich die beiden Gipfel des Aggensteins und der Breitenberg an. Wenden wir uns nach Süden und Südosten, rücken der Vilser Kegel und der Bergzug mit dem Burgschrofen und dem Plattjoch ins Bild.

Grenzübertritt nahe der Salober Alm

Die Salober Alm ist auch bei jungen Leuten ein beliebtes Ausflugsziel.

Zugspitzblick Gerne können wir das Panorama eine Weile auf uns wirken lassen, ehe wir den Rückweg antreten. Dieser erfolgt auf dem Maximiliansweg, auf dem wir wenige Schritte östlich der Alm zurück nach Deutschland gelangen. Im oberen Bereich des Abstiegs passieren wir den **Zugspitzblick**. Für die Aussicht auf den höchsten Gipfel der deutschen Alpen lohnt ein kurzer Stopp, bevor wir dem Schotterweg wieder hinunter zum Alatsee und zum **Parkplatz beim Alatsee** folgen. Oder wir gönnen uns einen gemütlichen Abschlusshock im Gartenrestaurant des Hotels Alatsee und lassen die Tour noch ein wenig in uns nachhallen.

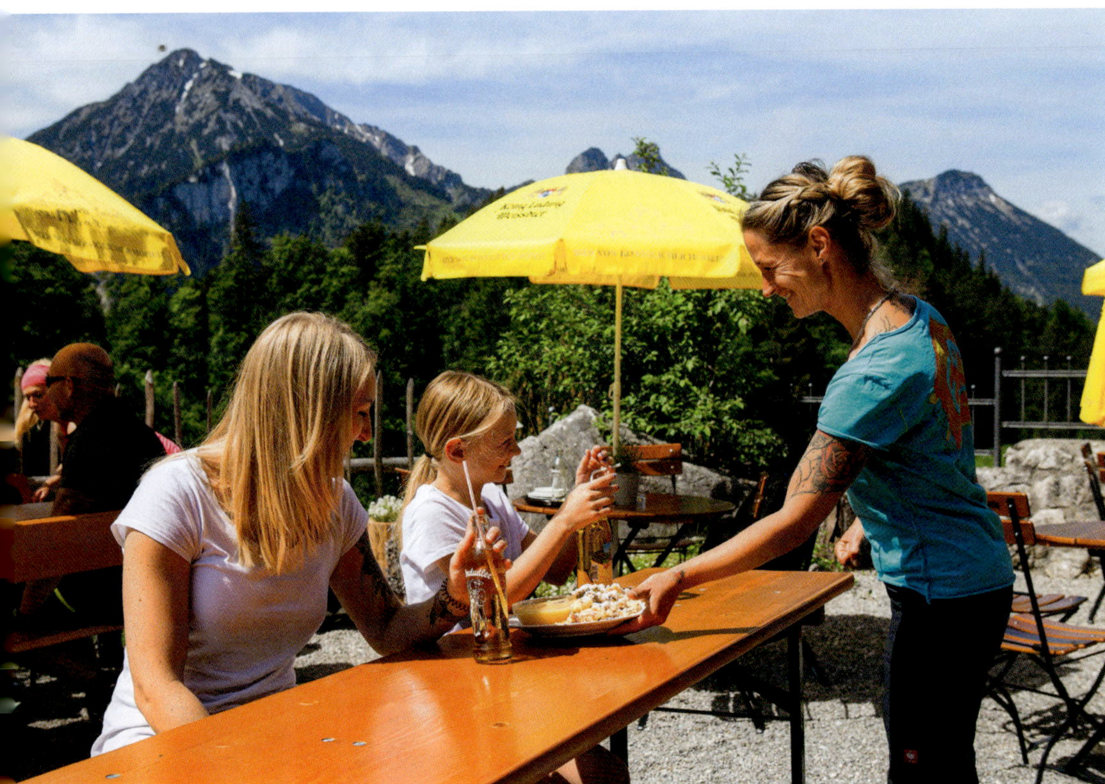

Wichtiges zur Tour

Tourencharakter
Für den Aufstieg über die Burgruine Vilsegg zur Salober Alm sind festes Schuhwerk und Trittsicherheit unabkömmlich. Technisch einfach ist der Aufstieg über den Maximiliansweg. Stöcke empfohlen.

Ausgangspunkt/Endpunkt
Parkplatz Alatsee (875 m)

Höchster Punkt
Nahe Salober Alm (1095 m)

Anfahrt
Auto: Von der A 7 bei Ausfahrt 139 nach Weißensee/Oberried abfahren und gleich links auf die Saloberstraße abbiegen. Der Straße bis zum Wanderparkplatz oberhalb vom Alatsee folgen. GPS 47.5629, 10.6399; Bus & Bahn: –

Einkehr
Hotel und Restaurant Alatsee, Salober Alm

Karte
AV-Karte 1:25 000, BY 5 Tannheimer Berge

Informationen
Füssen Tourismus, Tel. 08362/938 50, www.fuessen.de

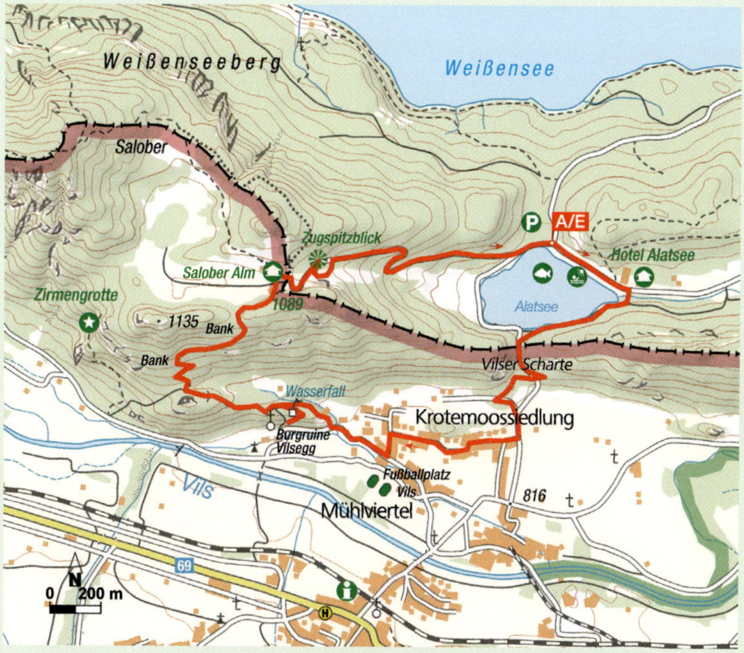

18 Loge über dem Forggensee

Zugang über Bleick an den Speichersee

- leicht
- 1.30 Std.
- 70 Hm
- 3,7 km
- nein

Der Forggensee zählt zu den Seen im Ostallgäu, welche ab dem Frühjahr regelmäßig Schlagzeilen machen. Die spannende Frage lautet: Hat er nun Wasser oder nicht? 2018 etwa blieb er komplett leer und bot Gästen die Möglichkeit, über die Kiesbänke zu einem schmalen Rinnsal – dem Lech – zu spazieren.

Im zeitigen Frühjahr erstrecken sich breite Kiesflächen auf dem Grund des Forggensees. 2018 war dies ein Dauerzustand.

Von Gletschern und Drumlins Vom Parkplatz am Ende der Straße **Im Tal** ließen sich das Naturbad und die Anlegestelle am Forggensee binnen weniger Minuten zu Fuß erreichen. Für diese leichte Wanderung wählen wir aber die entgegengesetzte Richtung. Damit nutzen wir den Weg nördlich der Eberle Rieden GmbH bis zur B16, wo wir links abbiegen. Nachdem wir die **Unterführung** passiert

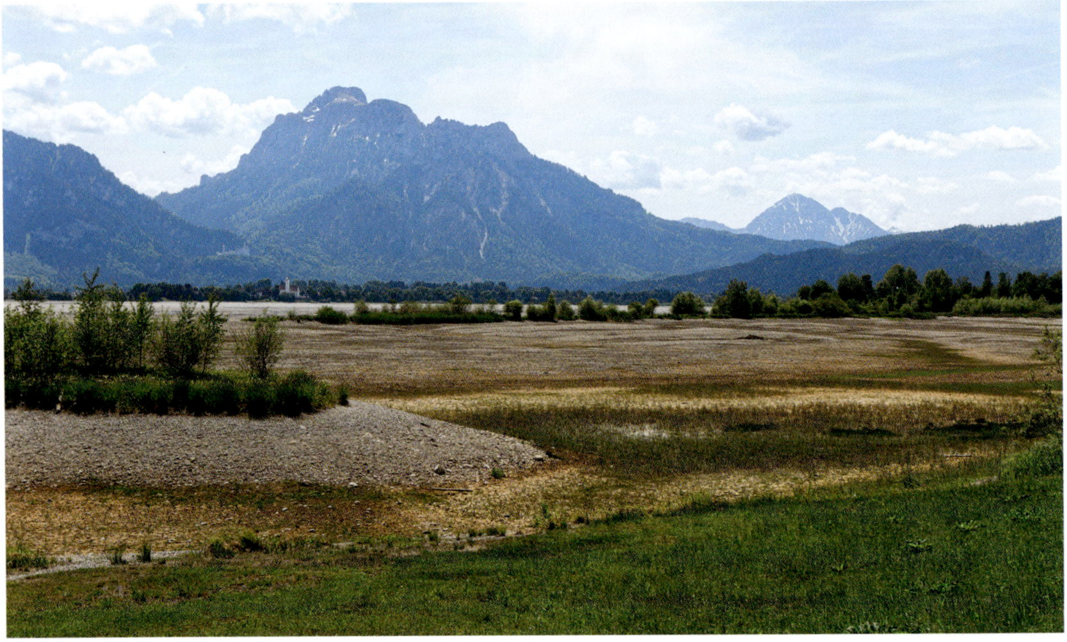

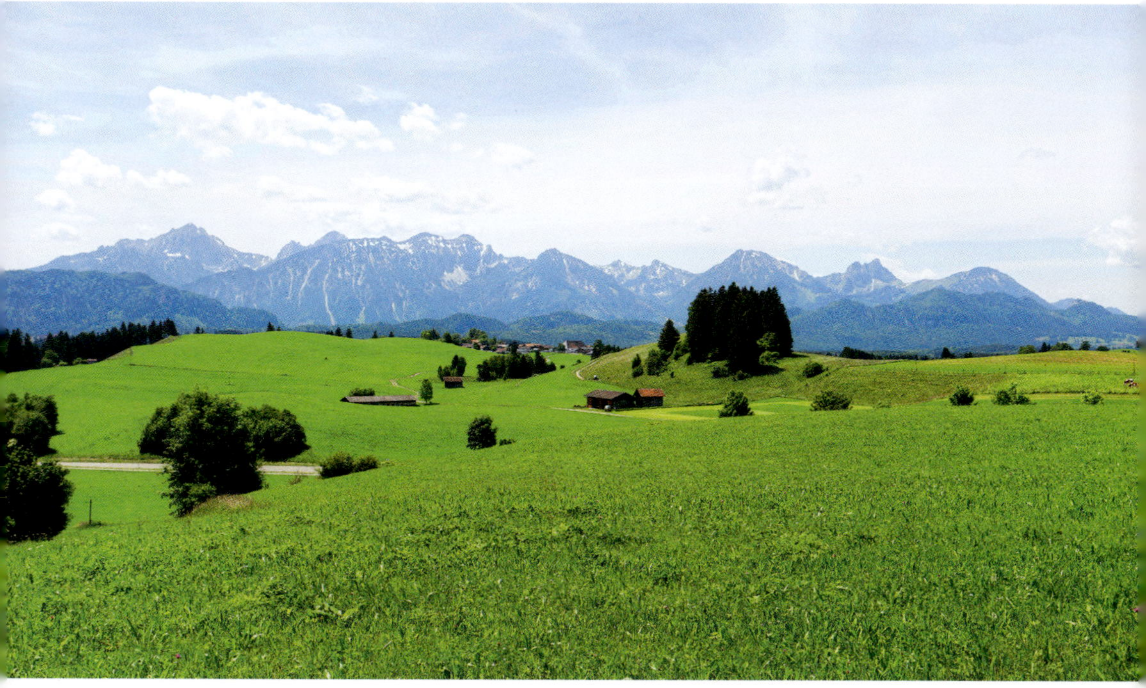

Aussicht vom Drumlin Bleick zu den Alpen

haben, biegen wir erneut links und dann 130 Meter weiter rechts ab und folgen der gelb-weißen Markierung zum Aussichtspunkt **Bleick**. Solche Höhenzüge werden Drumlins genannt und bestehen aus Schotter oder Moränenmaterial, das sich während einer Eiszeit unter der Eisdecke angesammelt hat.

Bick in den Königswinkel Im Idealfall schauen wir im Sommer von dem Höhenrücken über einen blaugrün schillernden Forggensee in den Königswinkel und auf das Ammergebirge. In der Vertiefung zwischen dem Tegelberg (links) und dem Säuling ist das Schloss Neuschwanstein zu erkennen. Vor Ort erleichtert eine durch Sonne und Wetter leider stark in Mitleidenschaft

Ebbe und Flut im Forggensee

Der auch als Speicher Roßhaupten bekannte See wird im Winter regelmäßig abgelassen, um im nächsten Frühjahr die Schneeschmelze aufnehmen zu können. 2018 wurde der marode gewordene Staudamm saniert, sodass der See nicht komplett geflutet werden konnte. Seit dem Abschluss der Arbeiten im Sommer 2019 wird der See wieder wie gewohnt gestaut, womit auch der Schifffahrtsbetrieb wieder planmäßig zu Ausflugsfahrten einlädt. www.forggensee-schifffahrt.de

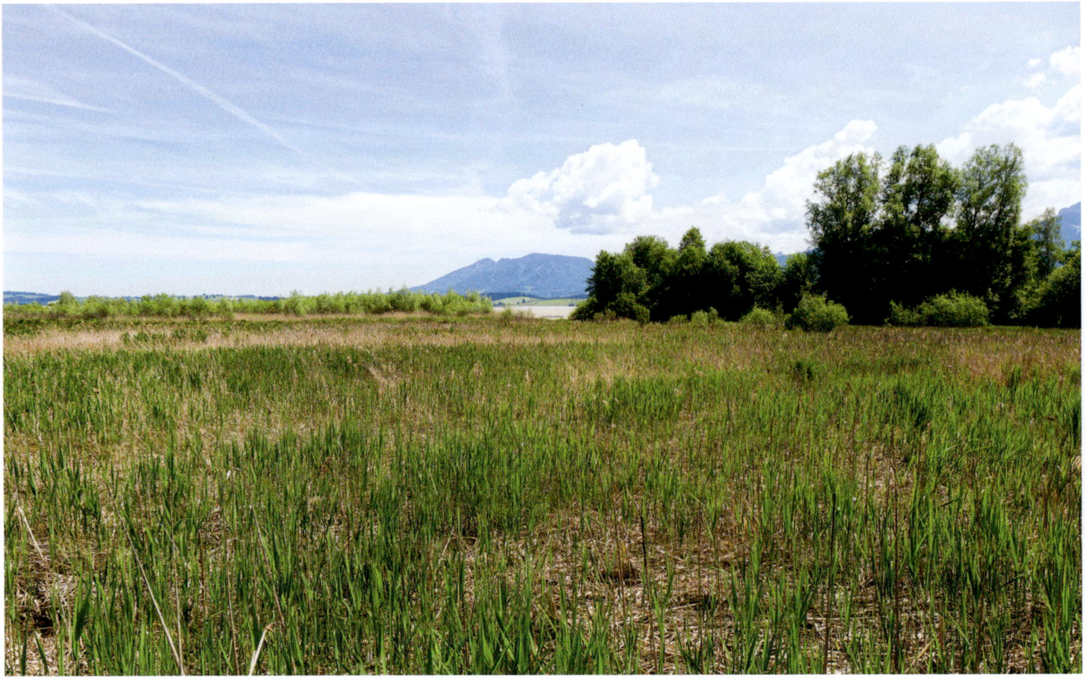

Junges Schilfgras auf einem trocken gefallenen Bereich des Forggensees

genommene Panoramatafel die Orientierung. Zudem erhalten wir Informationen zum ehemaligen Füssener See, über die wiederholte Vergletscherung des Alpenvorlands und die Besiedlung der nach dem Rückzug der Gletscher freiliegenden Schuttflächen.

Auf dem Seeuferweg Von Bleick führt uns der Wanderweg erst noch ein Stück weit geradeaus und dann über eine Rechtskurve zurück an die Bundesstraße. Dort biegen wir links ab und folgen dem Rad- und Gehweg am **Wertstoffhof Füssen** vorbei hinunter zur Ehrwanger Straße. Abermals links passieren wir als Nächstes das Gelände des 1. Ruderclubs Forggensee, ehe die Straße bei einem Freizeitgelände mit Tennisplatz, Minigolfanlage und Bootshafen endet. Weiter geht es auf dem **Uferweg**, der uns um eine oft trockenfallende Bucht herum an den Forggensee und weiter bis zum **Café Maria** führt. Ab dem herrlich oberhalb des Sees gelegenen Café erfolgt der Rückweg in Richtung St. Urban und Rieden bis zurück zu unserem Ausgangspunkt über die Straße **Im Tal**.

Wichtiges zur Tour

Tourencharakter
Die lockere Runde führt über breite, bequem zu gehende Wege mit schönen Aussichten über den Forggensee.

Ausgangspunkt/Endpunkt
Parkplatz Im Tal (800 m)

Höchster Punkt
Aussichtspunkt Bleick (842 m)

Anfahrt
Auto: Von der A7 bei Ausfahrt 139 auf die B 310 nach Füssen abfahren, der Umgehung über Füssen Nord und die B 16 nach Rieden folgen. Bei Oberreinen rechts in die Riedener Straße und dann sogleich rechts in die Straße Im Tal abbiegen. GPS 47.6099, 10.7157; Bus & Bahn: Vom Bahnhof Füssen bestehen Verbindungen zur Haltestelle St. Urban, Rieden am Forggensee. Der Einstieg in die Wanderung erfolgt dann bei der nahen Unterführung.

Einkehr
Café Maria (Fr bis Di ab 11 Uhr)

Karte
Zumstein Wanderkarte 1:30 000, Schwangau

Informationen
Füssen Tourismus, Tel. 08362/938 50, www.fuessen.de

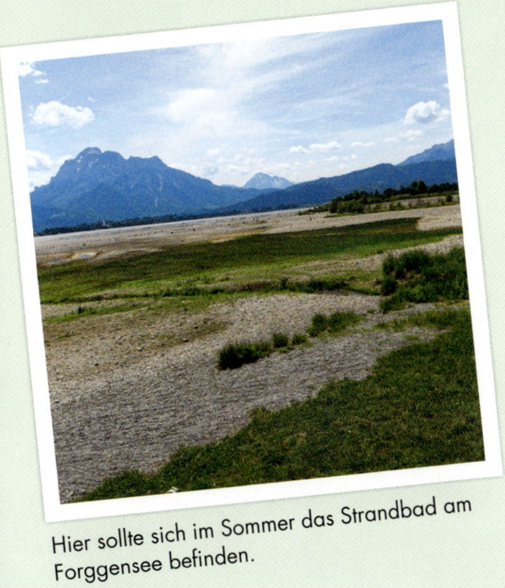

Hier sollte sich im Sommer das Strandbad am Forggensee befinden.

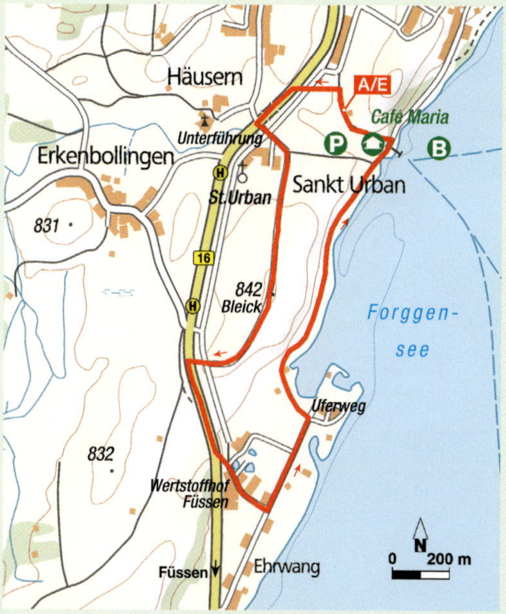

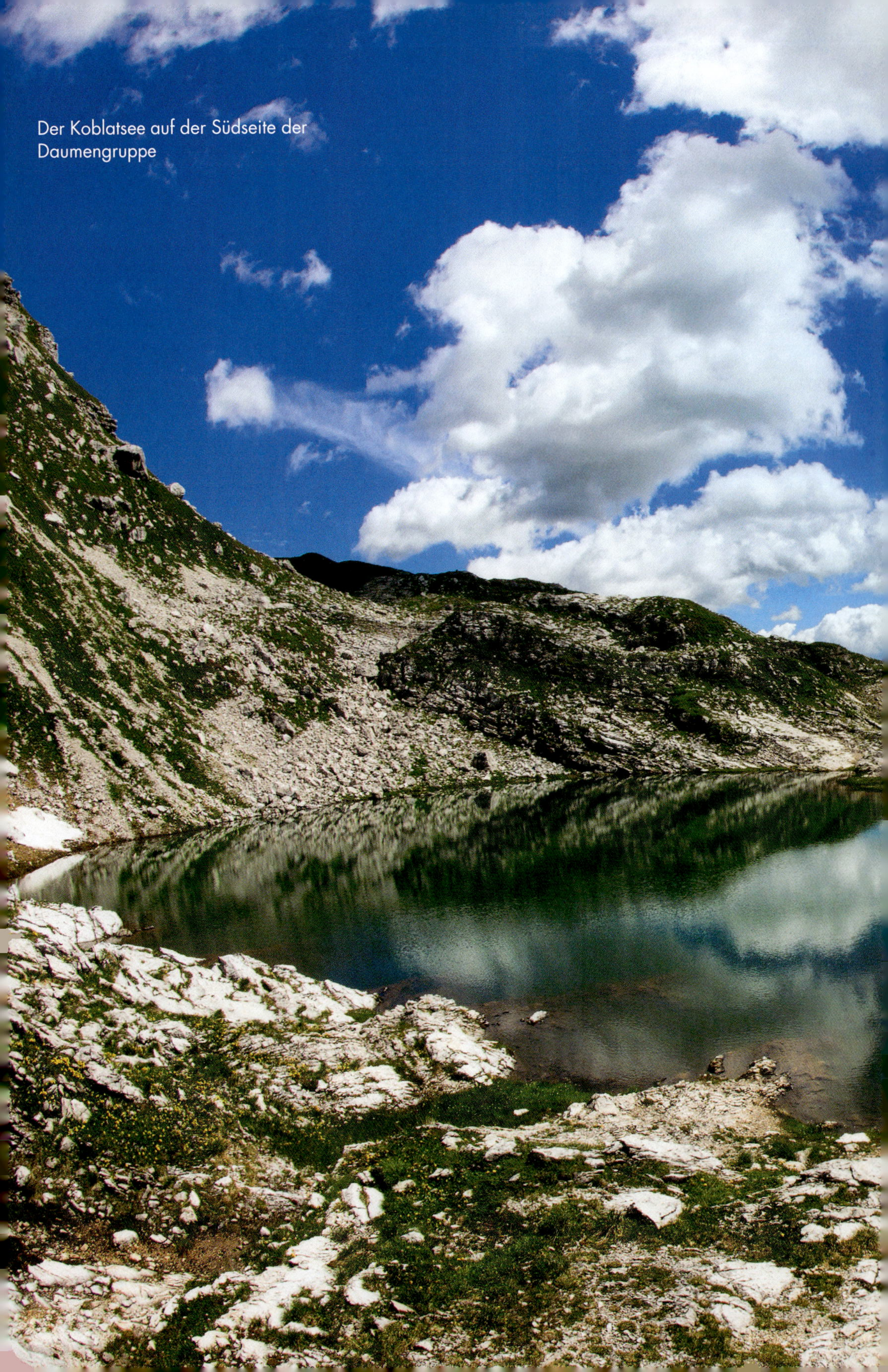

Der Koblatsee auf der Südseite der Daumengruppe

Rund um Oberstdorf

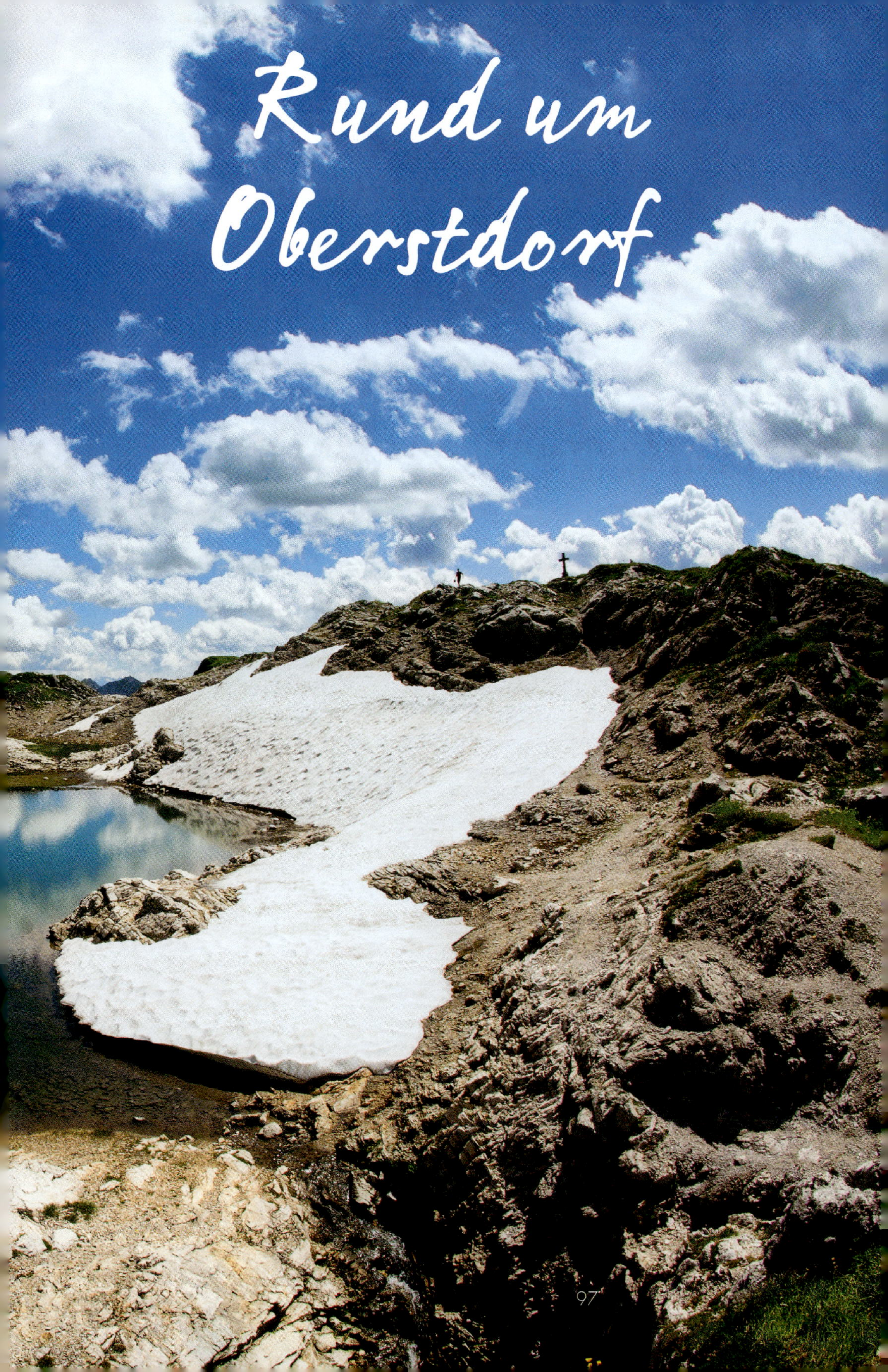

19 Rund um den Ochsenberg

Vom Hirschsprung zur Judenkirche

- schwer
- 3 Std.
- 380 Hm
- 7 km
- nein

Die Wanderung um den Ochsenberg ließe sich auch trefflich als die Zwei-Gesichter-Runde umschreiben. So gleichen die ersten beiden Kilometer mehr einem Spaziergang als einer Wanderung. Dann aber ändert sich das Bild und sind im Bereich der Judenkirche Qualitäten rüstiger Senioren gefragt.

Warmlaufen im Lochbachtal Wir wandern diese Runde entgegen dem Uhrzeigersinn. Damit kehren wir beim **Parkplatz Hirschsprung** der markanten Engstelle den Rücken und folgen der OA5 in Richtung Tiefenbach. Nach etwa 600 Metern wechseln wir bei der **Durabrück** die Straßenseite und wandern dann mit der gelb-weißen Wegmarkierung ins Lochbachtal. Sowie wir die Gschwenderhaus-Ferienwohnungen passiert haben, zweigen wir zur Judenkirche links auf den Greitweg ab. Beim ersten Anstieg des Tages lohnt es sich bereits, innezuhalten: Direkt westlich von uns sind die als »Auf der Nase« bekannten Felspartien am nordöstlichen Ausläufer des Geißbergs deutlich zu sehen. Schauen wir nach Süden, reicht die Sicht über die Breitach und den Schwarzwasserbach zum Höhenzug mit dem Fellhorn und der Oberstdorfer Hammerspitze sowie rechts davon zu den Grasflanken im hinteren Kleinwalsertal.

Entstehung der Judenkirche

An der Stelle der Judenkirche hat sich der Schrattenkalk aus der zuvor horizontalen Lage aufgewölbt. Dabei bildeten sich Risse und wurden innere Gesteinsschichten gelockert. Während diese herausfielen und auch das dahinter liegende Gestein nachrutschte, blieb im oberen Bereich ein Felsbalken erhalten. Dieser ist 15 Meter breit und hat eine Dicke von ein bis zwei Metern. Ursprünglich war der Felsbogen im Volksmund als »In der Kirche« bekannt. Die Umbenennung in Judenkirche wird auf eine ungenaue Schreibweise zurückgeführt.

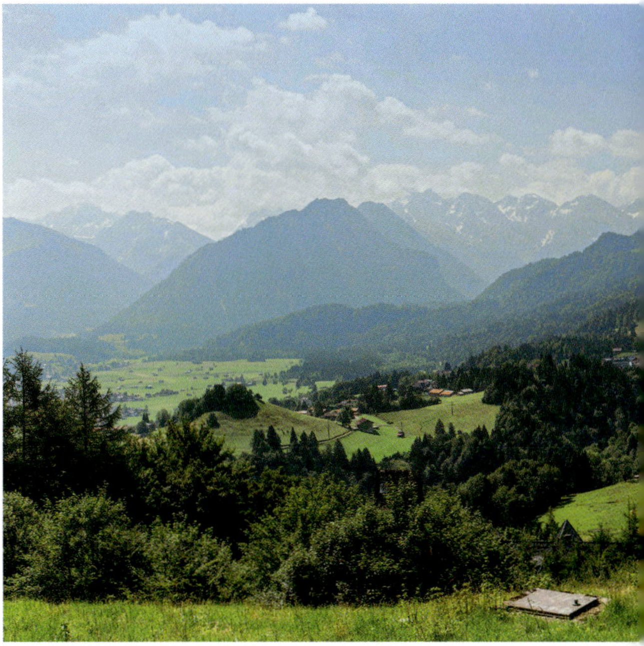

Aussicht vom Ochsenberg über Jauchen auf den Himmelschrofen

Auf dem Graf-Vojkffy-Weg Auf Höhe der **Kirche St. Barbara** halten wir uns links, sodass wir auf den Graf-Vojkffy-Weg wechseln. Der aus Kroatien stammende Adlige Christoff von Vojkffy wohnte ab 1915 im Oberstdorfer Fuggerhaus und gilt als Pionier der Steinzeitforschung in den Allgäuer Alpen. Bekannt wurde der Amateur-Archäologe durch seinen Fund der »Venus von Mauern«, eine etwa 27000 Jahre alte Venusstatue aus der jüngeren Altsteinzeit. Der Weg führt uns über zwei Kehren in den Wald, wo er seinen Charakter ändert.

Entlang der Steilwand War es bisher eine lockere Wanderung, finden wir uns hier auf einer steinigen Passage wieder, die ein gutes Maß an Trittsicherheit erfordert. Zudem sind nun einige Höhenmeter zu leisten, sodass wir deutlich langsamer als auf dem ersten Abschnitt vorankommen. Wir nutzen dies, um die links des geadelten Wegs senkrecht aufragende **Steilwand** zu bewundern. Mit etwas Glück treffen wir auf Kletterer, die sich an der aus Schrattenkalk gebildeten Felswand peu à peu empormühen. Nach einer flacheren Passage steigt der Weg weiter an und führt uns nochmals an den Waldrand zum **Aussichtspunkt Kapf**. Vor Ort finden wir mehrere Rastbänke und können uns überlegen, wie es weitergeht. Wer auf dem Weg entlang der Steilwand zu kämpfen hatte, dem empfehlen wir, auf dem Graf-Vojkffy-Weg zu bleiben und die Judenkirche auszulassen.

Aufstieg zur Judenkirche Alle anderen halten sich bei der Gabelung oberhalb des Aussichtspunkts links und folgen der roten Markierung weiter bergan zur **Judenkirche**. Das circa fünf Meter hohe Felstor wurde erst 2007 als Naturdenkmal ausgewiesen. Ein Jahr später wurden einige Bäume auf der Hangseite gefällt und so ein einmaliger Blick auf Oberstdorf und seine Berge geschaffen. Glauben wir den Touristeninformationen, so verirren sich nur selten Wanderer in diese Gegend. Das erhöht die Wahrscheinlichkeit, ein freies Plätzchen auf der Rastbank zu finden, sodass wir das Naturdenkmal bei einem gemütlichen Vesper auf uns wirken lassen können. Anschließend durchschreiten wir das Felstor und folgen dem steinigen Pfad zurück auf den Graf-Vojkffy-Weg.

Rückweg mit Gipfeloption Auf wieder leichterem Terrain führt uns dieser nach Norden aus dem Wald heraus, quert eine Wiese, dann einen schmalen Waldstreifen und mündet in einen Fahrweg. Dort biegen wir rechts ab und folgen der Straße entlang des Waldrands sowie an mehreren einzeln stehenden Hütten vorbei nach **Jägersberg**. Vor den größeren Gebäuden biegen wir links zum Hirschsprung ab. Der breite Wanderweg bringt uns über eine Wiese an den nächsten Waldrand, wo wir beim **Abzweig Hermannstein** die Wahl haben: Wer einen Gipfel in die Runde einbauen möchte, kann rechts zum 990 Meter hohen Hermannstein abzweigen. Im weiteren Verlauf mündet der Pfad in einen breiteren Wanderweg, auf dem die Gipfelstürmer nach links zurück zu unserem Weg finden.

Wandergruppe im Bereich der Judenkirche

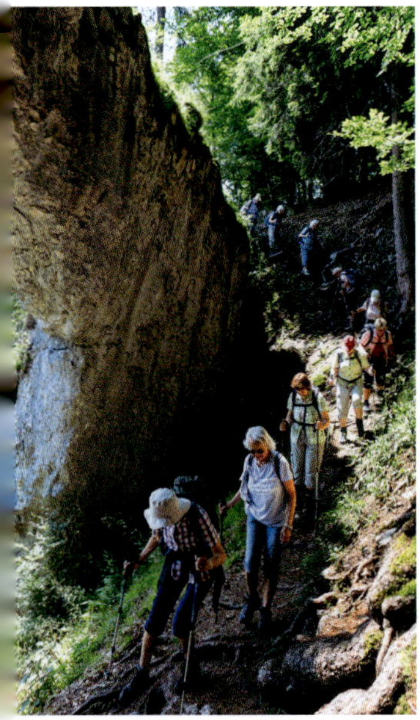

Himmelsstürmer und Hirschsprung Wer den Hermannstein auslässt, hält sich erst bei der nächsten Weggabelung rechts. Am Ende der Wiese treffen wir auf die Himmelsstürmer-Route der Wandertrilogie Allgäu. Wir folgen dem roten Steinmännlesignet nach links auf die Nordseite des Ochsenbergs ins Tal des Rotfischbachs. Wo wir die Gemeindegrenze zwischen Fischen und Obermaiselstein kreuzen, trennen sich die Wege: Während der bekannte Fernwanderweg rechts zum Niederdorf abbiegt, laufen wir in etwa geradeaus weiter, sodass wir durch die Engstelle des Hirschsprungs zurück zum **Wanderparkplatz** finden, wo wir stolz auf eine wenig begangene, durch ihre Vielseitigkeit aber richtig tolle Runde zurückblicken können.

Wichtiges zur Tour

Tourencharakter
Die Passage entlang der Kletterwand und weiter zur Judenkirche stellt die technisch höchste Anforderung in diesem Buch dar, ist mit etwas Umsicht und Stöcken aber machbar.

Ausgangspunkt/Endpunkt
Parkplatz Hirschsprung (880 m)

Höchster Punkt
nahe der Judenkirche (1080 m)

Anfahrt
Auto: Von der B 19 bei Fischen auf die OA 9 nach Obermaiselstein abfahren, dort links auf die OA 5 zum Hirschsprung abbiegen. Alternativ erfolgt die Anfahrt ab Oberstdorf über Tiefenbach. GPS 47.4337, 10.2419; Bus & Bahn: Vom Bahnhof Oberstdorf bestehen Busverbindungen zur Haltestelle Hirschsprung.

Einkehr
Auf der Strecke keine, aber schöne Rastmöglichkeiten

Karte
AV-Karte 1:25 000, BY 1 Allgäuer Voralpen West

Informationen
Tourismus Hörnerdörfer, Tel. 08326/36460, www.hoernerdoerfer.de

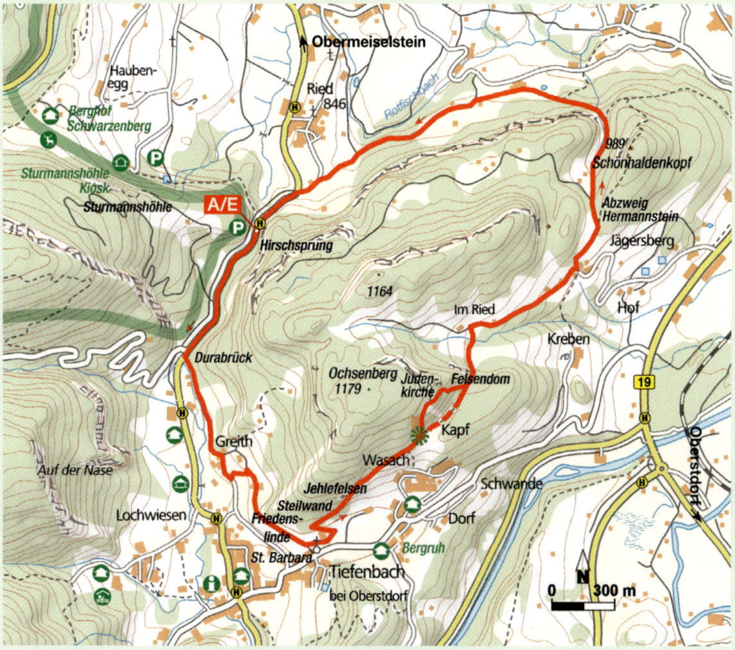

20 Dörfer nördlich von Oberstdorf

Zwischen Iller, Rubihorn und Entschen

mittel

4–4.30 Std.

170 Hm

11,2 km

nein

Die einfache Rundwanderung verbindet die noch ursprünglich wirkenden Dörfer nördlich von Oberstdorf mit dem Illerursprung und der Schöllanger Burgkirche. Mit gut elf Kilometern ist sie zwar etwas länger, lässt sich durch die Verbindung bei Rubi jedoch in zwei mittellange Wanderungen splitten.

Auftakt am Gaisalpbach Als Ausgangspunkt haben wir den in mehrere Flächen aufgeteilten **Parkplatz Gaisalpe** westlich von Reichenbach gewählt. Sowie wir uns versichert haben, dass keine Wertgegenstände offen im Auto herumliegen, folgen wir dem Gaisalpbach nach Süden in den Wald. Nachdem wir den **Waldspielplatz Wichteltreff** passiert haben, kommen wir wieder an den Waldrand. Dort halten wir uns rechts, überqueren den Gaisalpbach und wandern auf dem Wiesenweg in Richtung Oberstdorf. Schon hier eröffnet sich uns ein eindrucksvolles Panorama. Gut zu erkennen ist rechts vor uns der Hohe Ifen. Links davon reicht die Sicht über das Schwarzwassertal zum Gebirgszug mit dem Grünhorn und direkt vor uns erhebt sich über dem Söllereck der Grat mit Schlappold und Fellhorn. Weiter links komplettieren die Hammerspitzen und Berge rund ums Trettachtal das Panorama.

Kapelle Sankt Anna in Rubi

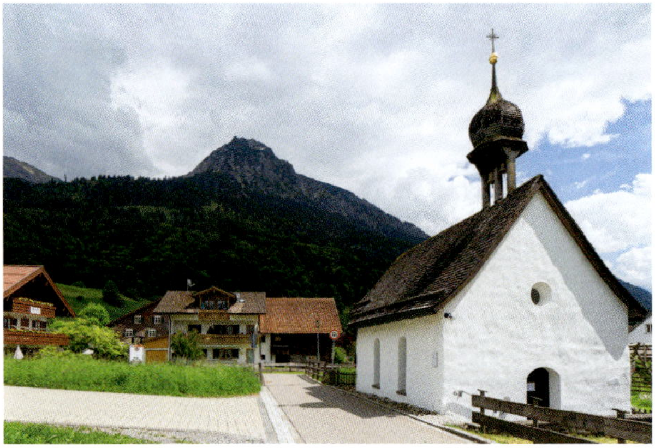

Abkürzung kontra Illerursprung Wo ein rot markierter Wanderweg links zur Gaisalpe abzweigt, halten wir uns rechts, sodass wir nach wenigen Schritten das Landhaus Schraudolf passieren. Einen

Steinwurf weiter haben wir die Wahl: Wer die lange Runde aufteilen möchte, hält sich bei der nächsten Weggabelung rechts und spaziert auf dem Riedweg hinunter nach **Rubi**. Alle anderen wechseln bei der Weggabelung links auf den Kalkofenweg und wandern weiter in südlicher Richtung bis zum Ortsrand von Oberstdorf. Dort treffen wir auf die **Trettach**, der wir flussabwärts bis zu ihrer Mündung beim Illerursprung folgen.

Aus drei mach eins Beim **Illerursprung** können wir ruhig eine Zeit lang verweilen und den Zusammenfluss von Trettach, Stillach – dem südlichsten Fluss Deutschlands – und der aus dem Kleinwalsertal kommenden Breitach auf uns wirken lassen. Die Trettach entspringt am Mädeleskopf nahe der Trettachspitze und bildet den rechten Quellfluss der Iller. Der Name des 14 Kilometer langen Bachs leitet sich vom mittelhochdeutschen Wort »draete« ab, was schnell oder eilig bedeutet – das passt! Denn von der Quelle in 2300 Meter Höhe bis zur Mündung beträgt der Höhenunterschied 1530 Meter. Im Vergleich dazu besitzt die Iller bis zu ihrer Mündung bei Ulm in die Donau ein Gefälle von nur 314 Metern auf einer zehnmal so langen Strecke.

Verschmähte Kunst

Beim Illerursprung lenkt seit 2005 eine Bronzeskulptur die Blicke auf sich. Die Plastik »Der Illerursprung« hat der Künstler Walter Kalot (1906-1996) erstellt. Seine drei nackten liegenden Grazien treffen leider nicht jedermanns Geschmack. Weil dies auch für den Gemeinderat von Oberstdorf galt, versteckte man die Skulptur zunächst im Fuggerpark. Auch nach ihrem Umzug sorgt die Plastik für Gesprächsstoff. So wird sie in den sozialen Medien mehrheitlich als hässlich oder Verschandlung der Landschaft verurteilt. Anderen gefällt sie.

Rubihorn und Entschenkopf im Blick Vom Illerursprung folgen wir der Iller auf dem Europäischen Fernwanderweg E 5 bis zur Illerbrücke. Dort treffen wir wieder auf den Gaisalpbach, der unterhalb der Brücke in die Iller mündet. Zugleich öffnet sich hier die Sicht in ostsüdöstlicher Richtung zum Rubihorn und, links daneben, zum etwas höheren Entschenkopf. Wir biegen halbrechts ab und nutzen den Illerweg über den Bach hinweg bis zu seinem Anschluss

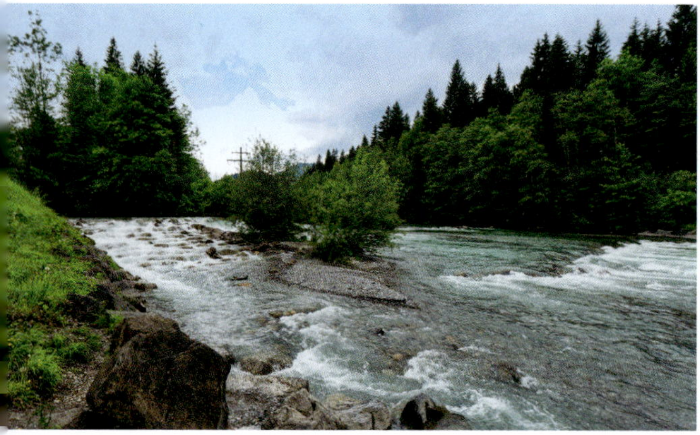

an die Oberstdorfer Straße, die uns schließlich links zur Dorfmitte von **Rubi** führt. Von rechts trifft dort der Riedweg auf die Durchgangsstraße, links biegen wir in den Kapellenweg ab. Dieser führt uns ein letztes Mal über den Gaisalpbach und dann an der St.-Anne-Kapelle vorbei, wo wir uns rechts halten und auf den Bergöschweg wechseln.

Beim Illerursprung vereint sich die Trettach (links) mit der Stillach und der Breitach zur Iller.

Über das Gaisbergle ... Auf dem nächsten Abschnitt können wir es ruhig angehen lassen. Zum einen steht auf dem Weg zum **Gaisbergle** die einzige längere Steigung an, zum andern wird die Sicht nach Süden zu den Allgäuer Hochalpen mit jedem Schritt noch ein wenig atemberaubender. Beim **Herrenholz** besteht die Möglichkeit, ein paar Höhenmeter abzukürzen, indem man rechts auf den Weg Richtung Schöllang abbiegt. In dem Fall allerdings würden wir auf die Schöllanger Burgkirche verzichten.

... zur Schöllanger Burgkirche Besser also, wir laufen geradeaus weiter in den Wald hinein. Wo dieser auf die Zufahrt zur Kirche trifft, finden wir ein paar Schritte westlich einen weiteren Aussichtspunkt zum Naturpark Nagelfluhkette. Wir folgen der Straße links bis zu ihrem Ende bei der **Schöllanger Burgkirche**. Die erstmals 1351 erwähnte Kirche besticht mit ihrer herausragenden Lage hoch über der Iller. Gerne sollten wir dies nutzen, um unseren Blick nach Westen und Nordwesten zu den Hörnern sowie nach Nordosten zum Grünten schweifen zu lassen. Direkt östlich von uns ist der Schnippenkopf zu sehen, an den sich weiter südlich der uns bereits bekannte Entschenkopf und das Rubihorn anschließen. Mit einer ganzen Fülle schöner Eindrücke verlassen wir den Burgberg schließlich wieder und nutzen die Straße nun bis hinunter nach **Reichenbach**, wo wir jenseits der OA 4 zurück zum **Parkplatz Gaisalpe** finden.

Wichtiges zur Tour

Tourencharakter
Technisch anspruchslose Runde, die jedoch durch ihre Länge und den Anstieg auf den Burgberg ein gewisses Maß an Kondition erfordert. Abkürzungen sind gut möglich.

Ausgangspunkt/Endpunkt
Parkplatz Gaisalpe bei Reichenbach (860 m)

Höchster Punkt
Schöllanger Burgkirche (890 m)

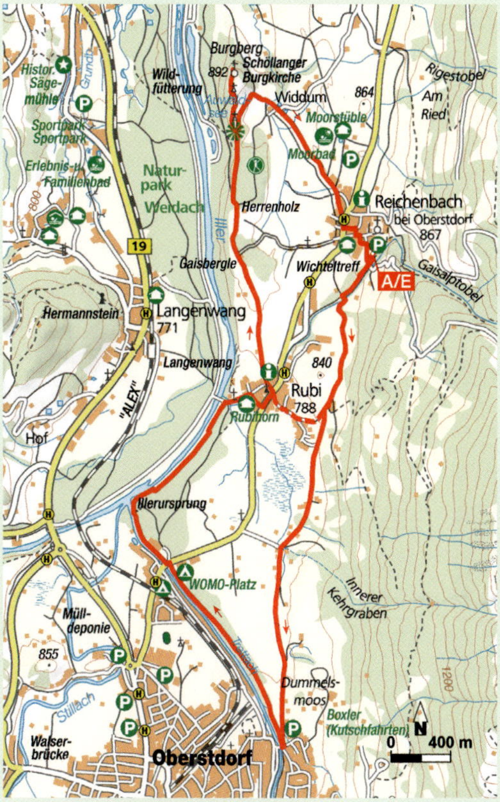

Anfahrt
Auto: Ab Oberstdorf auf der OA 4 über Rubi nach Reichenbach fahren und dort der Beschilderung zum Parkplatz Gaisalpe folgen. Alternativ erfolgt die Anfahrt ab Sonthofen und Fischen über Schöllang. GPS 47.4421, 10.2961; Bus & Bahn: Ab den Bahnhöfen von Sonthofen und Oberstdorf bestehen Busverbindungen zur Haltestelle Reichenbach, Oberstdorf.

Einkehr
Gastronomie in Rubi und Reichenbach

Karte
AV-Karte 1:25 000, BY 4 Allgäuer Hochalpen

Informationen
Tourismus Oberstdorf, Tel. 08322/7000, www.oberstdorf.de

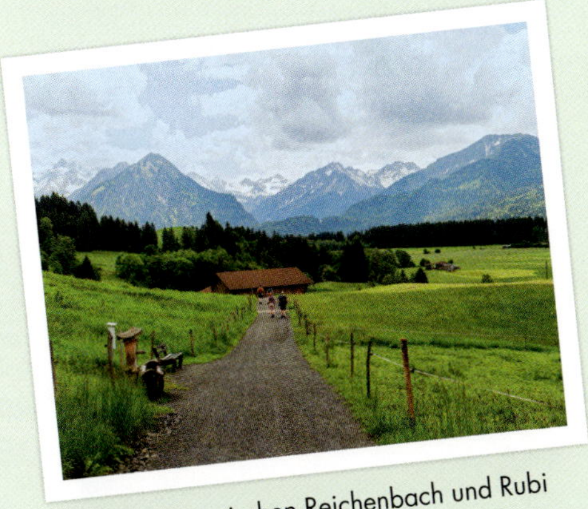

Wiesenweg zwischen Reichenbach und Rubi

21 Sonnenseite der Daumengruppe

Vom Höfatsblick zum Laufbichelsee

- schwer
- 5–6 Std.
- 500 Hm
- 7,8 km
- ja

Der Weg von der Station Höfatsblick zum Laufbichelsee führt durch alpines Gelände. Die vielen oft winzigen Steigungen werden von Wanderern gerne unterschätzt. Mit etwas Fitness und einem gemütlichen Tempo verwöhnt uns der Weg dafür mit traumhaften Aussichten auf die Bergkette der Daumengruppe.

Kürzer warten dank Kleinkabinen Wir starten diese Tour mit einer Fahrt in der Nebelhornbahn bis hoch zur **Station Höfatsblick**. Insbesondere an den Wochenenden und während der Schulferien lohnt sich eine frühe Anreise, wenn regelmäßig mit langen Wartezeiten bei der Bergbahn zu rechnen ist. Zur Wandersaison 2021 hat sich die Situation allerdings entschärft. Anstelle der alten Großkabinen erfolgt der Betrieb nunmehr als Umlaufbahn mit Kleinkabinen für je zehn Fahrgäste. Damit verbunden hat sich der Fahrtkomfort deutlich verbessert, sodass wir nun entspannt hoch auf den Berg schweben. Entfallen ist zugleich der Umstieg bei der Mittelstation.

Bergweg von der Station Höfatsblick hoch auf den Grat zwischen dem Westlichen Wengenkopf im Norden und dem Zeiger

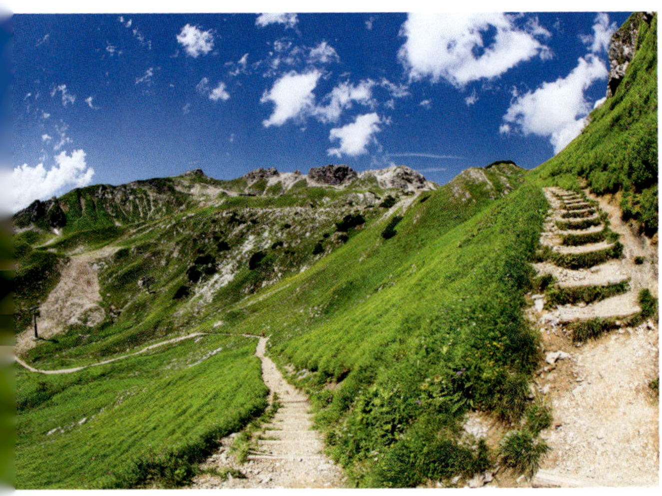

Warmlaufen und Höhe machen Nach der ersten Orientierung haben wir beim Wegweiser nahe dem Kinderspielplatz die Wahl: Wer sich zunächst etwas warmlaufen möchte, gelangt links auf den Panoramaweg. Der 250 Meter lange Weg ist rollstuhlgerecht ausgebaut und eröffnet uns an seinem Ende einen eindrucksvollen Rundumblick. Ansonsten können wir uns den Abstecher auch für später aufsparen und folgen sogleich dem roten Steinmännlesignet der Himmelsstürmer-Route in Richtung Großer Daumen (über Koblat). In dem Fall lassen wir den Spielplatz rechts liegen, halten uns bei der Unterquerung des Skilifts links und marschieren auf dem deutlich ansteigenden Wanderweg über eine Kehre hoch zur **Aussicht Oberstdorfer Berge**. Oben angekommen, können wir gerne innehalten und den Blick über das Bergpanorama schweifen lassen.

Nordwandsteig am Nebelhorn

Die Station Höfatsblick ist durch die Gipfelbahn mit dem 2016 neu gebauten Gipfelrestaurant am Nebelhorn verbunden. Von der Sonnenterrasse führt ein kurzer Tunnel auf den Nordwandsteig. Der 100 Meter lange barrierefreie Rundweg wurde durch eine beeindruckende Stahlkonstruktion ermöglicht, die in der Nordwand des Nebelhorns verankert ist. Damit kann der gesamte Gipfelbereich auf einem Gitterrost umrundet werden.

Entlang der Wengenköpfe Von der Anhöhe führt ein Steilpfad nach Norden hoch auf das Nebelhorn und zum Hindelanger Klettersteig. Dieser ist auch schön, übersteigt die Anforderungen dieses Wanderführers allerdings bei Weitem. Stattdessen orientieren wir uns in nordöstlicher Richtung und folgen dem rot-weiß markierten Bergweg in Richtung Engeratsgundsee. Auf den nächsten Metern lassen wir den Rummel rund um die Bergbahnen hinter uns und tauchen in eine faszinierende, ruhige Bergwelt ein. Zugleich lohnt es sich spätestens jetzt, Wanderstöcke mitgenommen zu haben. Der Pfad windet sich unterhalb der Wengenköpfe um Felsbrocken herum, nimmt kleine Steigungen und führt durch spärlich bewachsenes Karstgelände hinweg. Trotz mehrerer Flachpassagen kommen wir dadurch nur sehr langsam voran.

Der erste Aufstieg ist geschafft.

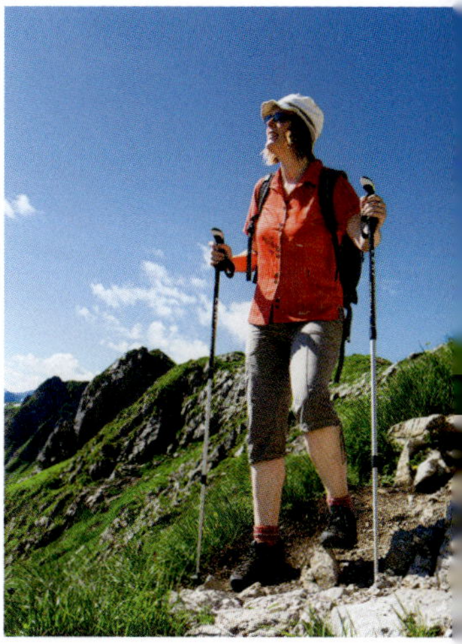

… zum Koblatsee Aber wir sind ja nicht auf der Flucht, sondern nehmen uns gerne die Zeit, um die Sicht auf die umliegenden Berge zu genießen. Vor allem der Blick nach Norden zur Daumengruppe entschädigt uns reichlich. Wenden wir uns nach Süden, reihen sich stattdessen zahlreiche Gipfel zwischen dem Hochvogel und dem Höfats vor uns auf. Mit etwas Glück lassen sich außerdem auf den weiter oben gelegenen Schneefeldern Gämsen beobachten. Nachdem wir eine an warmen Tagen beliebte **Wasserstelle** passiert haben, kommen wir über den **Koblat** zum **Koblatsee**. Der winzige, malerisch gelegene See befindet sich am Fuß der Wengenköpfe und des Großen Daumen und besticht durch seine türkisblaue Farbe. Da wir bis hierhin schon eine ganze Weile unterwegs sind, ist er zudem ein beliebter Rast- und auch Umkehrpunkt.

Ziel am Laufbichelsee Andernfalls trennen uns noch rund 600 Meter vom Laufbichelsee. Auf diesem Abschnitt stehen 70 zusätzliche Höhenmeter an und führt der Weg über weitere Geröllfelder. Wo immer sich genügend Erde auf dem karstigen Untergrund halten kann, zaubern dafür verschiedene Enzianarten, Alpenwundklee, Silberwurz und Herzblättrige Kugelblumen Farbtupfer in die Landschaft. An einer nassen Senke vorbei gelangen wir schließlich ans Westufer des **Laufbichelsees**. Durch die höhere Lage und eine Anhöhe direkt südlich des Sees halten sich die Schneefelder am Seeufer oft bis weit in den Sommer hinein. Wo immer die Steine längere Zeit in der Sonne liegen, finden wir aber doch schöne Möglichkeiten zum Rasten und Verweilen. So können wir auch die sportlicheren Wanderer beobachten, die links vom See den Aufstieg zum Gipfel des Großen Daumen wagen. Wir selbst können uns gerne mit dem Kreuz auf der Südseite des Laufbichelsees begnügen, wo ebenfalls ein Gipfelbuch ermöglicht, einen Gruß zu hinterlassen, ehe wir umkehren und auf dem Weg zurück zur **Station Höfatsblick** weitere Eindrücke von den Allgäuer Hochalpen sammeln.

Blick auf den Koblatsee am Fuße der 2100 m hohen Zwiebelstränge

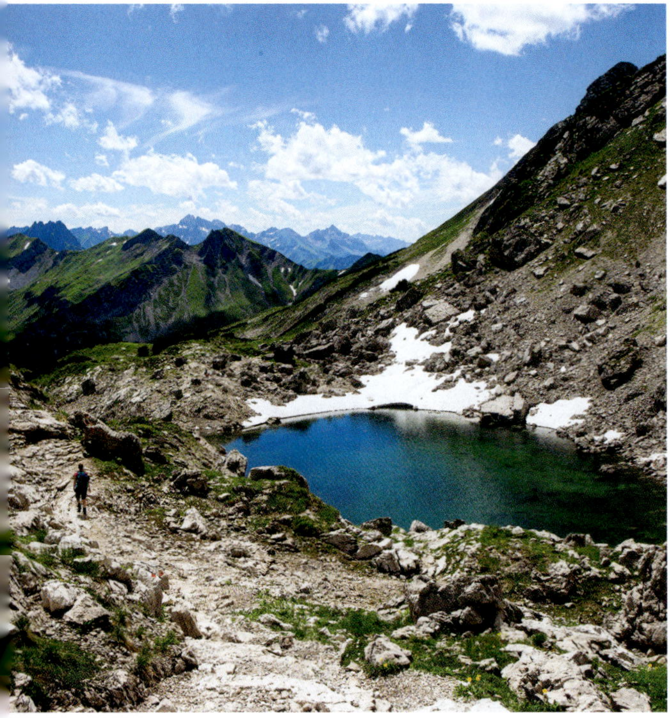

Wichtiges zur Tour

Tourencharakter
Nach dem ersten Aufstieg folgen zahlreiche Ministeigungen über Felsen und Geröll, auf denen es langsam, aber doch stetig vorangeht. Stöcke sind von Vorteil.

Ausgangspunkt/Endpunkt
Bergstation Höfatsblick (1930 m)

Höchster Punkt
oberhalb Laufbichelsee (2028 m)

Anfahrt
Auto: Von der B 19 bei Oberstdorf abfahren und der Beschilderung zur Nebelhornbahn folgen. GPS 47.4045, 10.2870; Bus & Bahn: Ab dem Bahnhof Oberstdorf fährt die Linie 9000 zur Haltestelle Nebelhornbahn.

Einkehr
Auf der Strecke keine, bei der Bergstation Höfatsblick

Karte
AV-Karte 1:25 000, BY 4 Allgäuer Hochalpen

Informationen
Tourismus Oberstdorf, Tel. 08322/70 00, www.oberstdorf.de; Nebelhornbahn, www.ok-bergbahnen.com

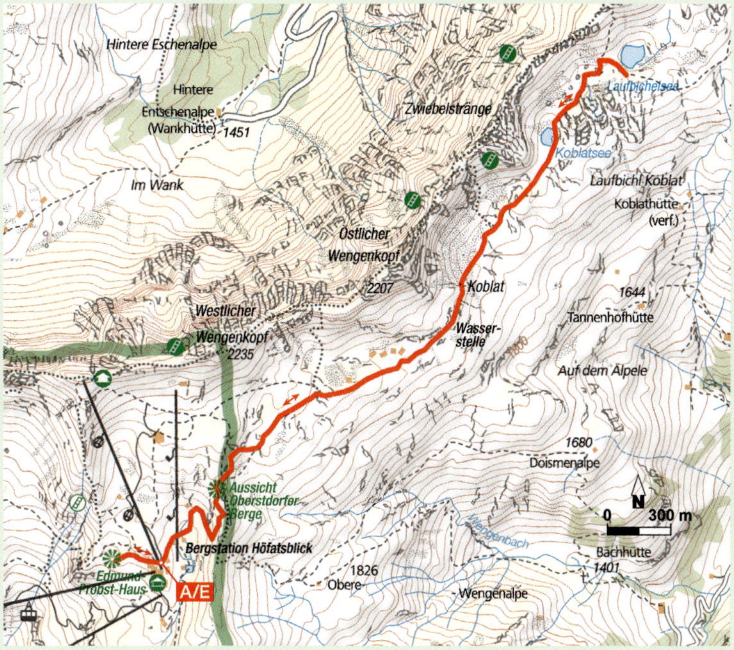

22 Auf die Hofmannsruh

Von Oberstdorf an den Moorweiher

- leicht
- 1.15–1.30 Std.
- 110 Hm
- 3,2 km
- nein

Die Wanderung über die Hofmannsruh zum Moorweiher besticht mit ruhigen Wegen, auf denen wir unbeschwert die Landschaft um uns herum genießen. Mit drei bzw. bei Nutzung der Abkürzung nur zweieinhalb Kilometern ist sie selbst dann noch möglich, wenn sich nach einem verregneten Tag am frühen Abend die Sonne wieder blicken lässt.

Auf die Hofmannsruh Wir starten bei der **Mühlenbrücke**, lassen in Richtung Stadtmitte den Uferweg aus und biegen erst beim zweiten Weg links zum Aussichtspunkt Hof-

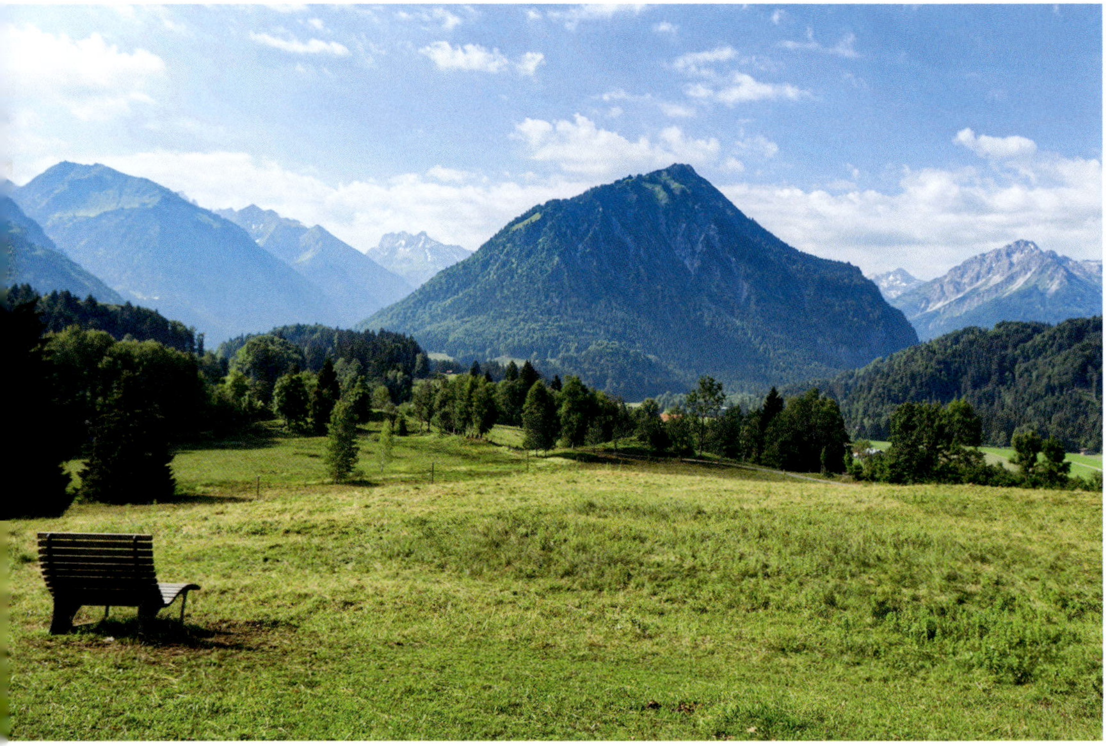

Blick von der Hofmannsruh auf den Himmelschrofen

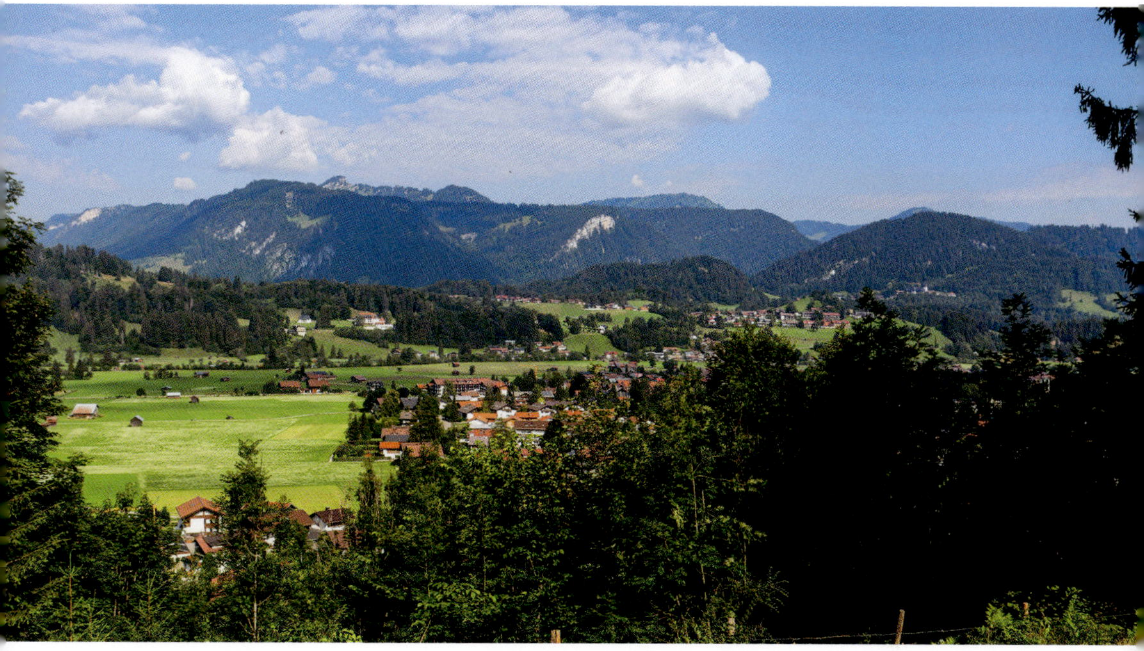

Sicht nach Westen über das Breitachtal zum Naturpark Nagelfluhkette

mannsruh ab. Die sehr bequem zu laufende Strecke führt uns direkt aus dem Trubel des beliebten Ferienorts in einen ruhigen Bergwald. Wo wir diesen weiter oben wieder verlassen, sehen wir zu unserer Linken die **Hofmannsruh**. Bei der Gabelung wechseln wir auf den als Schlaufe angelegten Rundweg. Dieser leitet uns durch eine Allee mit knorrig gewachsenen Ahornen und bietet uns mehrere Sitz- und Liegemöglichkeiten zum Verweilen. Die Aussicht reicht hier nach Süden über malerische Bergwiesen zum markanten Himmelschrofen.

Einfach schön Anschließend kehren wir zum letzten Wegweiser zurück und folgen der Beschilderung nun zum Moorschwimmbad und Moorweiher. Kurz nachdem wir ein historisches Wegkreuz passiert haben bzw. kurz bevor wir am Wasser sind, lädt eine **Allgäuer**

Moorwasser-Schwimmbad

Das Moorbad von Oberstdorf besteht seit 1883. Die heute noch genutzten Gebäude wurden 1929 aufgestellt. In dem Bad werden die gesundheitsfördernden Eigenschaften des Moors genutzt, um das Wohlbefinden der Badegäste zu steigern. Geöffnet ist das Moorbad von Mai bis September bei trockener Witterung zwischen 10 und 19 Uhr, in den Sommermonaten eine Stunde länger.

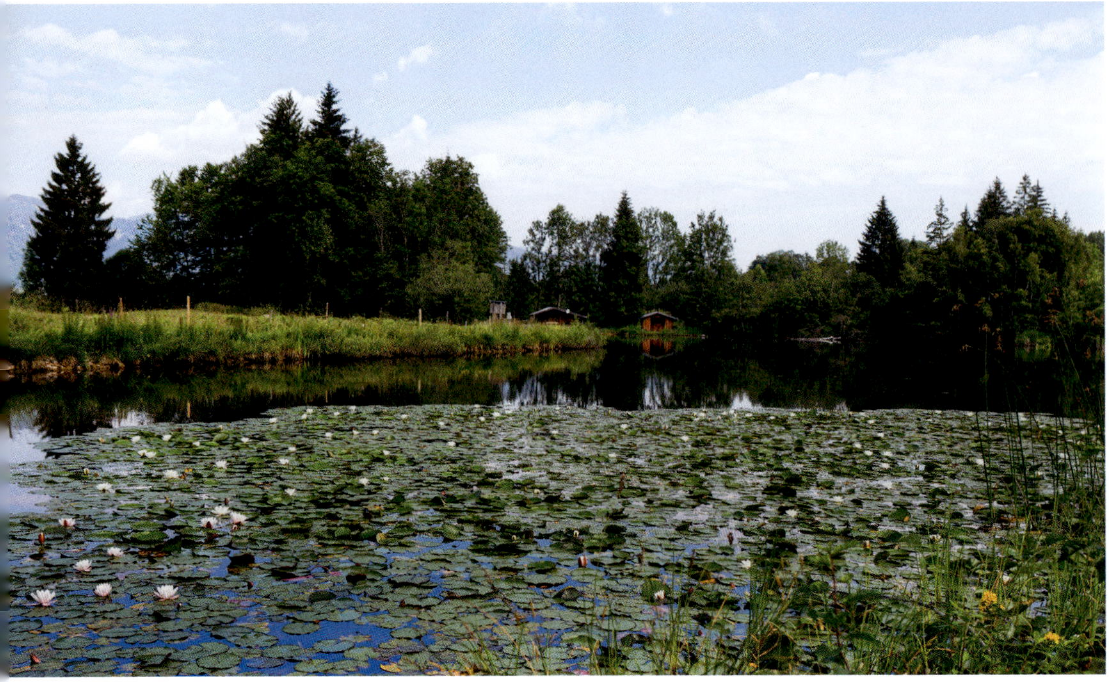

Seerosen fühlen sich im südlichen Teil des Moorweihers wohl.

Hollywoodschaukel dazu ein, Platz zu nehmen, zu schaukeln und den Moment zu genießen. Sie ist ebenfalls nach Süden ausgerichtet, womit wir direkt vor uns (links vom Himmelschrofen) die Gipfel des Kratzers sehen. Von hier aus betrachtet, ähnelt der Gipfelbereich einer Felsruine. Einen Katzensprung von der Schaukel entfernt hilft eine Panoramakarte, die weiteren Gipfel bis zum Schattenberg oberhalb von Oberstdorf zu bestimmen.

So lässt es sich aushalten.

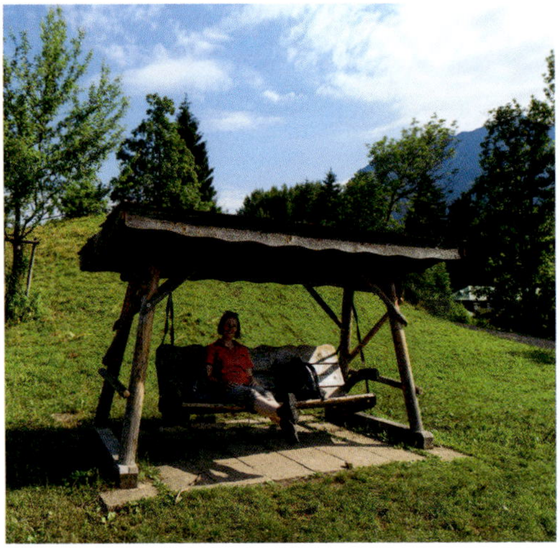

Moorweiher Gleich danach haben wir den **Moorweiher** erreicht. Wir folgen dem Uferweg bis zu der mit Seerosen bewachsenen Südspitze des Weihers. Dort biegen wir links ab, sodass wir um die mit Mädesüß und Birken bestandene Moorfläche zum Moorbad gelangen. Auf dem Weg dorthin zweigt rechts ein anderer Wanderweg ins Trettachtal ab. Er öffnet uns die Option, den Spaziergang auszudehnen und übers Café Jägerstand nach Oberstdorf zurückzukehren. Ansonsten biegen wir erst direkt beim **Moorbad** rechts ab. In dem Fall führt uns die Wanderung bei zunächst geringem Höhenunterschied über eine Wiese in den Wald sowie nach einem kurzen Abstieg entlang der Trettach zurück zur **Mühlenbrücke**, wo diese kurze und kurzweilige Runde endet.

Wichtiges zur Tour

Tourencharakter
Diese Runde gleicht mehr einem Spaziergang, der uns nach dem Anstieg auf die Hofmannsruh schöne Ausblicke und einige Bänke zum Verweilen bietet.

Ausgangspunkt/Endpunkt
Mühlenbrücke Oberstdorf (830 m)

Höchster Punkt
Hofmannsruh (ca. 890 m)

Anfahrt
Auto: Von der B 19 bei Oberstdorf abfahren und der Beschilderung zu den Parkplätzen bei der Nebelhornbahn und der Oybele-Halle folgen. GPS 47.4038, 10.2885 (Oybele-Halle); Bus & Bahn: Ab dem Bahnhof Oberstdorf fährt die Linie 9000 zur Haltestelle Mühlenbrücke.

Einkehr
Moorbad-Stüble (zu den Öffnungszeiten des Moorbads)

Karte
AV-Karte 1:25 000, BY 4 Allgäuer Hochalpen

Informationen
Tourismus Oberstdorf, Tel. 08322/7000, www.oberstdorf.de

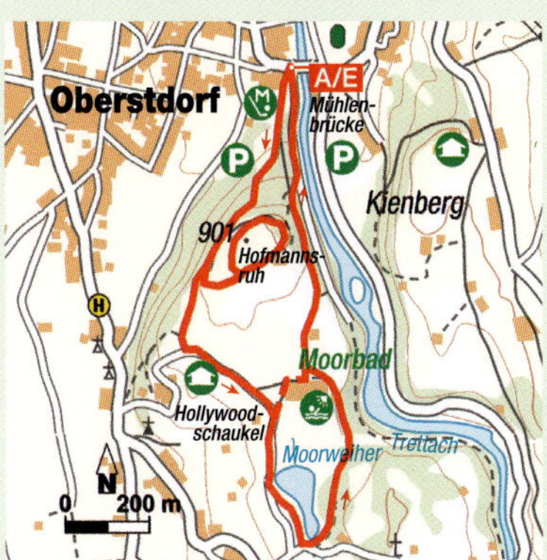

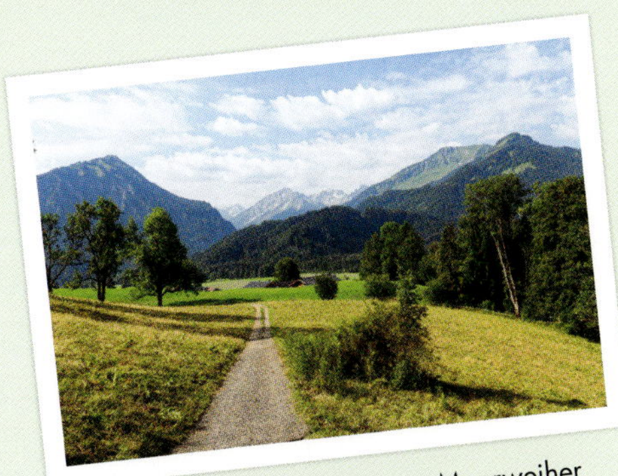
Weg von der Hofmannsruh zum Moorweiher

23 Schneck und Himmelhorn im Blick

Ins wildromantische Oytal

- leicht
- 3.30–4.30 Std.
- 250 Hm
- 10,4 km
- nein

Die Wanderung ins Oytal führt Wanderer in einen beeindruckenden Talkessel. Im Osten wird dieser von den Grasflanken und schroffen Felsgipfeln von Schneck und Himmelhorn sowie der Wilden malerisch umfasst. Als Bonbon passieren wir in einigem Abstand mit dem Seebachfall einen der zwei höchsten Wasserfälle im Allgäu.

Auftakt im Trettachtal Als Startpunkt haben wir die **Mühlenbrücke** beim Wasserkraftwerk Faltenbach nahe der Talstation der Nebelhornbahn gewählt. Auf dem Fußweg zwischen der Trettach und dem Kraftwerk hindurch gelangen wir auf den Grubenweg, auf dem wir dem Gebirgsbach entgegenlaufen. Bald schon eröffnen sich uns erste Ausblicke über das Bachbett. Wer öfters hierherkommt, kann auf den breiteren Abschnitten beobachten, wie sich der Fluss immer wieder neue Wege durch die Kiesbänke bahnt. Nach zwei, drei geschwungenen Kurven erreichen wir das **Café Jägerstand**. Es befindet sich leicht erhöht auf der gegenüberliegenden Flussseite und bietet uns die erste schöne Möglichkeit für eine Einkehr.

Auf dem Dr.-Hohenadel-Weg Für die Wanderung ins Oytal passieren wir das Café und lassen unseren Blick auf den nächsten Metern nochmals über die Kiesbänke Trettach-Oybach schweifen. Noch bevor wir Gruben erreichen, verlassen wir beim **Abzweig ins Oytal** das Trettachtal und biegen links auf den als Himmelsstürmer ausgewiesenen Wanderweg ab. Der nächste Abschnitt erfolgt auf dem Dr.-Hohenadel-Weg. Dieser ist zwar mit einer rot-weißen Beschilderung als Bergweg gekennzeichnet, bis zu unserem Ziel beim Oytalhaus oder der Gutenalpe jedoch frei von Hindernissen. Zudem ermöglicht ein Abstecher an den Oybach eine an heißen Tagen willkommene Abkühlung für die Füße.

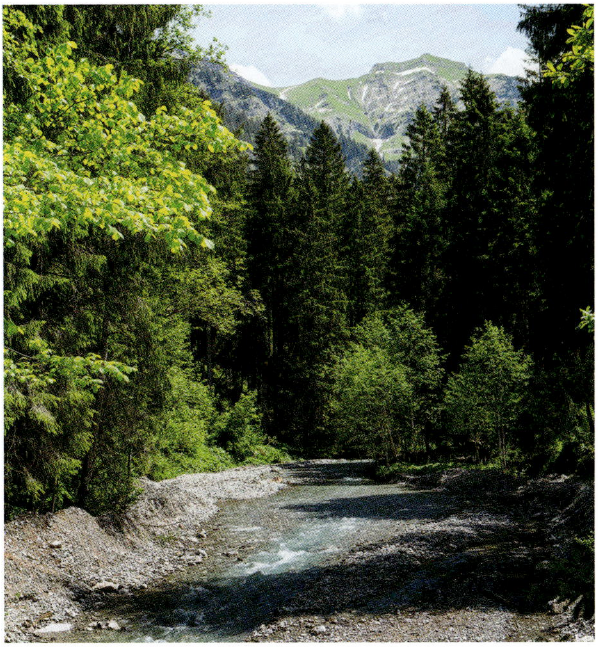

Blick über den Oybach auf den Schochen

Über den Seebach-Wasserfall ... Nach zwei Kilometern am Oybach und durch einen lichten Bergwald biegen wir rechts auf die Oytalstraße ab. Diese ist asphaltiert und führt sachte ansteigend durch eine urig gewachsene Ahornallee direkt zum Berggasthaus Oytalhaus. Schöner finden wir es, wenige Schritte vor der Allee links auf einen **Wiesenweg** zu wechseln. Diese Variante leitet uns entlang einer Schlaufe des Oybachs näher an den Seebach-Wasserfall heran. Über mehrere Stufen stürzt das Wasser hier rund 300 Meter in die Tiefe. Neben den Zipfelsfällen bei Hinterstein ist er damit der höchste Wasserfall im Allgäu. Gespeist wird er vom Seealpsee, der ab der Station Höfatsblick der Nebelhornbahn über den Zeigersattel zugänglich ist.

... zum Oytalhaus Auf den letzten Metern bis zum **Berggasthof Oytalhaus** können wir es gerne ruhig angehen und den Blick immer wieder über die Bergkulisse vor uns schweifen lassen. Der Kontrast zwischen der Talaue sowie den Grasflanken von Schneck und Himmelhorn zu den Felsgipfeln des Großen und, südlich davon, Kleinen Wilden lässt sich am besten mit Begriffen wie faszinierend, traumhaft oder einfach wunderschön beschreiben. Auf der Sonnenterrasse vom Oytalhaus finden wir schließlich den perfekten Ort, um diese Bilderbuchumgebung in geselliger Runde zu genießen. Außergewöhnlich ist, dass hier auch an Selbstversorger gedacht wird. So erklärt ein Schild bei den nur wenige Meter von der Terrasse entfernten Biertischgarnituren: »Für Mitgebrachtes«.

Aufstieg zur Käseralpe

Für die Verlängerung bis hoch zur Käseralpe empfehlen wir, zunächst mit dem E-Bike bis zur Gutenalpe zu fahren. Ab dort erfolgt der Aufstieg zu Fuß über das Prinzenkreuz und den Stuibenfall ins obere Stuibental. Von der Gutenalpe sind es 3,2 km und rund 350 Höhenmeter bis hoch zur Käseralpe.

Verlängerung zur Gutenalpe

Wer die Tour verlängern möchte, kann ab dem Oytalhaus auf noch immer leichtem Terrain weiter bis zur **Gutenalpe** im hinteren Oytal wandern. Die Tour verlängert sich dadurch um 3,6 Kilometer und rund 50 Höhenmeter (hin und zurück). Durch ihre Lage weiter hinten im Oytal ist die Gutenalpe ruhiger. Auch rücken dort die Berghänge enger zusammen. Da die Wege bis zur Alpe befahrbar sind, ist die Berggaststätte bei E-Bikern ein beliebtes Ausflugsziel. Das kulinarische Angebot mit verschiedenen Brotzeiten und frisch gebackenen Kuchen sowie einer großen Auswahl an Getränken zu moderaten Preisen tut das Seine.

Auf dem letzten Abschnitt zum Oytalhaus haben wir den Schneck im Blick.

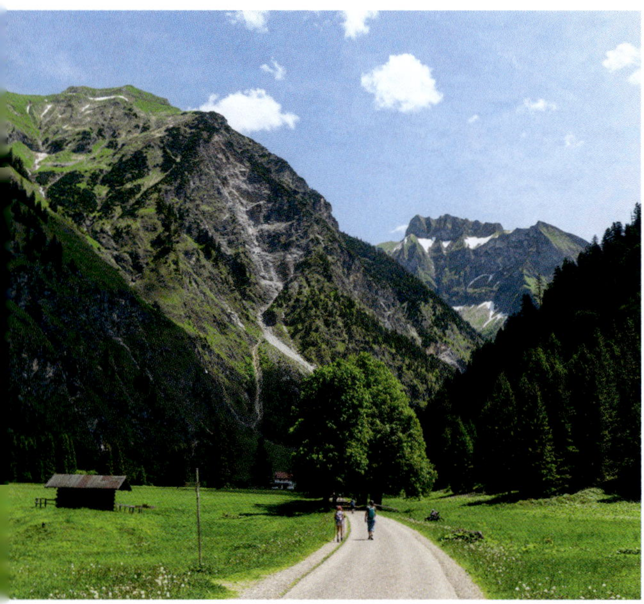

Mehr Spaß durch Rücksichtnahme Für den späteren Rückweg nutzen wir ab dem Oytalhaus die Oytalstraße, sodass wir nun durch die Ahornallee laufen. Am Nachmittag müssen wir uns diese mit Tretrollerfahrern teilen. Diese werden an trockenen Tagen ab 15 Uhr beim Oytalhaus ausgegeben und sind bei Familien mit Kindern, aber auch jung Gebliebenen beliebt. Beim **Abzweig Rollerstrecke** haben wir dann die Wahl. Wer einen ruhigen Rückweg ohne Roller bevorzugt, zweigt links auf den Dr.-Hohenadel-Weg ab und kehrt auf dem bekannten Weg nach Oberstdorf zurück. Andernfalls halten wir uns rechts und folgen der Straße im weiten Bogen um den Schattenberg bis nach Kühberg. Die Rollerfahrer – wie auch

E-Biker – bleiben auf der Straße und gelangen über die Skisprungarena von Oberstdorf zurück zum Ausgangspunkt. Als Fußgänger nehmen wir den Fußweg am **Gasthaus Kühberg** hinunter zur Oybele-Halle und über den Parkplatz zur **Mühlenbrücke**, wo wir sicherlich zufrieden auf eine eindrucksvolle Runde zurückblicken werden.

Wichtiges zur Tour

Tourencharakter
Technisch anspruchslose Talwanderung auf breiten Wegen, die auch für E-Bikes geeignet sind. Reizvolle Ausblicke in ruhige Landschaft.

Ausgangspunkt/Endpunkt
Mühlenbrücke Oberstdorf (830 m)

Höchster Punkt
Oytalhaus, (1019 m), bzw. bei Verlängerung Gutenalpe (1058 m)

Einkehr
Café Jägerstand, Oytalhaus, Gutenalpe

Karte
AV-Karte 1:25 000, BY 4 Allgäuer Hochalpen

Informationen
Tourismus Oberstdorf, Tel. 08322/7000, www.oberstdorf.de

Anfahrt
Auto: Von der B 19 bei Oberstdorf abfahren und der Beschilderung zu den Parkplätzen bei der Oybele-Halle folgen. GPS 47.4038, 10.2885 (Oybele-Halle); Bus & Bahn: Ab dem Bahnhof Oberstdorf fährt die Linie 9000 zur Haltestelle Mühlenbrücke.

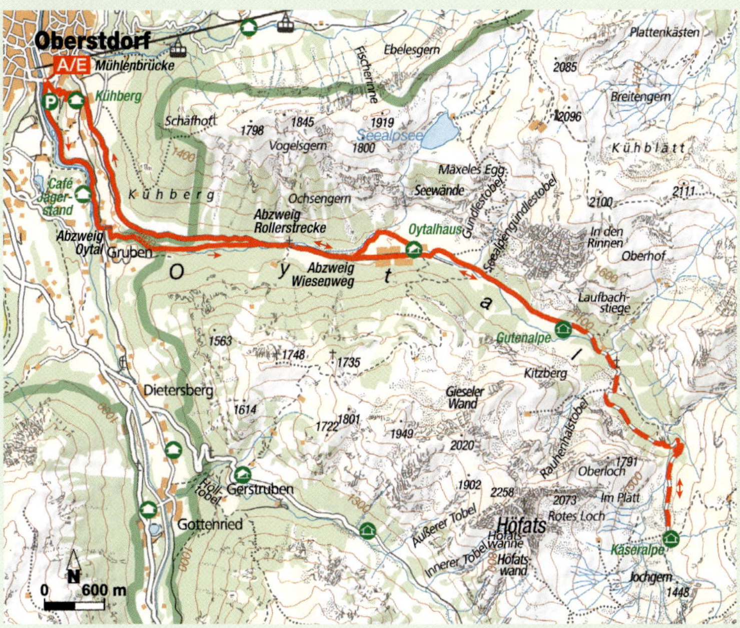

24 Varianten am Gerstruben

Von Oberstdorf zur Aussichtsloge

mittel/schwer

4–5 Std.

340 Hm

11,6 km

nein

Die Wanderung zum Bergbauerndorf Gerstruben ist die dritte Tour, welche bei der Mühlenbrücke von Oberstdorf startet. So trifft es sich, dass wir für den Aufstieg nach Gerstruben drei Möglichkeiten haben. Vom Charakter her könnten diese kaum unterschiedlicher sein, auf ihre Weise versprechen sie uns aber alle einen tollen Wandergenuss.

Lockerer Auftakt im Trettachtal Von der **Mühlenbrücke** folgen wir der kurzen Verbindung zwischen der Trettach und dem Wasserkraftwerk Faltenbach auf den Grubenweg. Auf diesem ersten Abschnitt herrscht in der Regel ein reger Wanderverkehr. Das muss so sein, denn neben den beliebten Wanderungen ins Oytal oder zum Christlessee nutzen auch der Europäische Fernwanderweg E5 und die Via Alpina den Weg entlang der Trettach. Recht haben sie! So bleiben auch wir bei den Ausbuchtungen der Trettach gerne kurz stehen, um den Blick über die Kiesbänke und das Wasser bis hin zum Himmelschrofen schweifen zu lassen. Links daneben sind die Trettachspitze und das Gipfelensemble des Kratzer zu sehen. Nach 1400 Metern lädt auf der anderen Flussseite das **Café Jägerstand** zu einer frühen Pause ein. Nach weiteren Kiesbänken und einer kurzen Passage im Wald lassen wir den **Abzweig ins Oytal** links liegen und finden mit dem **Café-Restaurant Gruben** eine zweite Möglichkeit zur Einkehr.

Aussichtsplattform vor dem Dietersbach-Wasserfall

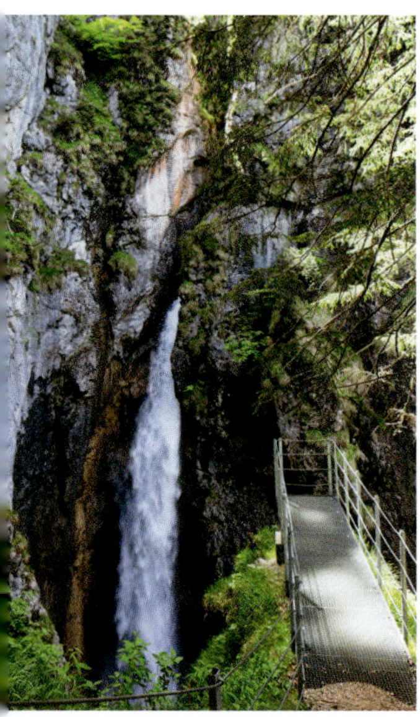

Entscheidungen bei Dietersberg Bei sachter Steigung folgen wir dem Wanderweg weiter entlang der Trettach und durch eine Ahornallee bis nach Dietersberg. In dem locker bebauten Weiler scheiden sich die Wege. Wer barrierefreie Aufstiege bevorzugt, zweigt bei **Dietersberg** links ab und nimmt den direkten Weg hoch nach **Gerstruben**. Diese Variante verläuft auf der Zufahrt des Bergdorfes, was bedeutet: Sie ist für E-Bikes geeignet, sodass wir die Wanderung zu einer unbeschwerten Radtour umfunktionieren könnten. Spektakulärer freilich sind die beiden anderen Varianten.

Dietersbach-Wasserfall

Der Dietersbach-Wasserfall hat eine Gesamtfallhöhe von 150 Metern. Damit zählt er zu den zehn höchsten Wasserfällen Deutschlands. Ein erster Steig durch den Hölltobel wurde bereits vor 1900 durch den Verschönerungsverein Oberstdorf angelegt. 2011 wurden der Steig von Grund auf renoviert und die Aussichtskanzeln wieder instand gesetzt.

Aufstieg durch den Hölltobel Rüstige Senioren laufen bei der Weggabelung also geradeaus weiter. In diesem Fall passieren wir nach 400 Metern das **Restaurant Riefenkopf** und treffen vor dem **Mumme Stüble** eine zweite Wahl. Wer auch mit steilem und steinigem Terrain gut zurechtkommt, dem empfehlen wir den Aufstieg durch den Hölltobel. Diese Variante entspricht den Angaben im Tourenkasten. Für diese Variante biegen wir links ab und folgen dem Pfad über die Wiese bergan in den Wald. Ab dort werden wir nur noch langsam vorankommen. Zum einen erfordert der felsige, oft nasse Untergrund unsere Aufmerksamkeit. Zum anderen erreichen wir schon bald den Hölltobel, der uns ein Füllhorn spektakulärer Einblicke in die ungezähmte Natur eröffnet.

Blick über die Trettach zum markanten Kratzer-Gipfel und zur Trettachspitze

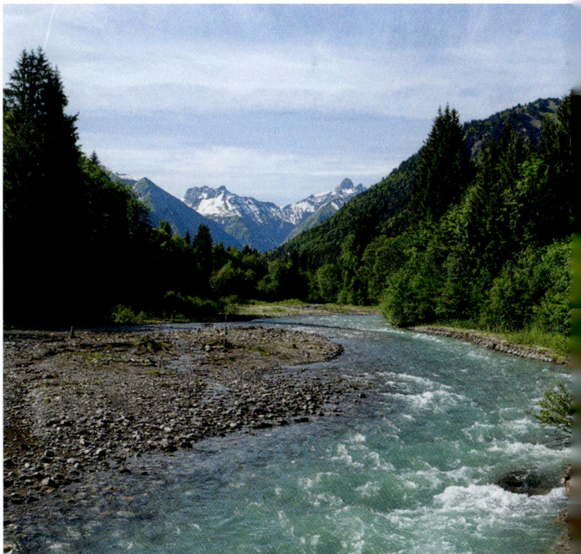

Unbekannter Großer Im unteren Bereich rauscht uns der Dietersbach zwischen einer eng in den Fels eingeschnittenen Klamm entgegen. Es ist der erste in Karten verzeichnete Aussichtspunkt, der uns auf das Naturschauspiel vor uns einstimmt. Wir folgen dem Pfad über enge Kehren an kleineren Wasserrutschen und Wasserfällen sowie gurgelnden Löchern vorbei bis zu einer **Plattform**. Die aus Gittern, Eisenträgern und

Drahtseilen erstellte Konstruktion wurde auf dem alten Zugang auf einer Felskanzel aufgesetzt. Verglichen mit früher ist dieser Bereich besser gesichert. Er wird uns aber nach wie vor in seinen Bann ziehen. Direkt vor uns stürzt der Dietersbach über eine Steilwand 100 Meter weit in das tief unter der Felskanzel liegende Becken, ehe er sich in die enge Klamm zwängt. Wir selbst erreichen 300 Meter weiter die Zufahrt, die uns rechts nach **Gerstruben** führt.

Auf dem Rautweg … Für die dritte Variante lassen wir den Abzweig zum Hölltobel ebenfalls links liegen und überqueren kurz nach dem Mumme Stübele den hier bewaldeten Dietersbach. Gleich danach führt rechts eine Brücke über die Trettach zum Christlessee, einem weiteren lohnenden Wanderziel. Wir indes bleiben auf unserer Seite der Trettach. Damit leitet uns der Talweg über eine vom Wald komplett umschlossene Wiese. Sowie wir erneut in den Wald eintauchen, biegen wir beim nächsten Abzweig links auf den als Bergweg rot gekennzeichneten **Rautweg** ab. Auch diese Variante erfordert Trittsicherheit. So stehen auf diesem Weg mehrere mit Wurzeln überzogene Abschnitte an. Nach gut einem Kilometer im Wald erreichen wir die **Rautwiese**.

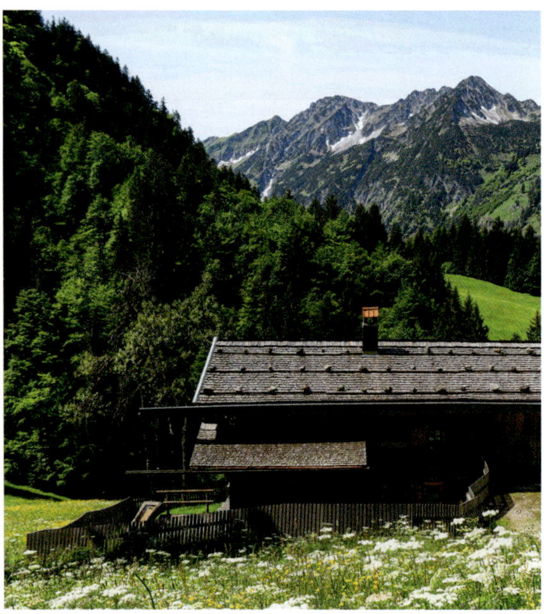

Hütte und Landschaft beim Bergbauerndorf Gerstruben

Historische Säge und Gerstruben Von dort nimmt der Rautweg direkt Kurs auf Gerstruben. Wir halten uns aber bei der Verzweigung rechts, steigen damit über die Wiese hinauf in den Wald und treffen erst bei der **Historischen Sägemühle** den Dietersbach. Wenige Minuten später passieren wir bei dieser Variante die hübsche Marienkapelle und öffnet sich die Sicht bei **Gerstruben** zur gegenüberliegenden Bergkette zwischen dem Himmelschrofen im Norden und der Trettachspitze im Süden. Zudem haben wir uns die Einkehr im Berggasthaus Gerstruben allemal verdient. Der spätere Rückweg nach Oberstdorf erfolgt auf der Zufahrtsstraße und dem Talweg entlang der Trettach, ehe wir bei der **Mühlenbrücke** auf einen richtig schönen Ausflug zurückblicken können – ganz gleich, für welche der drei Varianten wir uns entschieden haben.

Wichtiges zur Tour

Tourencharakter

Der Aufstieg durch den Hölltobel erfordert Trittsicherheit und eine gute Kondition am Berg. Die Variante ohne Hölltobel nutzt die Fahrstraße und ist auch mit dem E-Bike möglich.

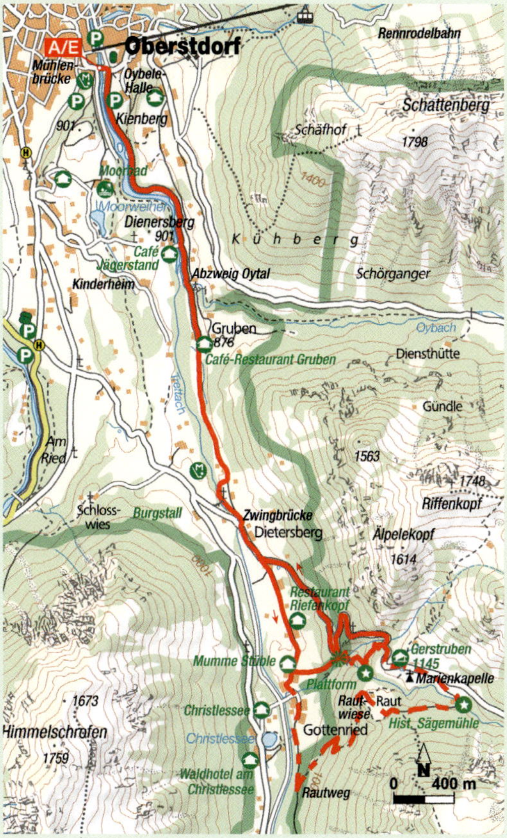

Ausgangspunkt/Endpunkt

Mühlenbrücke Oberstdorf (830 m)

Höchster Punkt

Gerstruben (1 155 m)

Anfahrt

Auto: Von der B 19 bei Oberstdorf abfahren und der Beschilderung zu den Parkplätzen bei der Oybele-Halle folgen. GPS 47.4038, 10.2885 (Oybele-Halle); Bus & Bahn: Ab dem Bahnhof Oberstdorf fährt die Linie 9000 zur Haltestelle Mühlenbrücke.

Einkehr

Café Jägerstand, Berggasthof Riefenkopf, Mumme Stübele, Berggasthof Gerstruben

Karte

AV-Karte 1:25 000, BY 4 Allgäuer Hochalpen

Informationen

Tourismus Oberstdorf, Tel. 08322/70 00, www.oberstdorf.de

25 Freibergsee

Aufstieg ab dem Ranksteg

- mittel
- 3.30–4 Std.
- 300 Hm
- 9,9 km
- möglich

Der Freibergsee zählt zu den idyllisch gelegenen Bergseen bei Oberstdorf. Die gute Erreichbarkeit für Wanderer und Radfahrer sowie die touristischen Einrichtungen am Nordufer mit Gastronomie, Badestelle und Bootsverleih machen ihn zugleich zu einem beliebten Ausflugsziel für die ganze Familie. Worauf warten wir noch?

Start beim Renksteg Als Ausgangspunkt haben wir den **Parkplatz Renksteg** direkt an der Stillach gewählt. Außerdem laufen wir die Runde im Uhrzeigersinn. Dies hat den Vorteil, dass wir einen Großteil der zu leistenden Höhenmeter gleich zu Beginn mit frischen Kräften angehen. Die ersten Meter führen uns damit von der Bushaltestelle über den Parkplatz an die Stillach. Links von uns ermöglicht der Renksteg eine erste Sicht über den Fluss. Wer einen kurzen knackigen Aufstieg nicht scheut, kann von hier den direkten Weg hoch zum Freibergsee nehmen. Leichter, da deutlich flacher, ist natürlich der längere Weg. Dafür folgen wir der Stillach 300 Meter flussabwärts und überqueren den Fluss erst bei der nächsten gedeckten Holzbrücke. Auch sie eröffnet uns einen schönen Blick über das Wasser und den Himmelschrofen sowie die nach Süden höher werdende Bergkette.

Heini-Klopfer-Schanze

Die Heini-Klopfer-Schanze gehört zu den weltweit größten Skiflugschanzen. Vom Stillachtal führt ein Schrägaufzug bis zum Fuß des Schanzenturms. Mit dem Aufzug lässt sich auch der Aufstieg zu den Wanderwegen rund um den Freibergsee sparen. Der zweite Aufzug bringt uns auf gut 70 Meter über den Boden und eröffnet uns eine herrliche Aussicht auf den Freibergsee, ins Stillachtal sowie auf die umliegenden Berge. Öffnungszeiten und Eintrittspreise werden auf der Seite www.skiflugschanze-oberstdorf.de bekanntgegeben.

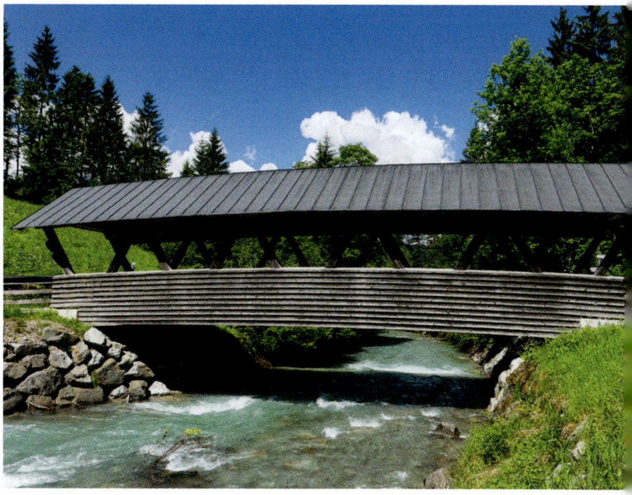

Unterer Renksteg über die Stillach

Freibergsee Auf der anderen Flussseite biegen wir links ab, halten uns einen Katzensprung weiter bei der Gabelung rechts und folgen dem breiten Fußweg in den Wald. Rund 300 Meter weiter trifft unser Weg auf denjenigen, der direkt vom Parkplatz hier heraufführt. Wir wandern der Beschilderung nach bergan über den Bergrücken bis zum Freibergsee bzw. Naturbad Restaurant Freibergsee. Beim Übergang zum See besteht links eine Verbindung zur Skiflugschanze. Für die Wanderung halten wir uns indes rechts und haben wenige Minuten später das **Strandcafé Freibergsee** erreicht. Mit der abgestuften Sonnenterrasse finden wir hier den perfekten Ort, um den Ausflug mit einer gemütlichen Einkehr zu verbinden. Und sollten wir dabei die Zeit vergessen, ist das auch kein Problem. In so einem Fall schenken wir uns den Rest der Runde einfach und gehen auf dem Hinweg wieder zurück.

Auf dem Edmund-Probst-Weg Für die komplette Runde folgen wir der Beschilderung oberhalb des Strandcafés Richtung Hochleite–Schönblick um die bald deutlich unter uns liegende Nordwestecke des Sees, wo wir auf den **Edmund-Probst-Weg** treffen. Links ginge es auch hier zur Skiflugschanze und zurück ins Stillachtal. Wir jedoch biegen rechts und dann sogleich wieder links ab und folgen dem breiten Edmund-Probst-Weg an einer offenen Felspartie vorbei durch den Wald. Kurz nachdem wir ein steiles Rinnsal gekreuzt haben, öffnet sich bei der Skipiste Höllwies-West die Sicht nach Osten auf den Riefenkopf und, links davon, auf die Gipfelkette mit Himmeleck und Schneck.

Von Rubihorn bis Himmelschrofen Im weiteren Verlauf führt uns der Weg nochmals durch den Wald, dann über die Skipiste Höllwies-Ost und abermals durch den Wald bis zu einer **Panoramatafel**. Leider war diese bei unserer Recherche im Sommer 2018 witterungsbedingt etwas ramponiert. Der Vergleich der händisch gestalteten Tafel mit dem Bergpanorama aber lohnt sich dennoch. Vom Rubihorn im Norden über das Nebelhorn und den Höfats bis zum Himmelschrofen rechts von uns reihen sich die Gipfel der Allgäuer Hochalpen wie an einer Perlenschnur aneinander. Uns direkt gegenüber erstreckt sich zwischen dem Schattenberg und dem Riefenkopf das Oytal, das wir bei Tour 23 kennenlernen.

Zeit zum Einkehren Alles gefunden? Dann folgen wir dem Weg am **Naturfreundehaus Freibergsee** vorbei sowie durch weitere lichte Waldbestände zum **Alpengasthof Bergkristall**. Der Gasthof ist bekannt für seine regionale Küche mit verschiedenen Brotzeiten mit Holzofenbrot, Suppen und Salaten sowie den Bergkristallschmankerln wie Allgäuer Kässpätzle und Hirtenmakkaroni, um mal nur zwei davon zu nennen. Eine herrliche Aussicht ins Oytal mit dem dahinter aufragenden markanten Schneck gibt es natürlich auch hier obendrauf. Zugleich haben wir beim Alpengasthof den höchsten Punkt auf der Runde erreicht.

Panoramablick über Rubihorn (links), Schattenberg und Schneck

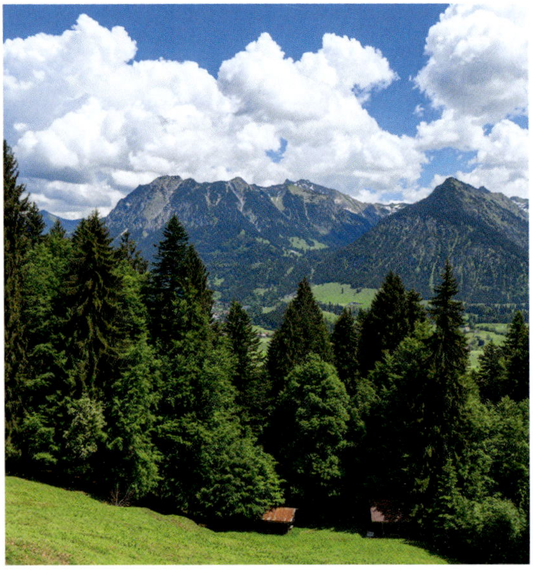

Abstieg ins Stillachtal Beim Gasthaus verlassen wir den Edmund-Probst-Weg und folgen rechts dem gelb ausgewiesenen Wanderweg in Richtung Oberstdorf. Der Abstieg verläuft zunächst weitgehend im Wald, bietet uns aber ebenfalls Ausblicke zu den umliegenden Bergen. Nach 1,4 Kilometern ab dem Bergkristall sehen wir schließlich die Gebäude einer Privatklinik vor uns. Wir biegen rechts ab, sodass wir über den nächsten Fußweg auf die Stillachstraße kommen und an deren Ende die **Walserbrücke über die Stillach** nutzen. Wer mit dem Bus angereist ist, kann über die Weststraße direkt zurück nach Oberstdorf spazieren. Andernfalls biegen wir bei der Brücke rechts auf den Stillachdammweg ab. Die letzten dreieinhalb Kilometer entlang der Stillach können wir somit zum lockeren Auslaufen nutzen, eh wir zurück beim **Parkplatz Renksteg** sind.

Wichtiges zur Tour

Tourencharakter

Der Anstieg hoch zum Freibergsee erfolgt auf breiten Wanderwegen. Ab dort geht es auf Waldwegen und Forststraßen weniger steil bergan bis zum Alpengasthof Bergkristall.

Ausgangspunkt/Endpunkt

Parkplatz Renksteg (820 m)

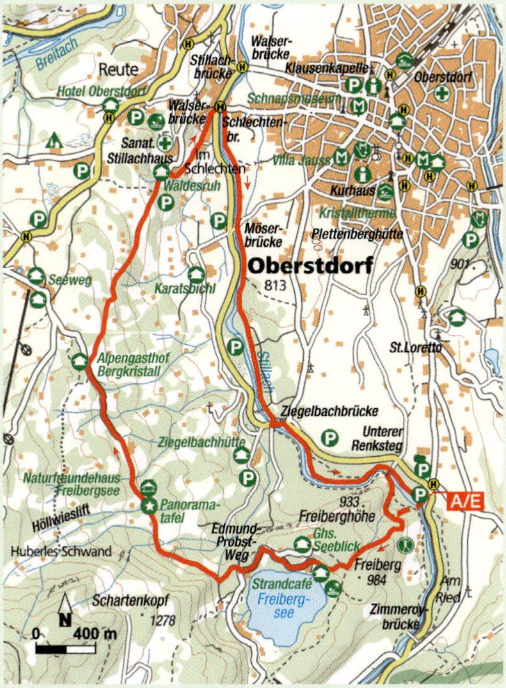

Höchster Punkt

Alpengasthof Bergristall (ca. 1050 m)

Anfahrt

Auto: Von der B 19 bei Oberstdorf Richtung Kleinwalsertal abfahren, dann bei Jauchen links auf die Walserstraße abbiegen und anschließend links der Stillachstraße/Westumgehung zum Parkplatz folgen. GPS 47.3875, 10.2804; Bus & Bahn: Ab dem Bahnhof Oberstdorf mit dem Bus zur Haltestelle Renksteg.

Einkehr

Strandcafé Freibergsee, etwas oberhalb vom See Gasthaus Seeblick, Berggasthof Bergkristall

Karte

AV-Karte 1:25 000, BY 4 Allgäuer Hochalpen

Informationen

Tourismus Oberstdorf, Tel. 08322/7000, www.oberstdorf.de

26 Zur Buchrainer Alpe

Im oberen Stillachtal

- mittel
- 3.30–4 Std.
- 250 Hm
- 10,5 km
- nein

Die letzte Wanderung bei Oberstdorf führt uns von Faistenoy über Birgsau bis zur Buchraineralpe. Ein Stück weiter südlich fließen der Rappenalpbach und der Bacherlochbach zusammen. Genau dort befindet sich die Stelle, ab der Deutschlands südlichster Fluss als Stillach bekannt ist.

Starke Verbauungen zähmen den Bacherlochbach vor seinem Zusammenfluss mit dem Rappenalpbach.

Stillach kommt von Stille Bei unserem Ausgangspunkt an der **Fellhornbahn Brücke** herrscht ein ständiges Kommen und Gehen. Das muss nicht wundern, verbindet doch die Fellhornbahn gleich nebenan das Tal mit dem beliebten Wandergebiet Fellhorn-Kanzelwand. Während die meisten Ausflügler auf das Betriebsgebäude zustreben, nutzen wir den Fußweg zwischen dem Fellhornbahn-Parkplatz und der Stillach. Sowie wir in den Wald eintauchen, bleibt der Trubel hinter uns zurück. Nach 500 Metern überqueren wir

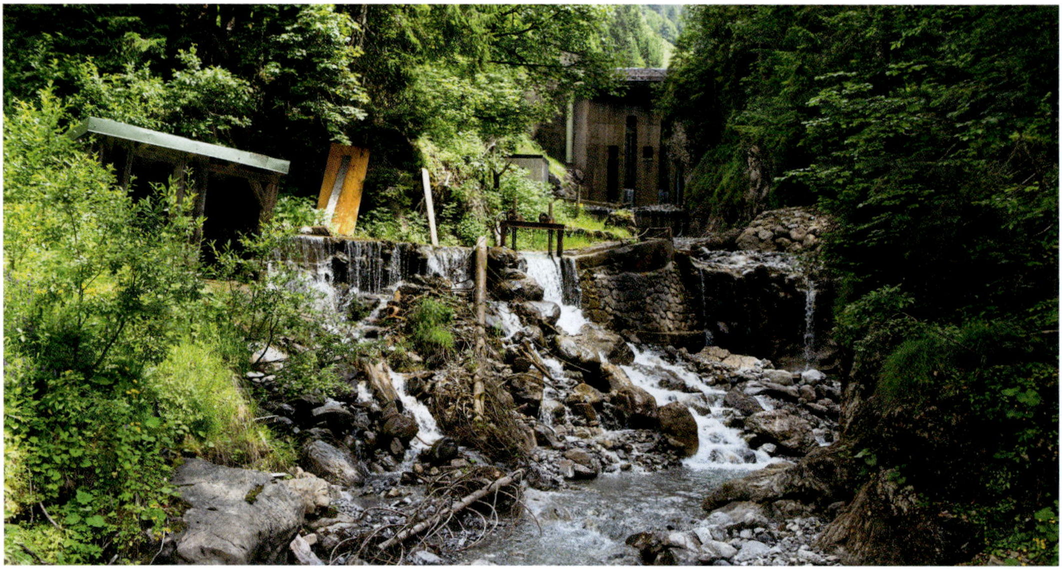

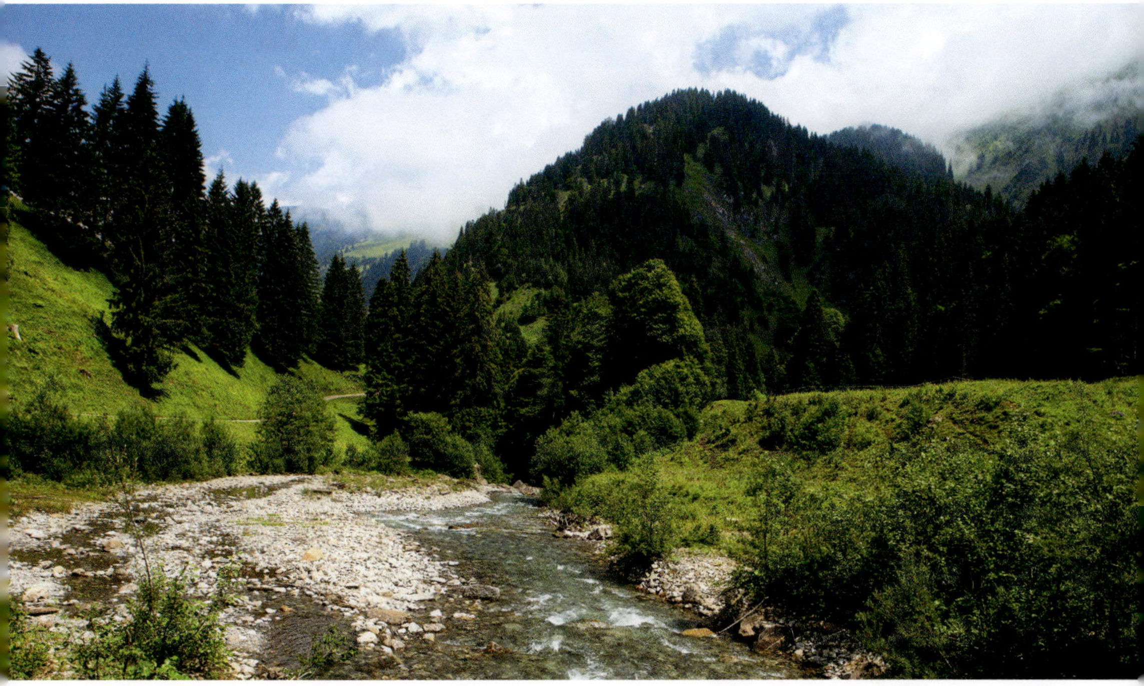

Blick über den Rappenalpbach auf die Kuppe vom Einödsberg

die gedeckte Holzbrücke hinüber auf die östliche Seite des Flusses und biegen rechts ab. Auf der für unautorisierten Verkehr gesperrten Straße passieren wir das jenseits der Stillach gelegene **Wasserkraftwerk Warmatsgrund** und gelangen über **Birgsau** zur **Alpe Eschbach**. Direkt vor dem Gasthaus ist übrigens die Endhaltestelle der Buslinie.

Aufstieg zur Buchrainer Alpe Ein Stück weiter stoßen wir auf die Wendeplatte der Busse. Dort halten wir uns rechts, überqueren nochmals die Stillach und folgen der Bergstraße durch den Wald. Auch wenn diese eigentlich breit genug ist, sollten wir darauf achten, zügig beiseite treten zu können, falls E-Bikes angerauscht kommen. Bei einer Steigung bzw. aus Sicht der Radler einem Gefälle von 15 Prozent gilt zwar eine strikte Geschwindigkeitsbegrenzung – ob sich jeder daran hält, ist allerdings ungewiss. Wo wir weiter oben wieder aus dem Wald treten, sehen wir die **Buchrainer Alpe**. Die herrlich oberhalb der Stillach gelegene Alpe ist über einen Stichweg mit dem Wanderweg verbunden.

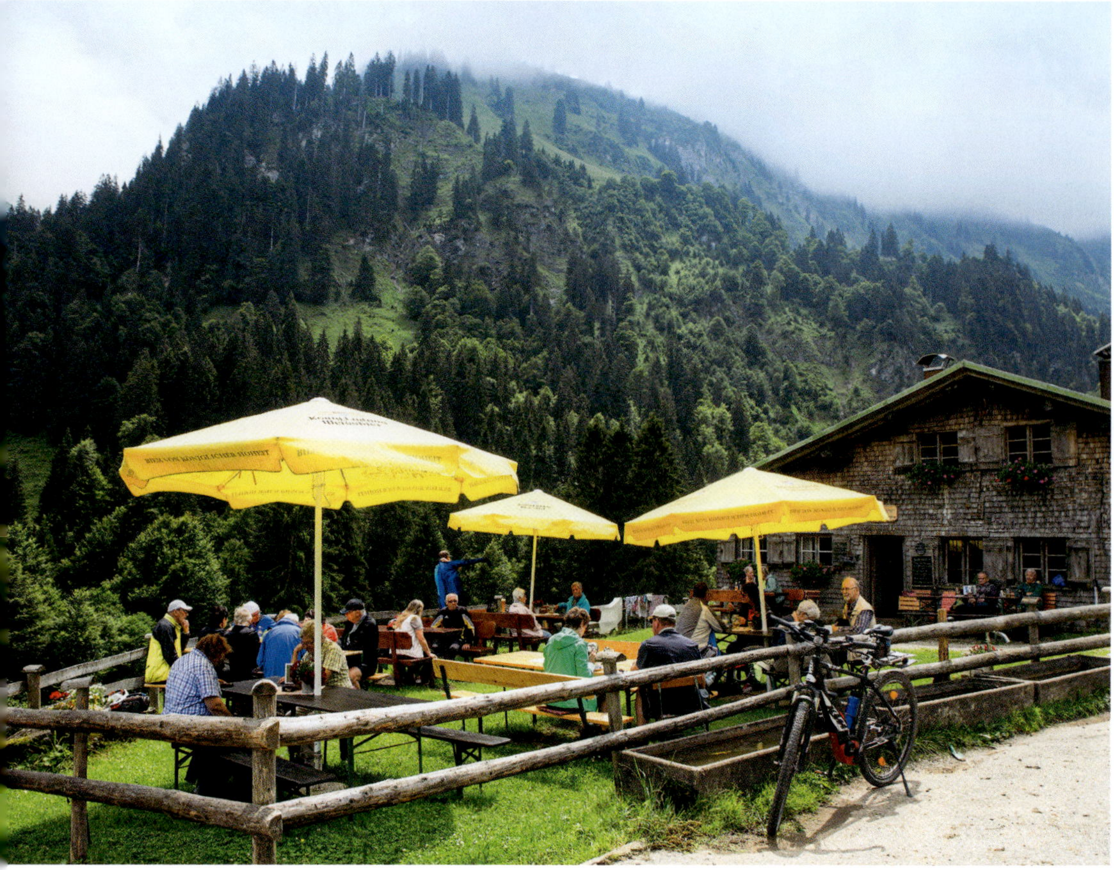

Die Buchrainer Alpe ist bei Wanderern und E-Bikern ein gleichermaßen beliebtes Ausflugsziel.

Ursprung der Stillach 400 Meter weiter verlassen wir den breiten Wanderweg und nutzen den Steg über den Fluss. Da wir uns dort bereits oberhalb vom Zusammenfluss mit dem Bacherlochbach befinden, überqueren wir hier den **Rappenalpbach**. Der auf der anderen Seite anfangs noch breite Bergweg führt uns Richtung Oberstdorf erst über eine Wiese, dann auf felsigem Untergrund durch den Wald an den **Bacherlocherbach**. Gleich danach gelangen wir beim **Berggasthof Einödsbach** wieder auf leicht zu begehendes Gelände. Der Rückweg erfolgt bis zur Wendeplatte der Busse auf der Zufahrt. Um nicht zweimal denselben Weg zu laufen, können wir uns dort rechts halten, sodass wir nun fern der Straße über den **Landgasthof Adler** zurück zu unserem Ausgangspunkt bei der **Fellhornbahn Brücke** wandern.

Wichtiges zur Tour

Tourencharakter
Bis zur Buchrainer Alpe breite Wege, die auch mit dem E-Bike sehr gut befahrbar sind. Der Abschnitt ab dem Rappenalpbach bis zum Gasthof Einödsbach erfordert Trittsicherheit.

Ausgangspunkt/Endpunkt
Fellhornbahn Brücke (905 m)

Höchster Punkt
Buchrainer Alpe (1129 m)

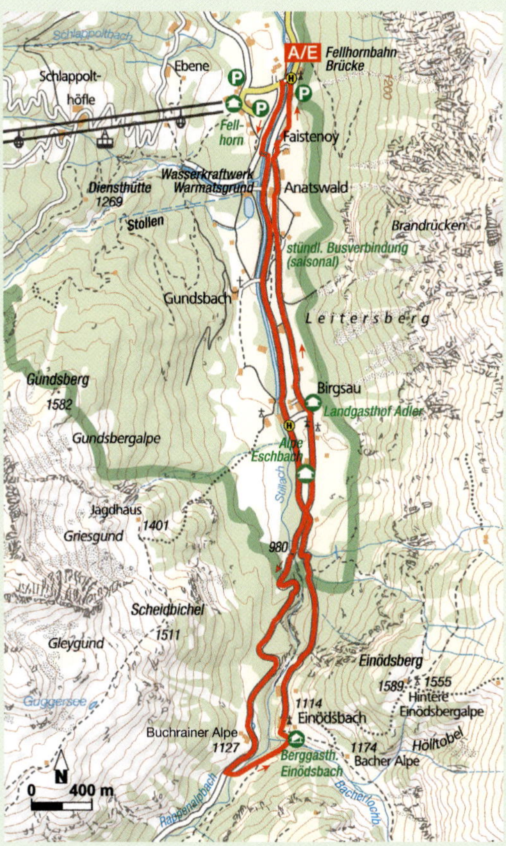

Anfahrt
Auto: Über die B 19 bis Oberstdorf fahren, dort der Beschilderung zur Fellhornbahn folgen. Zwei große Parkplätze bieten reichlich Platz. GPS 47.3533, 10.2664; Bus & Bahn: Es bestehen Busverbindungen ab Oberstdorf zu den Haltestellen Fellhornbahn Brücke und Birgsau Eschbach.

Einkehr
Alpe Eschbach, Buchrainer Alpe, Gasthof Einödsbach, Landgasthof Adler

Karte
AV-Karte 1:25 000, BY 4 Allgäuer Hochalpen

Informationen
Tourismus Oberstdorf, Tel. 08322/7000, www.oberstdorf.de

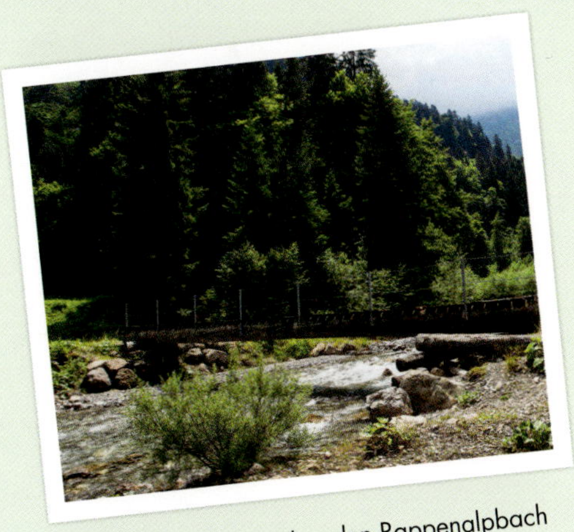

Provisorische Brücke über den Rappenalpbach

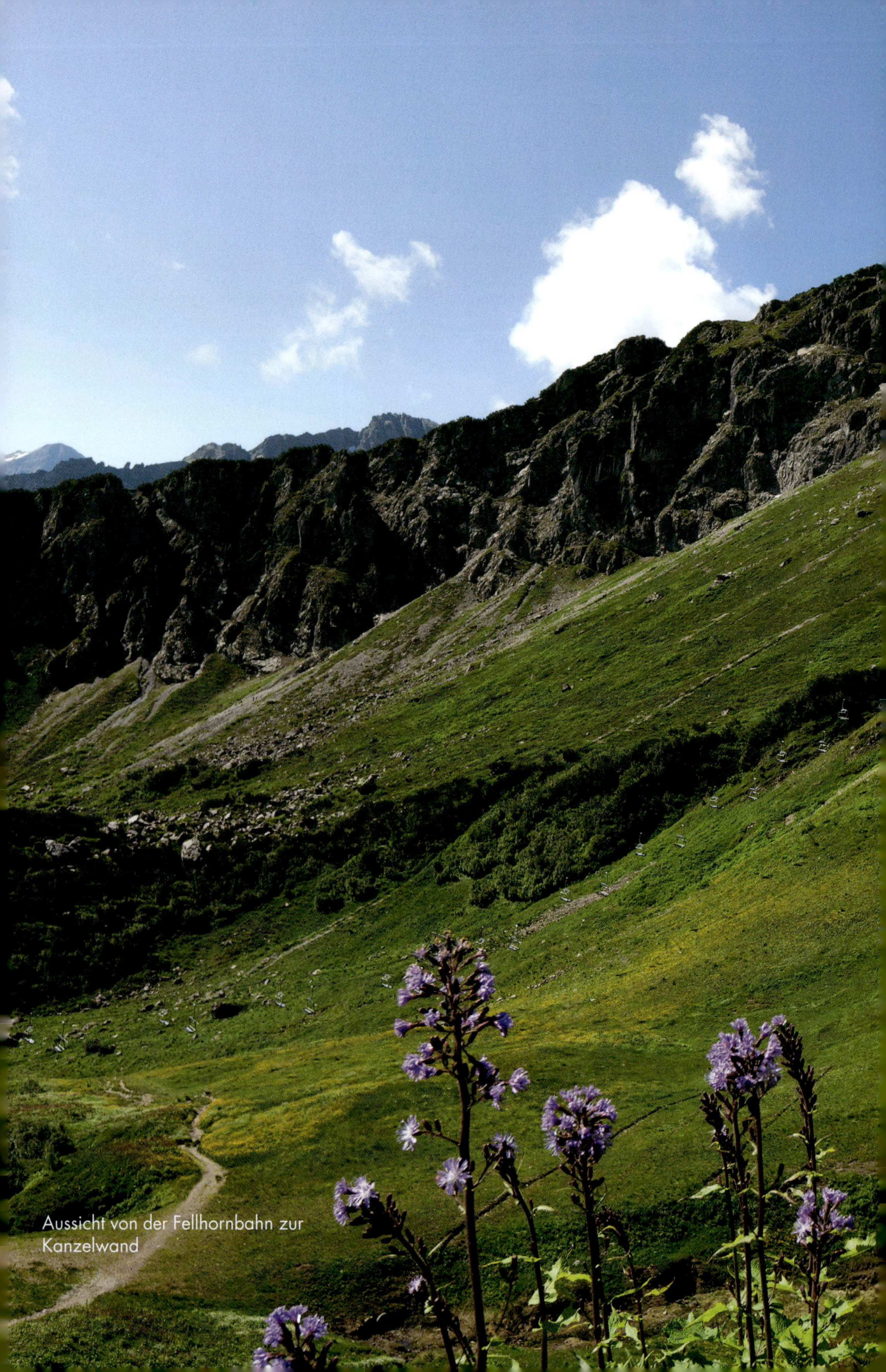
Aussicht von der Fellhornbahn zur Kanzelwand

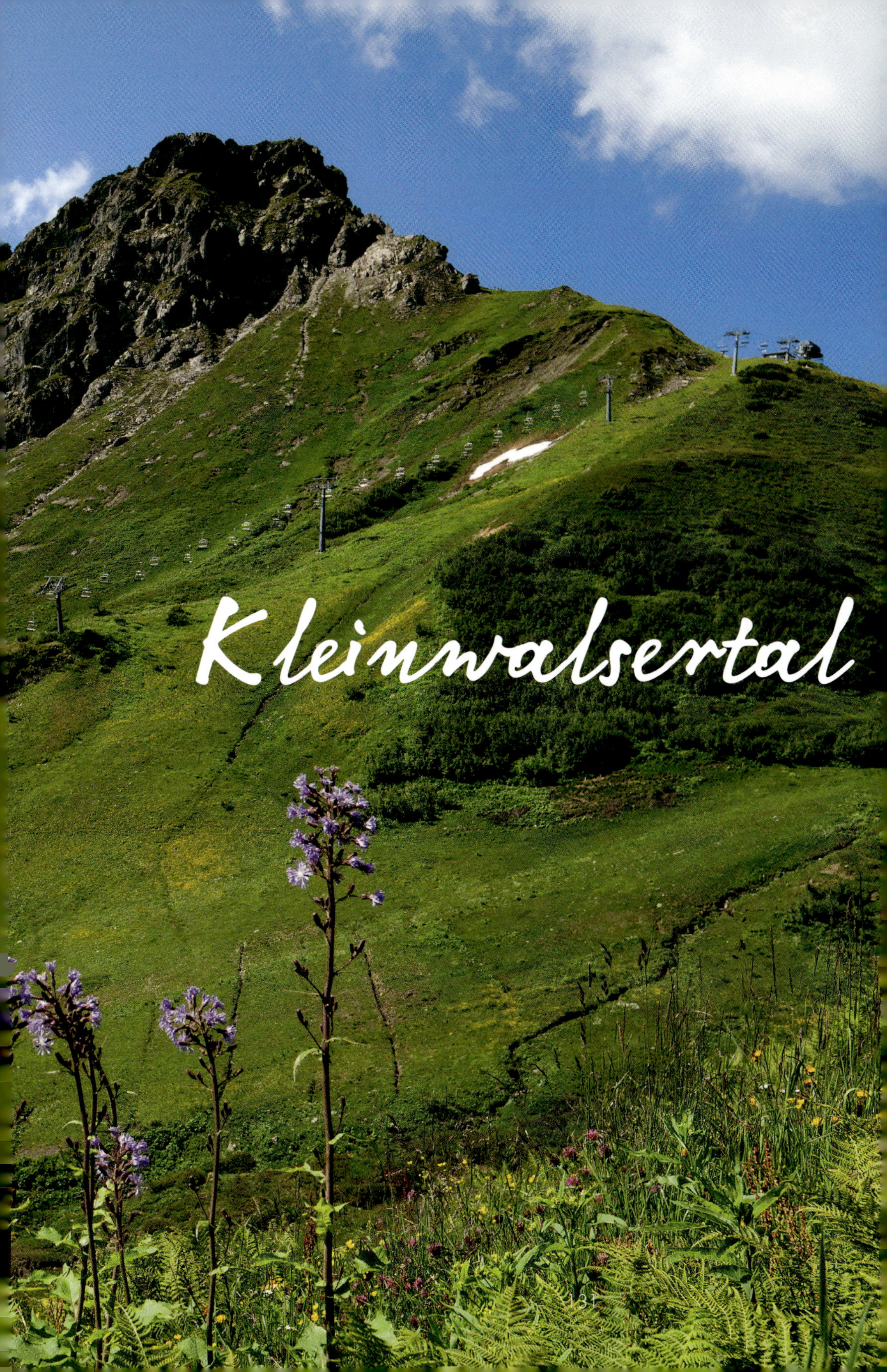
Kleinwalsertal

27 Panoramawanderung zum Schönblick

Aufstieg ab Riezlern

leicht

2–2.30 Std.

360/100 Hm

5,6 km

nein

Der auch als Zwei-Länder-Panoramaweg bekannte Abschnitt des Oberallgäuer Rundwanderwegs verwöhnt uns mit herrlichen Aussichten über das Kleinwalsertal. Stets im Blick haben wir den Hohen Ifen, doch auch weite Teile der Bergkette mit dem Walmendinger Horn bis zum Großen Widderstein können wir bestaunen.

Gut geplant entspannter ans Ziel Bevor wir uns auf die Streckenwanderung begeben, empfiehlt es sich, über die Rückkehr zum Ausgangspunkt nachzudenken – und entsprechend zu handeln. Für diejenigen, die mit dem Pkw anreisen, kann es von Vorteil sein, das Auto gleich bei der Talstation der Söllereckbahn abzustellen und von dort mit dem Bus ins Kleinwalsertal zu fahren. So müssen wir uns keine Gedanken mehr um die Rückfahrt machen und ent-

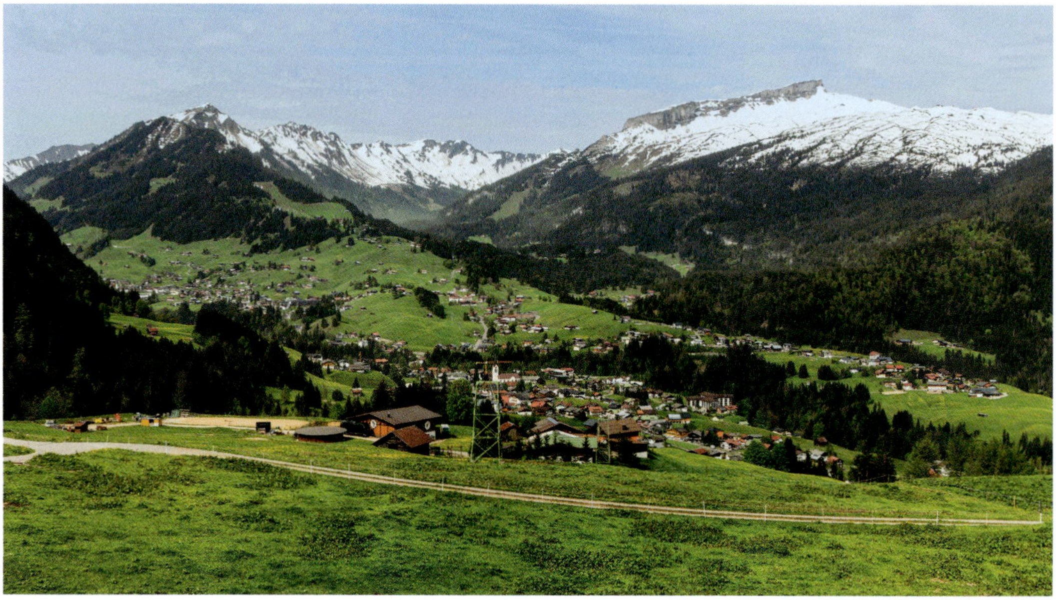

Blick vom Panoramaweg ins Schwarzwassertal

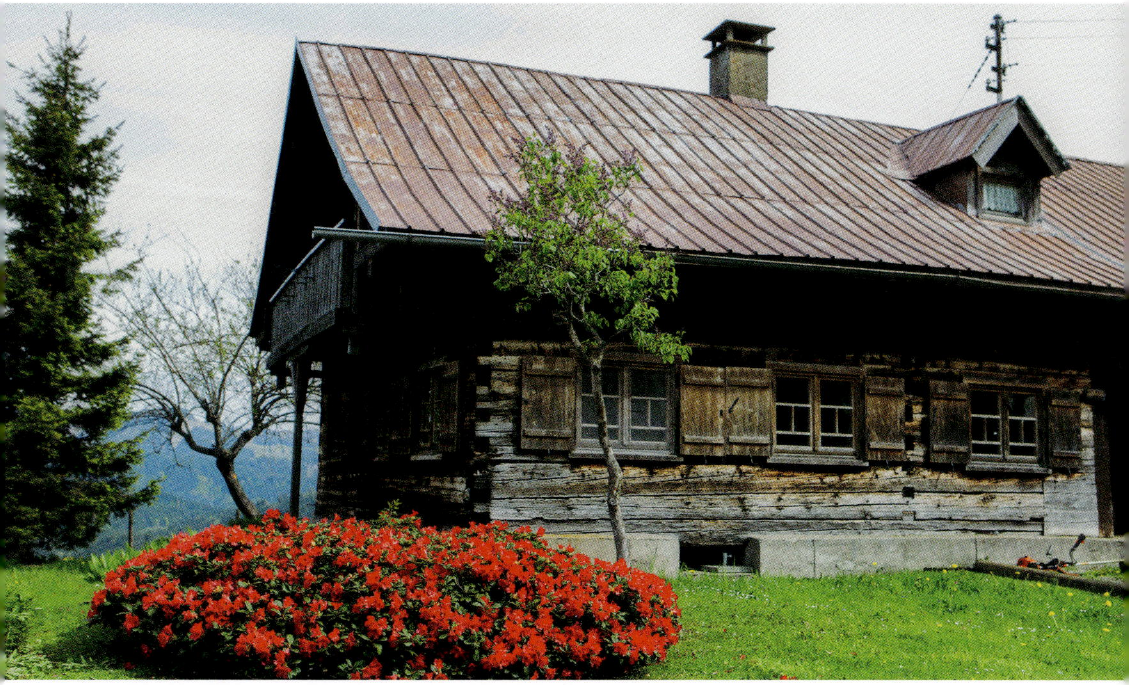

Farbenfrohe Alpenrosen bei der Mittelalpe

fällt außerdem die bisweilen nicht ganz so einfache Parkplatzsuche in Riezlern. Wer mit dem Walserbus anreist, fährt direkt durch bis zur Haltestelle **Riezlern Post**.

Auf dem Westeggweg zum Bergstüble Sowie wir uns orientiert haben, wenden wir der Durchgangsstraße den Rücken zu und folgen dem Westeggweg aus dem Ort hinaus. Auf sehr leicht zu gehendem Untergrund gewinnen wir rasch an Höhe und weicht der Trubel von Riezlern ebenso schnell den ersten Ausblicken über das Kleinwalsertal. Nach einem Kilometer führt uns der Weg etwas steiler durch den bewaldeten Tobel des **Schmiedebachs**. In diesem Bereich schwenkt der Wanderweg kurz nach Norden und führt uns wieder ein wenig bergab, ehe wir rechts nach Oberwestegg abbiegen und beim **Bergstüble** eine erste Einkehrmöglichkeit auf der Strecke erreichen.

Aussichtsreich über die Mittelalpe ... Oberhalb des Bergstübles biegen wir rechts zur Mittelalpe (**Abzweig Mittelalpe**) ab. Auf diesem Abschnitt lohnt es sich, gelegent-

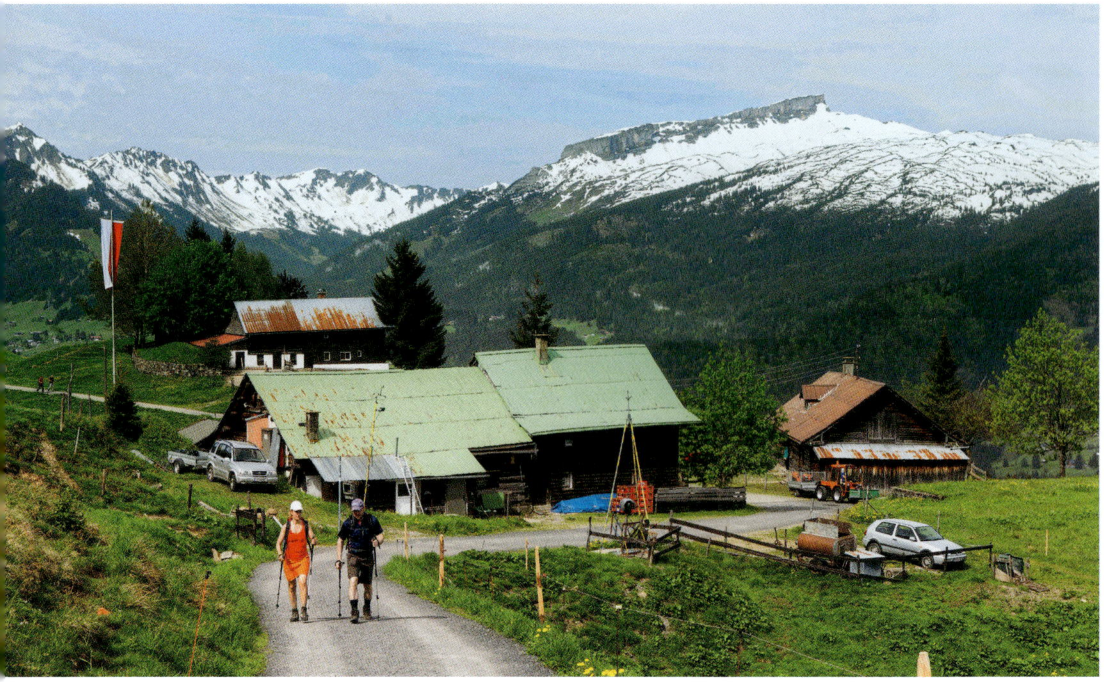

Aufstieg von der Mittelalpe zur Amansalpe

lich innezuhalten und die inzwischen malerische Aussicht zum Sonnenberg direkt gegenüber, zum Hohen Ifen und zum dazwischen gelegenen, im Sommer oft noch schneebedeckten Gottesackerplateau zu genießen. Schauen wir nach Südwesten, lassen sich zwischen dem Bärenköpfle – einem Nebengipfel des Hohen Ifen – und dem Walmendinger Horn weite Teile des Schwarzwassertals überblicken. Als besonders schön gilt die Aussicht beim Alpkreuz nahe der **Mittelalpe**.

... zum Schönblick Im weiteren Aufstieg kreuzen wir den durch lichten Wald verlaufenden Buchenbach und passieren die Kapelle Sankt Wendelin bei der **Amansalpe**. Ab dort trennen uns etwa 1000 Meter von der **Grenze zu Deutschland**, hinter der wir bald die **Schrattenwangalpe** erreichen. Auf dem höchsten Punkt dieser Wanderung bietet sie uns eine weitere schöne Möglichkeit, den Ausflug mit einer Einkehr zu verbinden, ehe wir die letzten Meter hinunter zum Schönblick und der **Bergstation der Söllereckbahn** laufen.

Wichtiges zur Tour

Tourencharakter
Die Strecke führt größtenteils über auch im Frühjahr bereits freien Schotterwegen mit schöner Aussicht über das Kleinwalsertal.

Ausgangspunkt/Endpunkt
Riezlern (1100 m)

Höchster Punkt
Söllereckbahn (1350 m)

Anfahrt
Auto: Über die B 19 bis kurz vor Oberstdorf, im Kreisverkehr in Richtung Kleinwalsertal abfahren und der B 19 weiter bis zur Söllereckbahn oder Riezlern folgen. GPS 47.3590, 10.1904 (Riezlern), 47.3990, 10.2410 (Söllereckbahn); Bus & Bahn: Ab Oberstdorf fährt die Walserbuslinie 1 zu den Haltestellen Söllereckbahn und Riezlern Post.

Einkehr
Bergstüble, Mittelalpe, Schrattenwangalpe, Berghaus Schönblick bei der Bergstation der Söllereckbahn

Karte
AV-Karte 1:25 000, BY 2 Kleinwalsertal

Informationen
Kleinwalsertal Tourismus, Tel. +43 5517/ 51140, www.kleinwalsertal.com

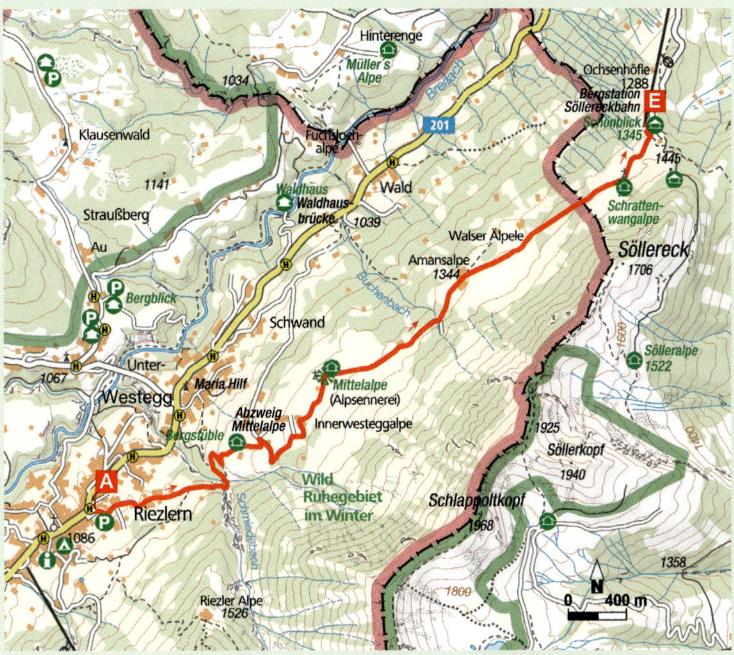

28 Am Fuße von Fellhorn und Schlappold

Höhenweg Riezlern

leicht
1.20 Std.
130 Hm
3,2 km
nein

Kunstvoll geschnitzte Brunnenfigur beim Gästehaus Alpina

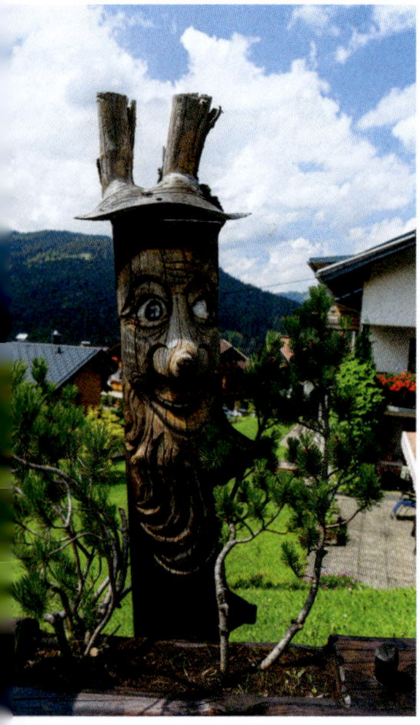

Trotz seiner kurzen Distanz sollten wir den Höhenweg Riezlern nicht für einen lockeren Spaziergang halten. Schuld sind die ersten 750 Meter, auf denen 130 Höhenmeter anstehen. Dann aber können wir uns auf eine richtig schöne Tour am Übergang vom Breitachtal zu den Berghängen freuen.

Unter der Kanzelwandbahn Der Einstieg zu dieser Runde befindet sich auf der rechten Seite des Parkplatzes P4 der **Kanzelwandbahn**. Mit der Walserstraße im Rücken folgen wir dem Wanderweg entlang des Zwerenbachs steil bergan in den Zwerwald. Sowie wir die Kanzelwandbahn unterquert und eine auffällige Holzhütte passiert haben, schwenkt der Wanderweg nach Norden. Damit kommen wir an den Waldrand und öffnet sich die Sicht über Riezlern zum Gegenhang. Beim nächsten Wegweiser zweigen wir schließlich Richtung Fellhorn auf den **Riezler Höhenweg** ab. Zugleich können wir uns glücklich schätzen, denn beim Abzweig haben wir den höchsten Punkt sowie auch die meisten Höhenmeter der Runde schon bewältigt.

Auf dem Riezler Höhenweg Nach dem knackigen Auftakt können wir es fortan ruhig angehen lassen. Der teils asphaltierte Pfad führt uns mitten durch reich blühende Bergwiesen. Linker Hand liegt uns das Kleinwalsertal zu Füßen, und schauen wir nach Westen, erheben sich darüber der Hohe Ifen, der Sommerberg und das zwischen den beiden 2000ern gelegene Gottesackerplateau. Beim **Abzweig zum Fellhorn** besteht die Möglichkeit zu einem kurzen Abstecher zu einer **Wassertretstelle**. Sie befindet sich etwas oberhalb unseres Wanderwegs und ist vor allem an heißen Sommertagen ein beliebter Treffpunkt.

Wieder runterkommen Als Nächstes führt uns der Riezler Höhenweg an der Bergstation des Schwandlifts vorbei zu einer Waldinsel sowie entlang des Waldrands bis zum **Westeggweg**. Diesen Weg nutzen wir auch bei Tour 27 von Riezlern über die Mittelalpe zur Söllereckbahn und dem Schöneck. Diesmal schlagen wir die entgegengesetzte Richtung ein und folgen dem Fahrweg zu seinem unteren Ende bei **Riezlern Post**. Ab dort erfolgt der weitere Rückweg entlang der Walserstraße. Mit der Ruhe ist es spätestens dort vorbei. Stattdessen reihen sich nun Banken, Einkaufs- und Einkehrmöglichkeiten aneinander. Bis wir wieder bei der **Kanzelwandbahn** sind, kann es also durchaus eine Weile dauern.

Wichtiges zur Tour

Tourencharakter
Auf den ersten 750 Metern ist der Großteil der Höhenmeter zu leisten, danach bequeme Wanderung mit reizvoller Sicht über das Kleinwalsertal.

Ausgangspunkt/Endpunkt
Kanzelwandbahn (1060 m)

Höchster Punkt
Einstieg Riezler Höhenweg (ca. 1200 m)

Anfahrt
Auto: Über die B 19 bis kurz vor Oberstdorf, im Kreisverkehr in Richtung Kleinwalsertal abfahren und der B 19 weiter bis zur Kanzelwandbahn in Riezlern folgen. GPS 47.3559, 10.1841; Bus & Bahn: Ab Oberstdorf fährt die Walserbuslinie 1 zur Haltestelle Kanzelwandbahn.

Einkehr
Gastronomie in Riezlern

Karte
AV-Karte 1:25 000, BY 2 Kleinwalsertal

Informationen
Kleinwalsertal Tourismus, Tel. +43 5517/51 1 40, www.kleinwalsertal.com

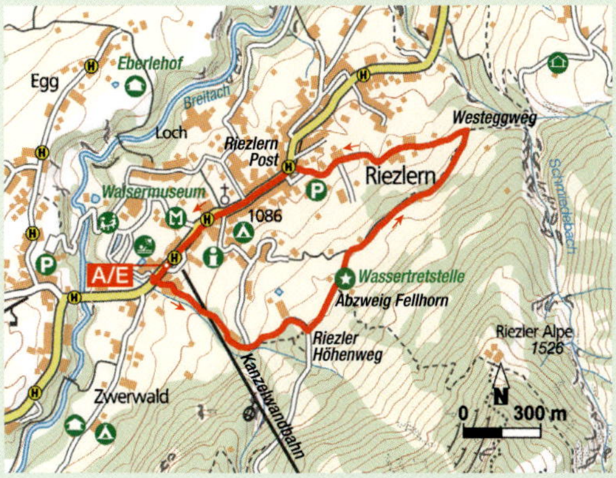

29 Zwei-Länder-Panoramaweg

Hochgenuss zwischen Kanzelwand und Fellhorn

mittel

2.30 Std.

270/460 Hm

6,5 km

ja

Auf Höhen knapp unter 2000 Metern verläuft diese Tour in der alpinen Region. Dennoch gelten die Wege zwischen der Kanzelwandbahn und der Fellhornbahn als familienfreundlich. Zwischendrin nutzen wir die Fellhorn-Gipfelbahn. So entfällt ein Großteil der Höhenmeter und können wir uns besser auf die Berglandschaft konzentrieren.

Der Autor des Buches auf dem Blumenpfad zwischen der Oberen Alpe Bierenwang und der Fellhornbahn

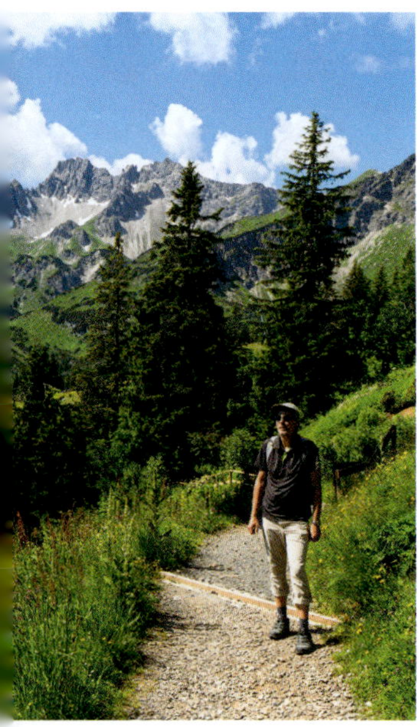

Ausgezeichneter Start Das Erlebnis startet mit der Fahrt in der Kanzelwandbahn. Wir können uns zunächst also entspannen. Und das gleich in doppelter Hinsicht: Während wir in einer der kleinen Gondeln langsam nach oben schweben, ist die gesamte Kanzelwandbahn durch den Fachverband der Seilbahnen mit dem Gütesiegel »Beste österreichische Sommer-Bergbahnen« ausgezeichnet. Das Gütesiegel ist den Unternehmen vorbehalten, welche sich nach der Erstzertifizierung alle drei Jahre erneut überprüfen lassen. Neben der eigentlichen Bergfahrt werden dabei auch die möglichen Erlebnisse aufgenommen und bewertet. Abgesehen von der Familienfreundlichkeit punktet die Wanderregion Kanzelwand/Fellhorn hier vor allem mit dem Genuss, dem Panorama sowie dem Naturerlebnis. Mit anderen Worten: Wir dürfen unsere Erwartungen weit oben ansetzen.

Berge, so weit das Auge reicht Nach unserer Ankunft bei der **Bergstation der Kanzelwand** haben wir mit dem Panoramacafé bereits am Ausgangspunkt eine erste Möglichkeit zur Einkehr. Die Aussicht von der mit Liegestühlen reich bestückten Sonnenterrasse zielt nach Süden über den Sattel zwischen der Kuhgehrenspitze und den Hammerspitzen auf den Großen Widderstein, nach Westen auf das an seinem Lawinenschutz leicht erkennbare Walmendinger Horn sowie – nördlich davon – zum Hohen Ifen und Gottesackerplateau.

Gundsattel zum Ersten Haben wir dieses erste beeindruckende Panorama genossen, wenden wir uns der nahen Kanzelwand zu und folgen dem Schotterweg an der Zwerenalpbahn vorbei zum oberen Ende des Burmiwassers. Wer mit Enkeln unterwegs ist, sollte für den künstlich geschaffenen Wasserlauf gerne mehr Zeit einplanen. Beim Wegkreuz halten wir uns links, sodass wir dem Burmiwasser über eine Kehre sowie an einer Liege vorbei hinunter zum **Beschneiungsteich** folgen. Gerne können wir auch hier verweilen und unseren Blick von der Roten Wand (links) über das Fellhorn und das Stillachtal bis zu den Oberstdorfer Bergen schweifen lassen. Beim unteren Ende des Burmiwassers biegen wir rechts ab und folgen nun dem rot-weiß markierten Bergweg zum **Gundsattel**. Ihn werden wir später nochmals überqueren. Beim Hinweg orientieren wir uns rechts und wählen den Weg zur Oberen Alpe Bierenwang.

Natur und Blumenweg Trotz der herrlichen Aussicht lohnt es sich insbesondere hier, auch den Wegrand im Blick zu behalten. Immerhin befinden wir uns auf einem Natur- und Blumenweg. Neben einigen Enzianarten, Alpen-Ampfer, dem auch als Bergknoblauch bekannten Allermannsharnisch und Alpenrosen fällt hier im Sommer der Weiße Germer auf. Die Giftpflanze ähnelt vor der Blüte dem Gelben Enzian, hat jedoch wechselständige Blätter (an jedem Knoten nur ein Blatt), während die des Enzians kreuzgegenständig sind. Nachdem wir die Skipiste der Möserbahn überquert haben, treffen wir auf einen Fahrweg. Rechts ginge es auf technisch anspruchsloser Strecke hinunter zur Talstation. Wir folgen indessen dem Fahrweg links über die **Obere Alpe Bierenwang** bis zur **Station Schlappoldsee der Fellhornbahn**.

Winterwanderweg am Fellhorn

Ab der Station Schlappoldsee der Fellhornbahn wird im Winter ein Rundwanderweg über den dann verschneiten Schlappoldsee bis nahe der Alpe Schlappold präpariert. Die Alpe selbst ist nicht zugänglich, da sich diese in einem lawinengefährdeten Kessel befindet. Der Winterwanderweg beschreibt ein Stück vor der Hütte einen Bogen, ehe er zurück zur Bergstation führt.

Zwischenbahnerlebnis Natürlich gibt es auch Wanderwege zwischen dem Schlappoldsee und der Gipfelstation. Der direkte Aufstieg eröffnet einem sogar einen spektakulären Blick auf den grünblau schillernden Karsee. Mit der Fellhorn-Gipfelbahn können wir uns die rund 180 Höhenmeter bis hoch zur **Gipfelstation des Fellhorns** jedoch sparen und optional stattdessen einen Abstecher zum Fellhorn-Gipfel in die Tour mit einbauen. Ansonsten folgen wir dem Gratweg entlang der deutsch-österreichischen Grenze zur Bergstation der **Möserbahn**, wo uns weitere reich blühende Bergwiesen erfreuen und wir vielleicht Murmeltiere beobachten, ehe es hinunter zum **Gundsattel** geht.

Finale auf der Roten Wand Auf dem Sattel sollten wir checken, wie gut unsere Kraftreserven sind. Wer bereits seine Mühe hatte, sollte lieber auf dem bekannten Weg über den Beschneiungsteich zurück zur Bergstation der Kanzelwand wandern. Noch frisch genug? Dann dürfte einem Aufstieg zur Aussichtsplattform Rote Wand nichts im Wege stehen. In diesem Fall folgen wir dem gut angelegten Pfad über mehrere Kehren auf die Nordseite des Beschneiungsteichs und ab dort weiter relativ steil bergan auf die **Rote Wand**. Oben angelangt, helfen zwei Panoramatafeln, die rund um uns herum liegenden Gipfel richtig einzuordnen. Gerne

Beim Aussichtspunkt Rote Wand erwartet uns zu beiden Seiten ein traumhaftes Panorama.

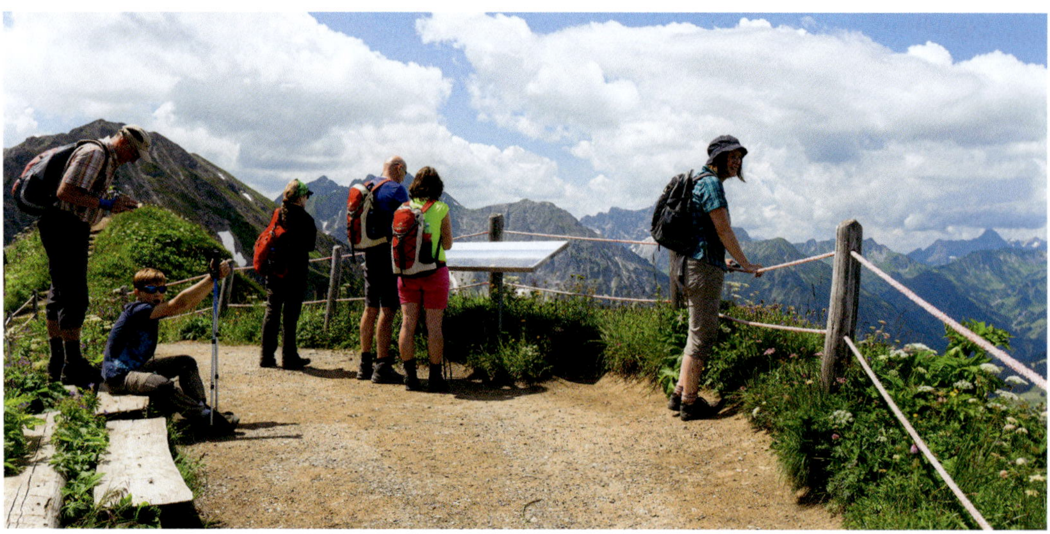

können wir den herrlichen Rundumblick eine Weile auf uns wirken lassen, ehe wir dem teils mit Stufen versehenen Pfad durch ein Joch hinauf zur **Bergstation der Kanzelwand** folgen. Dort darf dann jeder für sich entscheiden, ob er die vielen Erlebnisse gemütlich im Panoramacafé nachhallen lässt – oder ob er noch eins oben draufsetzt und den Tag mit einer zweiten Wanderung auf die Kuhgehrenspitze krönt.

Wichtiges zur Tour

Tourencharakter
Die Wege zwischen der Kanzelwandbahn und der Fellhornbahn sind familienfreundlich und werden sehr gut unterhalten. Durch Nutzung der Bahnen gibt es nur einen längeren Aufstieg vom Gundsattel auf die Rote Wand.

Ausgangspunkt/Endpunkt
Bergstation Kanzelwandbahn (1957 m)

Höchster Punkt
Gipfelstation Fellhornbahn (1967 m)

Anfahrt
Auto: Über die B 19 bis kurz vor Oberstdorf fahren, im Kreisverkehr in Richtung Kleinwalsertal abzweigen und der B 19 weiter bis zur Kanzelwandbahn in Riezlern folgen. GPS 47.3559, 10.1841; Bus & Bahn: Ab Oberstdorf fährt die Walserbuslinie 1 zur Haltestelle Kanzelwandbahn.

Einkehr
Hammerspitz-Bar Kanzelwand, Obere Alpe Bierenwang, Bergrestaurant Schlappoldsee, Gipfelrestaurant Fellhorn

Karte
AV-Karte 1:25 000, BY 2 Kleinwalsertal

Informationen
Kleinwalsertal Tourismus, Tel. +43 5517/ 51 140, www.kleinwalsertal.com

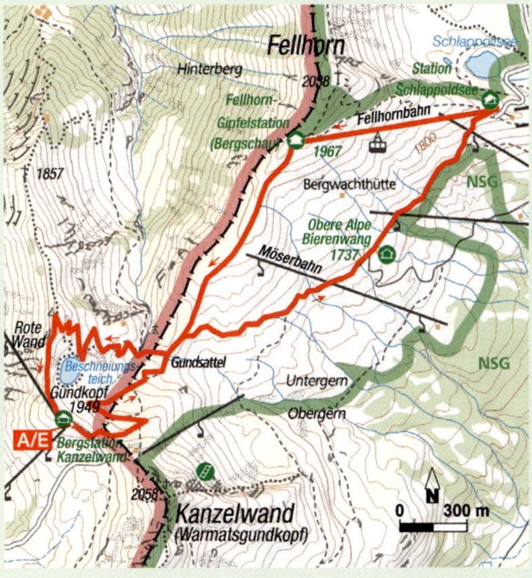

30 Loge über dem Kleinwalsertal

Auf die Kuhgehrenspitze

mittel/schwer

2 Std.

280 Hm

4,2 km

ja

Die Kuhgehrenspitze ist das zweite Ziel, das wir ab der Bergstation der Kanzelwandbahn in Angriff nehmen. Statt der breiten Wege zwischen der Kanzelwand- und Fellhornbahn nutzen wir hier überwiegend schmale Pfade. Die Anforderungen sind damit höher, belohnen uns jedoch mit einem ruhigeren Wandererlebnis.

Raus aus dem Trubel Von der **Bergstation der Kanzelwandbahn** laufen wir auch hier zunächst an der Zwerenalpbahn vorbei bis zur Weggabel am oberen Ende des **Riezleralpwegs**. Diesmal biegen wir rechts ab und folgen dem breiten Weg bis auf Höhe vom Adlerhorst, um dann auf der linken Seite auf den Pfad zum Kuhgehrensattel zu wechseln. Obwohl wir erst seit wenigen Minuten unterwegs sind, bleiben der Trubel und der Lärm rund um die Kanzelwandbahn und beim Burmiwasser bereits hinter uns zurück.

Ein steiler Pfad verbindet den Kuhgehrensattel mit dem Gipfel.

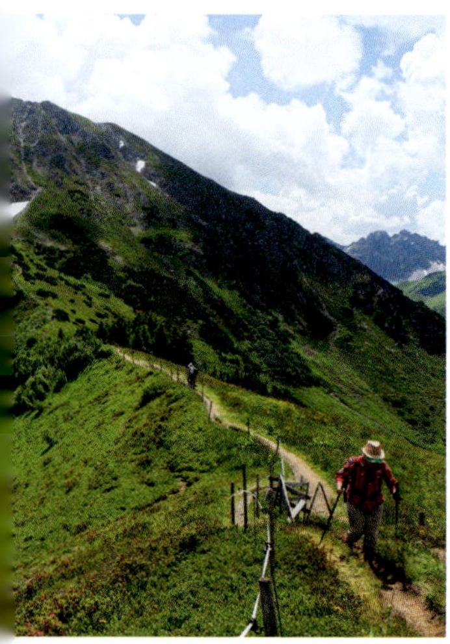

Im Schatten der Hammerspitze Uns selbst führt der Pfad zunächst auf die Walser Hammerspitze zu. Während sich auf den felsigen Hängen vor uns bis weit in den Sommer hinein Schneefelder halten, wirken die Grasflanken der Kuhgehrenspitze rechts von uns schon beinahe tröstlich. Kurz nachdem wir ein Rinnsal gekreuzt und die tiefste Stelle dieser Tour durchschritten haben, schwenkt der Pfad nach Westen. Damit führt unsere Route entlang der schattigen Nordseite der Hammerspitze bis an die unteren Geröllfelder heran, ehe es wieder hinauf zum **Kuhgehrensattel** geht.

Auf die Kuhgehrenspitze Auf dem Sattel besteht die Möglichkeit, über die Innere Kuhgehrenalpe zur Oberen Wiesalpe im Wildental abzusteigen. Wer dies macht, kann sich die Talfahrt mit der Kanzelwandbahn sparen. Für die

Kuhgehrenspitze biegen wir auf dem Sattel rechts auf den schnurgeraden Pfad ab. Nach einer kurzen flacheren Passage zieht dieser deutlich an. Zum Glück ist das Ziel bereits in Sicht und geben die botanischen Feinheiten am Wegrand, wie verschiedene Enzianarten oder die Bärtige Glockenblume, reichlich Anlass für kurze Pausen. Oben auf dem Gipfel der **Kuhgehrenspitze** angekommen, eröffnet sich uns schließlich ein perfektes Bergpanorama. Da lässt es sich doch einige Zeit aushalten, ehe wir auf gleichem Weg zur **Bergstation der Kanzelwandbahn** zurückkehren.

Wichtiges zur Tour

Tourencharakter
Die Kuhgehrenspitze ist über alpine Pfade mit der Kanzelwandbahn verbunden. Diese erfordern Trittsicherheit, sind mit Umsicht aber doch gut beherrschbar. Stöcke sind von Vorteil.

Ausgangspunkt/Endpunkt
Bergstation Kanzelwandbahn (1957 m)

Wendepunkt
Kuhgehrenspitze (1910 m)

Höchster Punkt
Bergstation Kanzelwandbahn (1957 m)

Anfahrt
Auto: Über die B 19 bis kurz vor Oberstdorf fahren, im Kreisverkehr in Richtung Kleinwalsertal abbiegen und der B 19 weiter bis zur Kanzelwandbahn in Riezlern folgen. GPS 47.3559, 10.1841; Bus & Bahn: Ab Oberstdorf fährt die Walserbuslinie 1 zur Haltestelle Kanzelwandbahn.

Einkehr
Auf der Strecke keine, Hammerspitz-Bar Kanzelwand

Karte
AV-Karte 1:25 000, BY 2 Kleinwalsertal

Informationen
Kleinwalsertal Tourismus, Tel. +43 5517/ 51 140, www.kleinwalsertal.com

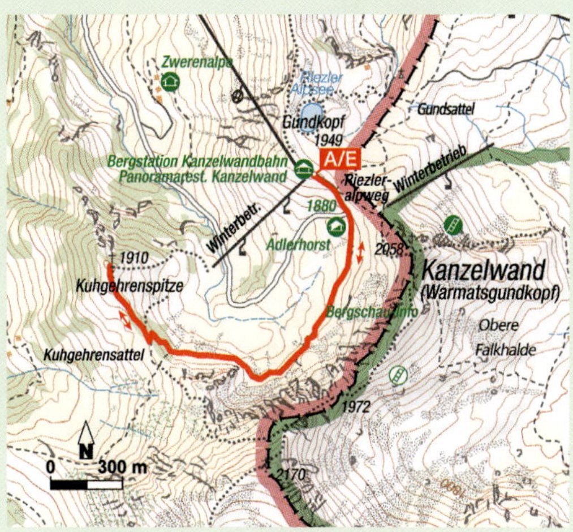

31 Die Schafalpköpfe im Blick

Ins wildromantische Wildental

- leicht
- 1.45–2.15 Std.
- 250 Hm
- 5 km
- nein

Das Wildental zählt zu den autofreien Seitentälern der Breitach. Auch das Gros der Ausflügler lässt es – verglichen mit dem Trubel in Riezlern und Baad – eher links liegen. Das verwundert, denn das Tal gleicht einer Arena, die von Hochgehren- und Hammerspitzen, von Elfer- und Zwölferkopf sowie den Schafalpenköpfen traumhaft umschlossen wird.

Aufstieg über das Bergheim Moser ... Auch wenn es im Wildental ruhiger als anderswo im Kleinwalsertal zugeht, empfehlen wir, möglichst schon am frühen Vormittag aufzubrechen. Denn der Wanderparkplatz Schwendle umfasst nur wenige Stellplätze – und auch die weiter oben gelegenen Parkplätze haben nur geringe Kapazitäten. Wir laufen die Runde entgegen dem Uhrzeigersinn. Damit

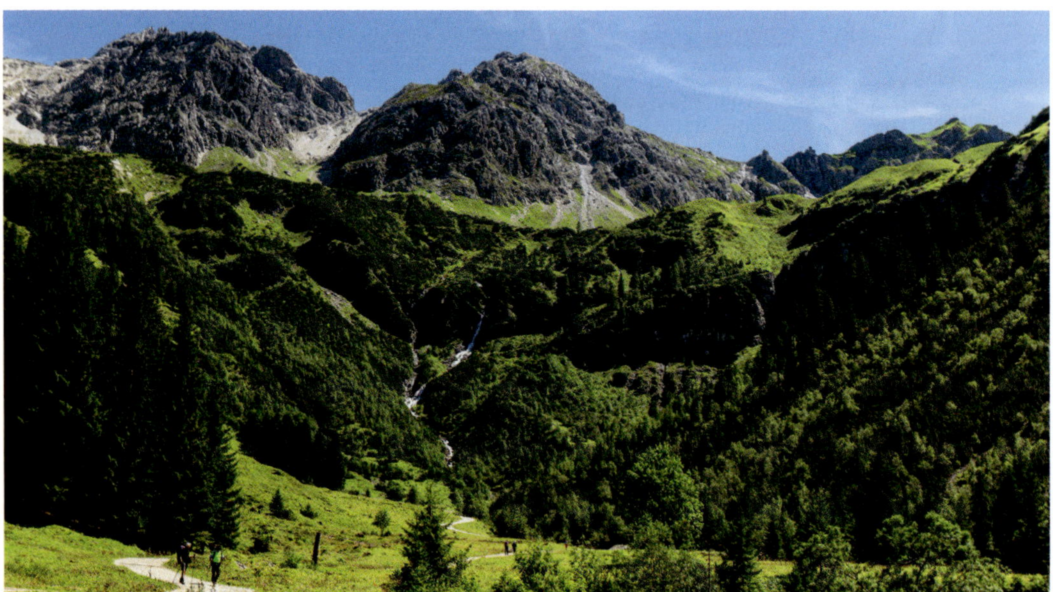

Unterhalb der Schafalpenköpfe rauscht der Wildentalbach malerisch in die Tiefe.

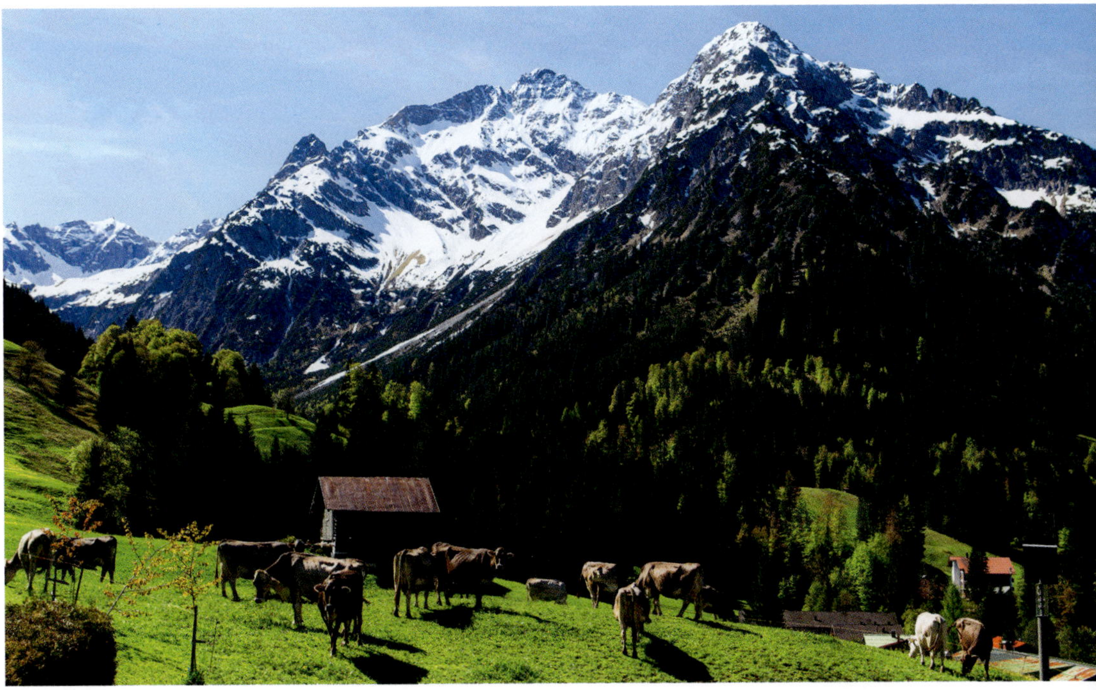

Im Frühjahr begrüßen einen die schneebedeckten Gipfel von Zwölfer- (rechts) und Elferkopf im Wildental.

wählen wir beim **Parkplatz Schwendle** die obere Straße (von der Breitach aus gesehen rechts), die zum **Bergheim Moser** führt. Oberhalb der Frühstückspension endet die Schwendlestraße und gelangen wir über den Güterweg Mittelberg–Wildental an den Wildenbach.

... zu den Wiesalpen Sowie wir den Gebirgsbach gekreuzt haben, zieht der Weg hoch zur **Unteren Wiesalpe** deutlich an und gewinnen wir rasch einige Höhenmeter. Ebenso bald geben rechts der Zwölfer- und Elferkopf einen Vorgeschmack auf die Traumkulisse im oberen Wildental. Wer auf den Abstecher zur Fluchtalpe verzichtet, durchwandert zwischen den beiden Wiesalpen den schönsten Abschnitt dieser Tour. Während vor uns die Schafalpenköpfe steil in die Höhe ragen, wird das Tal zu unserer Linken von der Walserspitze und der Oberstdorfer Hammerspitze sowie der dazwischen gelegenen Hochgehrenspitze malerisch umrahmt. Die **Innere Wiesalpe** kommt schließlich wie gerufen, um diese Bilderbuchlandschaft auf uns wirken zu lassen.

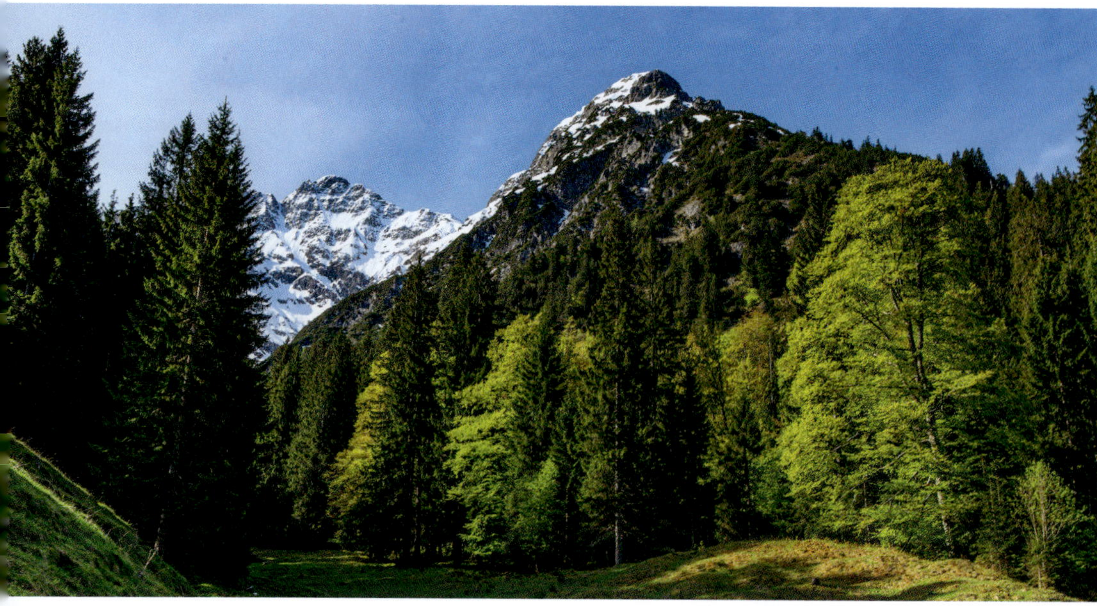

Blick vom Bergheim Moser zum Zwölferkopf

Abstecher zur Fluchtalpe Oder wir dringen noch ein Stück weiter in das Tal ein und verlegen die Einkehr in die Fluchtalpe. Der Aufstieg dorthin erfolgt auf dem leicht zu wandernden Güterweg. Nach 1300 Metern haben wir die **Fluchtalpe** erreicht. Sie befindet sich 100 Meter oberhalb der Inneren Wiesalpe und verwöhnt hungrige Wanderer mit deftigen Brotzeiten und hausgemachten Kuchen. Dazu gibt es ein fantastisches Bergpanorama mit der Kanzelwand und den Schafalpenköpfen und einen Bilderbuchwasserfall.

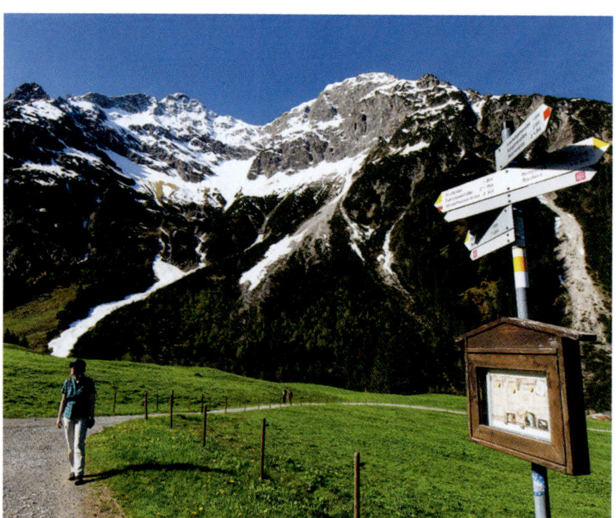

Wandermöglichkeiten bei der Inneren Wiesalpe

Ort der Kraft Anschließend geht es zurück zur **Inneren Wiesalpe**, wo wir auf den gelb-weiß gekennzeichneten Weg nach Mittelberg (über Höfle) abzweigen. Damit wechselt die Blickrichtung und sehen wir auf dem nächsten Abschnitt auf die Ostseite des Walmerdinger Horns. Als Nächstes kommen wir zum

Ort der Kraft. Glauben wir den vor Ort aufgestellten Schildern, so handelt es sich um einen der stärksten Energieplätze weltweit. Weiter geht es auf dem Wanderweg hinunter nach **Höfle**. Dort treffen wir auf die Wildentalstraße, die uns wieder zurück zum **Parkplatz Schwendle** führt.

Wichtiges zur Tour

Tourencharakter

Abwechslungsreiche Wanderung über breite Wege und angenehm zu laufende Pfade. Auch im zeitigen Frühjahr gut zu machen. Mit der Fluchtalpe verlängert sich die Tour um 2,5 km bzw. eine Stunde.

Ausgangspunkt/Endpunkt

Wanderparkplatz Schwendle (1160 m)

Höchster Punkt

Obere Wiesalpe (1285 m) bzw. Fluchtalpe (1390 m)

Anfahrt

Auto: Der B 19 ins Kleinwalsertal folgen, bei Mittelberg links auf die Wildentalstraße abbiegen und dieser bis zum Parkplatz am Abzweig Schwendle folgen. GPS 47.3210, 10.1614; Bus & Bahn: Ab Oberstdorf mit der Walserbuslinie 1 nach Mittelberg und weiter mit der Linie 4 zur Haltestelle Abzweig Schwendle.

Einkehr

Untere und Innere Wiesalpe, Fluchtalpe, in Höfle

Karte

AV-Karte 1:25 000, BY 2 Kleinwalsertal

Informationen

Kleinwalsertal Tourismus, Tel. +43 5517/51 1 40, www.kleinwalsertal.com

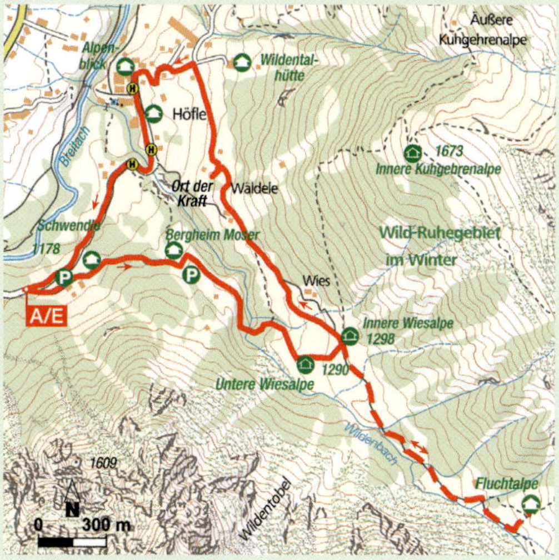

32 Locker auf die Zafernaalpe

Höhenwege zwischen Mittelberg und Baad

mittel

2.30 Std.

320/110 Hm

6,1 km

ja

Die Sonna-Alp zählt zu den wenigen Berghütten, die regelmäßig montags und donnerstags bis zum späten Abend geöffnet sind. Eine rechtzeitige Tischreservierung vorausgesetzt, lohnt sich die Wanderung damit vor allem am späten Nachmittag, wenn die Sonne im Westen steht und die Berge jenseits der Breitach anstrahlt.

Über den Erlenboden zum Alpenwald Von der **Talstation des Zafernalifts** laufen wir zunächst die Zufahrt hinunter und folgen der Walserstraße rechts an der Talstation der **Walmendingerhornbahn** vorbei. Wer die Tour etwas verkürzen möchte, kann nach den Parkplätzen der Bahn rechts direkt hoch zur Bühlalpe wandern. Wir jedoch verlassen

Wie auf einer Loge thront die Sonna-Alp über dem Breitachtal

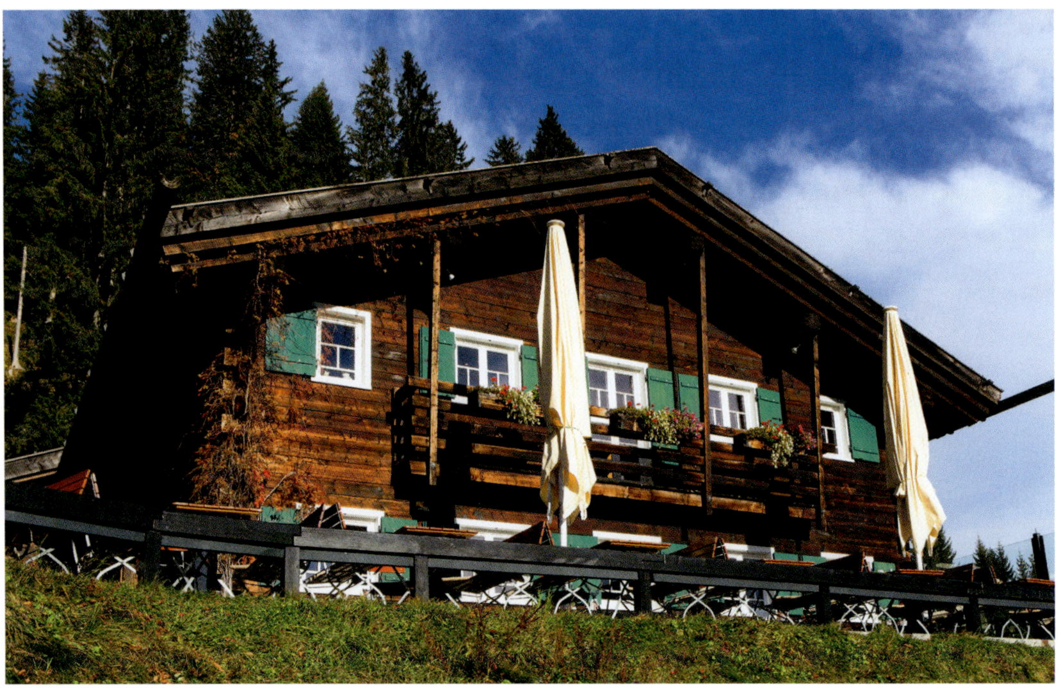

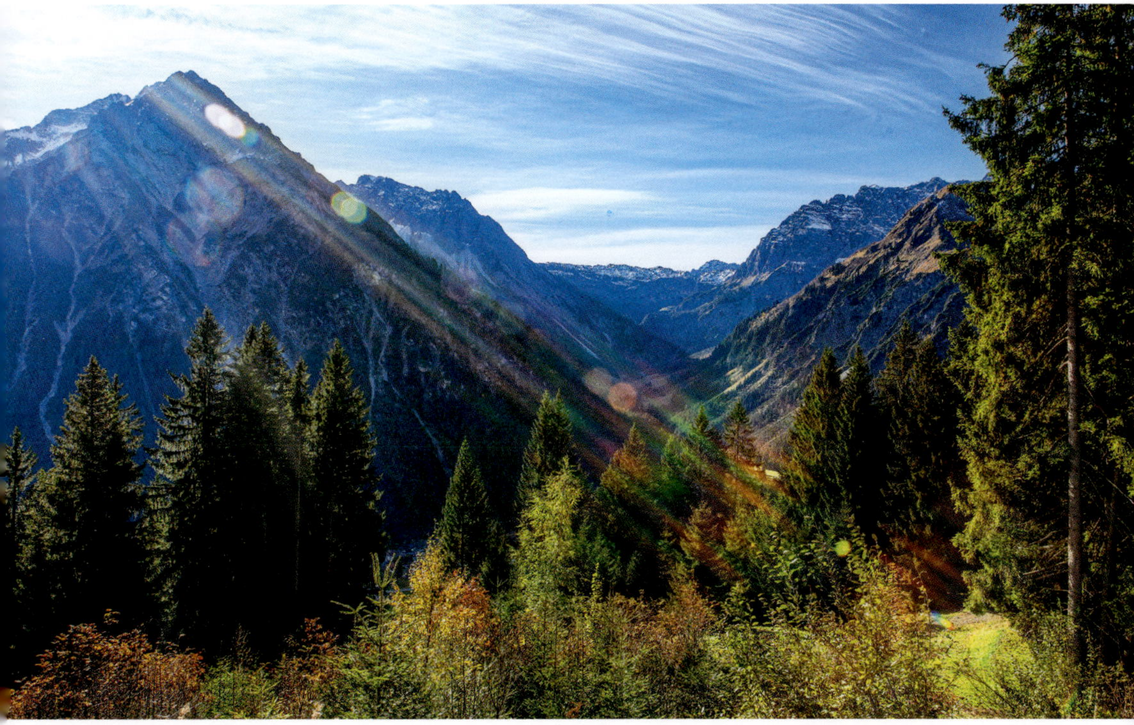

Herbststimmung im Kleinwalsertal – Blick ins Gemsteltal

Mittelberg über den Stützeweg, passieren als Nächstes die wenigen Häuser von Laubazug und folgen dem Fahrweg über Erlenboden bergan zum **Café Alpenwald**.

Aufstieg zur Stutzalpe Nach einer flacheren Passage lassen wir den Abzweig nach Baad links liegen. Wir bleiben damit auf dem Alpenwald-Weg, nehmen nach 200 Metern die Kehre und haben nochmals 200 Meter weiter die Wahl: Geradeaus geht es auf einem Waldpfad direkt zur Stutzalpe. Wer breite Wege und flache Steigungen bevorzugt, kann aber auch auf dem Fahrweg bleiben. Dieser führt über mehrere Kehren durch den Alpenwald und am Abzweig zur Oberen Lüchlealpe vorbei ebenfalls zur **Stutzalpe**, wo wir den höchsten Punkt dieser Tour überwinden. Die idyllisch am Hang gelegene Bergwirtschaft verwöhnt ihre Gäste mit selbstgemachten Kuchen und Milchprodukten sowie einer herrlichen Sicht über das Kleinwalsertal zu Zwölferkopf (links), Bärenkopf und dem dazwischen liegenden Gemsteltal.

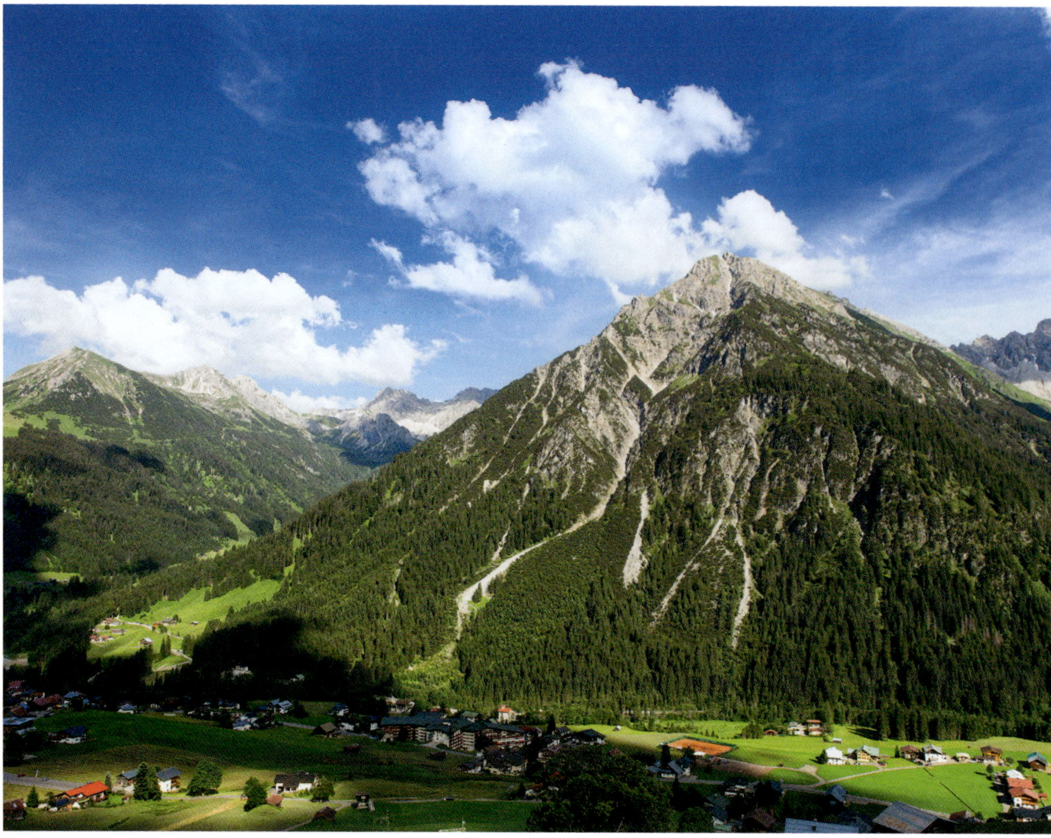

Blick über Mittelberg und die Breitach auf den Zwölferkopf und, links davon, ins Wildental

Höhenweg zur Zafernaalpe Weiter geht es auf dem nur sachte abfallenden Höhenweg zum **Berggasthof Bühlalpe**. Auch hier eröffnet uns die Sonnenterrasse einen traumhaften Blick in die Kleinwalsertaler Bergwelt. Spezialität des Hauses ist »Helmuts Kaiserschmarrn«. Bei der Bühlalpe schwenkt der Wanderweg nach Norden und kreuzt die Trasse der Walmendingerhornbahn. Zudem geben uns mehrere Infosäulen Einblick in die heimische Tierwelt und den Lawinenschutz. So erfahren wir, dass der Kirchwald im Jahr 1850 gepflanzt wurde, um die Kirche von Mittelberg zu schützen. 200 Meter vor unserem Ziel lädt ein Platz mit mehreren **Sonnenliegen** zum Verweilen und Genießen der Aussicht ein. Für die spätere Rückkehr ab der **Sonna-Alp** können wir dann wahlweise den Zafernalift nutzen oder aber auf dem Fußweg die Wanderung zu einer dann um zwei Kilometer längeren Runde schließen.

Wichtiges zur Tour

Tourencharakter
Sehr gut ausgebaute Wanderwege und Forstwege mit überwiegend sachter Steigung und dadurch gut machbarem Aufstieg. Schöne Ausblicke von den Höhenwegen zwischen Baad und Mittelberg.

Ausgangspunkt
Talstation Zafernalift (1210 m)

Endpunkt
Sonna-Alp (1420 m)

Höchster Punkt
Berggasthof Stutzalpe (1490 m)

Anfahrt
Auto: Der B 19 ins Kleinwalsertal bis Mittelberg folgen, dort rechts zur Talstation der Zafernabahn abbiegen. Weitere Parkplätze im Bereich der Walmendingerhornbahn. GPS 47.3264, 10.1560;

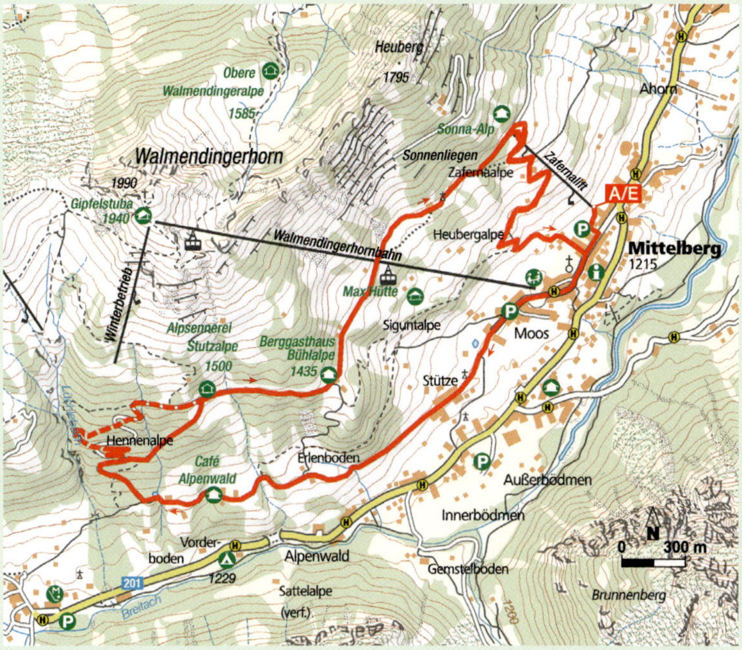

Bus & Bahn: Ab Oberstdorf fährt die Walserbuslinie 1 nach Mittelberg.

Einkehr
Café Alpenwald, Stutzalpe, Bühlalpe, Sonna-Alp

Karte
AV-Karte 1:25 000, BY 2 Kleinwalsertal

Informationen
Kleinwalsertal Tourismus, Tel. +43 5517/ 51 1 40, www.kleinwalsertal.com

33 Am Fuße des Widdersteins

Von Baad ins malerische Bärgunttal

- leicht
- 2–2.30 Std.
- 200 Hm
- 4,8 km
- nein

Bei Baad endet die Straße ins Kleinwalsertal und vereinen sich der Derren- und Turabach mit dem Bärguntbach zur Breitach. Alle drei Täler lassen Wandererherzen höher schlagen und verwöhnen uns mit einer herrlichen Landschaftskulisse. Das Bärgunttal ist außerdem einfach zu bewandern, womit die Strecke auch bei Familien beliebt ist.

Contenance bewahren Wer öfters im Kleinwalsertal unterwegs ist, der weiß, wie rasch sich Parkplätze füllen können. Dies gilt insbesondere an Tagen, an denen die Sonne von einem strahlend blauen Himmel lacht und sich ganze Heerscharen an Ausflüglern hier einfinden.

Am Geburtsort der Breitach Der Einstieg in diese Wanderung befindet sich auf dem **Parkplatz P2** in der gedachten Verlängerung der Landstraße. Unser Ziel ist die bereits hier angeschriebene Bärgunthütte. Damit verlassen wir den Parkplatz auf der linken Seite und überqueren die Brücke. Sie befindet sich unterhalb des Zusammenflusses von Tura- und Derrenbach mit dem Bärguntbach und gilt als Ursprung der Breitach. Der Zugang an und ins Wasser ist an mehreren Stellen möglich und verspricht zu jeder Jahreszeit eine eiskalte Erfrischung.

Winterwanderung im Bärgunttal

In den Wintermonaten werden beide Wege zur Bärgunthütte vom Schnee geräumt. Nach der Herbstpause von Anfang November bis kurz vor Weihnachten ist die Hütte bei verkürzten Öffnungszeiten bewirtschaftet. Bei Lawinengefahr bleibt die Bärgunthütte geschlossen.

Dem Bärguntbach entgegen Nachdem wir den Abzweig zu einer privaten Hütte rechts liegen gelassen haben,

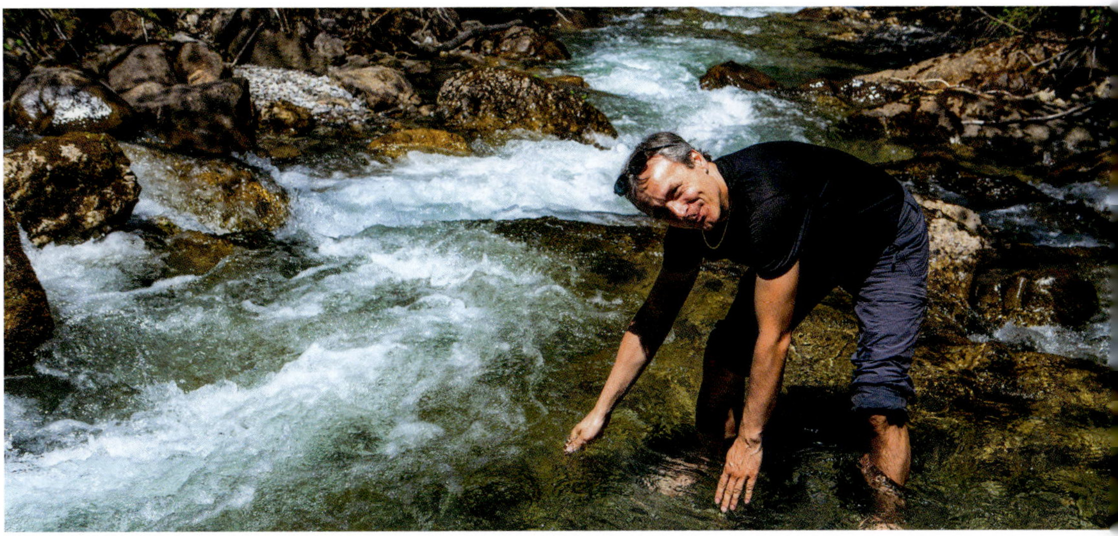

Eiskalte Erfrischung nach der Schneeschmelze im Bärguntbach

kommen wir zu einer Gabelung. Von links werden wir später auf dem **Panoramaweg** zurückkehren. Beim Hinweg halten wir uns rechts und laufen dem Bärguntbach weiter entgegen. Dieser Abschnitt befindet sich morgens noch im Schatten des Bärenkopfs, womit es hier selbst im Sommer noch frisch sein kann. Sowie wir auch den **Abzweig zur Alpe Widderstein** passiert haben, wird es sonniger und öffnet sich die Sicht. Da sich auch allmählich die Steigung bemerkbar macht, halten wir gerne immer wieder kurz inne und lassen den Blick über das obere Bärgunttal zum Kleinen und Großen Widderstein schweifen.

Bärguntalpe Nach etwa zwei Kilometern ab unserem Start in Baad stehen wir beim Wegweiser unterhalb der Bärgunthütte vor der Wahl. Wer es bei einer einfachen Wanderung belassen möchte, kann gleich links abbiegen und den Gebirgsbach überqueren. Alle anderen orientieren sich rechts und nehmen die letzten zwei Kurven hoch zur **Bärgunthütte** in Angriff. Die mit viel Holz errichtete Alphütte ist im Sommer täglich geöffnet und bietet auf ihrer Sonnenterrasse reichlich Platz. Während sich die Enkel für die Ziegen im benachbarten Gehege begeistern, können wir uns über warme und kalte Brotzeiten, den selbstgemachten Erbseneintopf oder hausgemachten Kuchen freuen.

Das herrliche Panorama mit Älpelekopf, Heiterberg und Weißem Schrofen im Südwesten, Höferspitze und Seekopf im Süden sowie dem Großen und Kleinen Widderstein im Osten gibt es obendrauf.

Auf dem Panoramaweg ... Für den späteren Rückweg kehren wir zum Wegweiser unterhalb der Alpe zurück und halten uns rechts, sodass wir den Bärguntbach überqueren. Wir kommen damit auf den Panoramaweg, der in nördlicher Richtung zunächst noch leicht ansteigt. Hier lohnt es sich, auch gelegentlich zurückzuschauen, wo sich über dem Bach der Gebirgszug erhebt. Nachdem uns der Weg durch einen lichten Bergwald geführt hat, rückt erst der Bärenkopf, dann der Höhenzug jenseits von Baad mit dem durch seine Bergbahn und den starken Lawinenverbau gut erkennbaren Walmendinger Horn ins Bild.

Die Bärgunthütte zählt zu den wenigen Bergwirtschaften, die sowohl im Sommer als auch im Winter für Wanderer zu erreichen sind.

... zur Alpe Widderstein Nach einer geschwungenen S-Kurve überqueren wir einen oft bis ins späte Frühjahr hinein schneebedeckten Zufluss des Bärguntbachs und

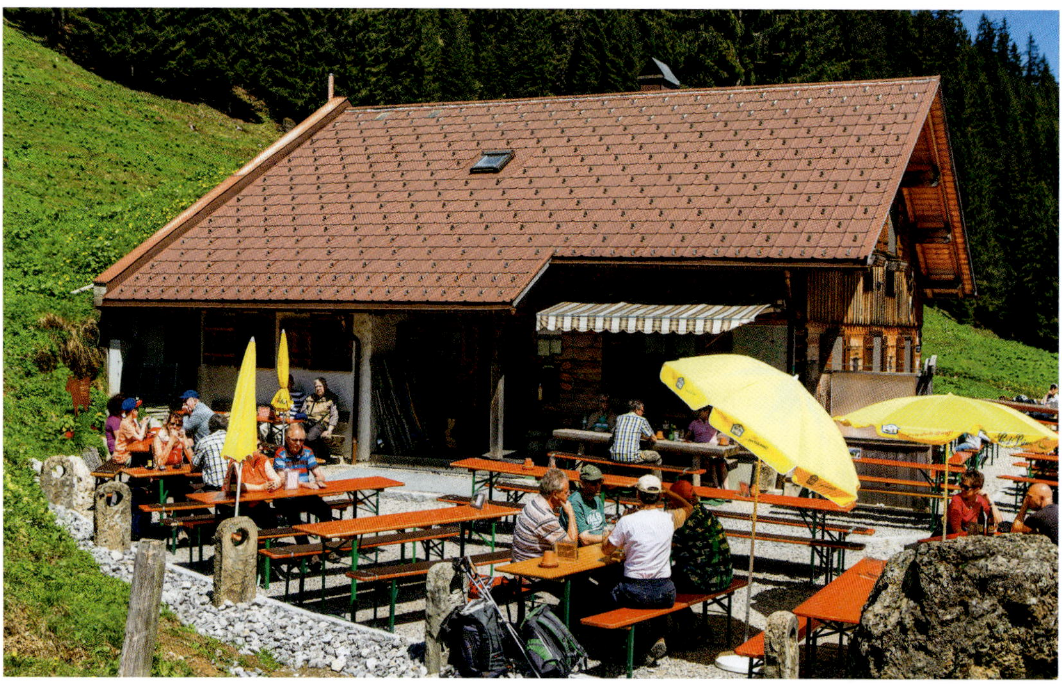

erreichen die **Alpe Widderstein**. Die über 350 Jahre alte Alpe ist bei den Einheimischen auch als Onkel Toms Hütte bekannt und bietet ebenfalls heimische Produkte wie das Brot aus dem eigenen Holzofen an. Beim Zutritt in die geschichtsträchtige Stube sollten selbst durchschnittlich große Wanderer besser den Kopf einziehen. Die Walser waren eher klein gewachsen. 600 Meter weiter endet der Panoramaweg und kommen wir rechts auf dem bereits bekannten Schotterweg wieder hinunter nach Baad, wo wir mit dem Café Baad Grund eine weitere Möglichkeit finden, den Ausflug mit einer Einkehr zu verbinden.

Wichtiges zur Tour

Tourencharakter
Der Anstieg zur Bärgunthütte erfordert etwas Kondition, ist aber auch bei Familien mit kleinen Kindern beliebt. Herrliche Aussichten vom Panoramaweg über das obere Kleinwalsertal.

Ausgangspunkt/Endpunkt
Parkplätze in Baad (1230 m)

Höchster Punkt
Panoramaweg (1420 m)

Anfahrt
Auto: Der B 19 ins Kleinwalsertal folgen, dann weiter auf der L 201 bis zu ihrem Ende in Baad. GPS 47.3091, 10.1210; Bus & Bahn: Ab Oberstdorf fährt die Walserbuslinie 1 bis zur Haltestelle Baad.

Einkehr
Bärgunthütte, Alpe Widderstein

Karte
AV-Karte 1:25 000, BY 2 Kleinwalsertal

Informationen
Kleinwalsertal Tourismus, Tel. +43 5517/ 511 40, www.kleinwalsertal.com

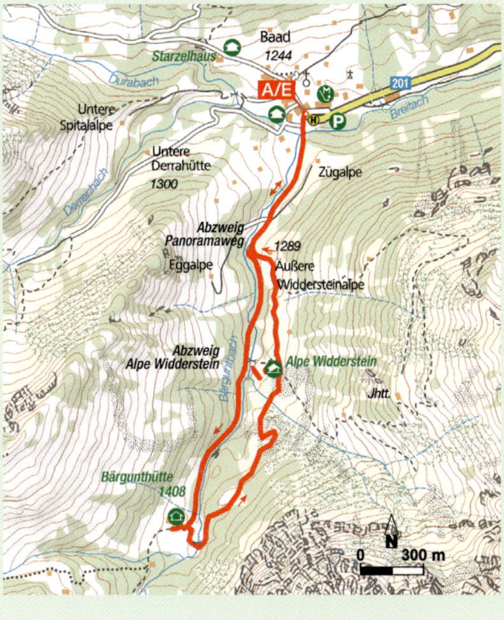

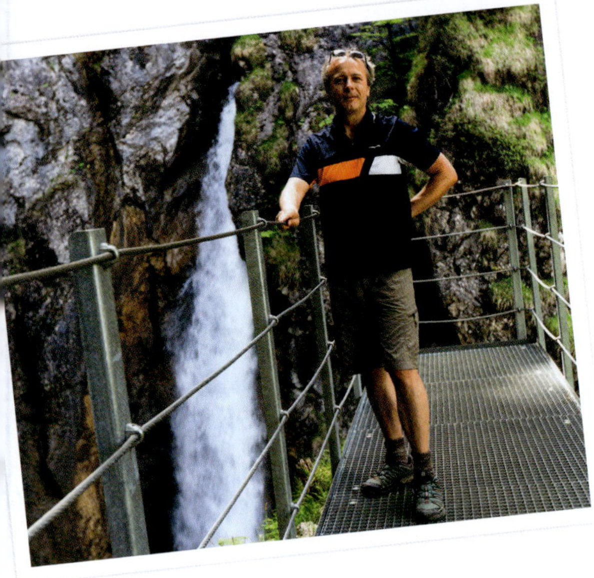

Zugabe

Ein See ist ein See – oder vielleicht doch mehr als nur das? Bei unseren Touren begegnen wir stets auch Wanderern, welche nur einen kurzen Blick auf ein Gewässer werfen. Sobald sie festgestellt haben, dass es ein schöner See ist, eilen sie weiter. Auch sie haben sicherlich ein schönes Erlebnis. Gönnen wir uns jedoch die Zeit und lassen die Kulisse eine Weile auf uns wirken, entdecken wir einiges mehr. Oft lassen sich Libellen, Hummeln und Bienen beobachten, die über das Wasser schwirren oder am Ufer nach Nektar suchen. Überhaupt ist an den Ufern einiges los. Je nach Höhenlage blühen hier Mädesüß, Alpenampfer, Trollblumen, Anemone und viele weitere oft seltene Pflanzen. Sie alle verstärken das Erlebnis, das dann umso länger in uns nachhallt.

In erster Linie richtet sich dieser Wanderführer an ältere Menschen. Die Rückmeldungen zu diesem Buch sowie zu den »Wanderungen für Senioren Allgäu« lassen jedoch erahnen, dass sich dieser Wanderführer auch für viele andere eignet. So können wir uns etwa nach einer Operation mit diesen Touren wieder an die gewohnte Beweglichkeit herantasten oder neue Fitness aufbauen. Hundeliebhaber nutzen die Wanderungen, um auch mit ihrem in die Jahre gekommenen Vierbeiner die Natur gemeinsam genießen zu können. Und auch, wer mit Kindern oder Enkeln unterwegs ist, findet in beiden Senioren-Wanderführern über das Allgäu schöne Touren, die ganz unterschiedliche Altersgruppen ansprechen.

Und zuletzt erlauben es uns die kürzeren Wanderungen, erst mal auszuschlafen und gemütlich zu frühstücken, ehe wir uns auf den Weg machen. Danach bleibt dann immer noch Zeit für einen Schwimmbadbesuch oder für einen Grillabend mit Freunden oder im Kreis der Liebsten.

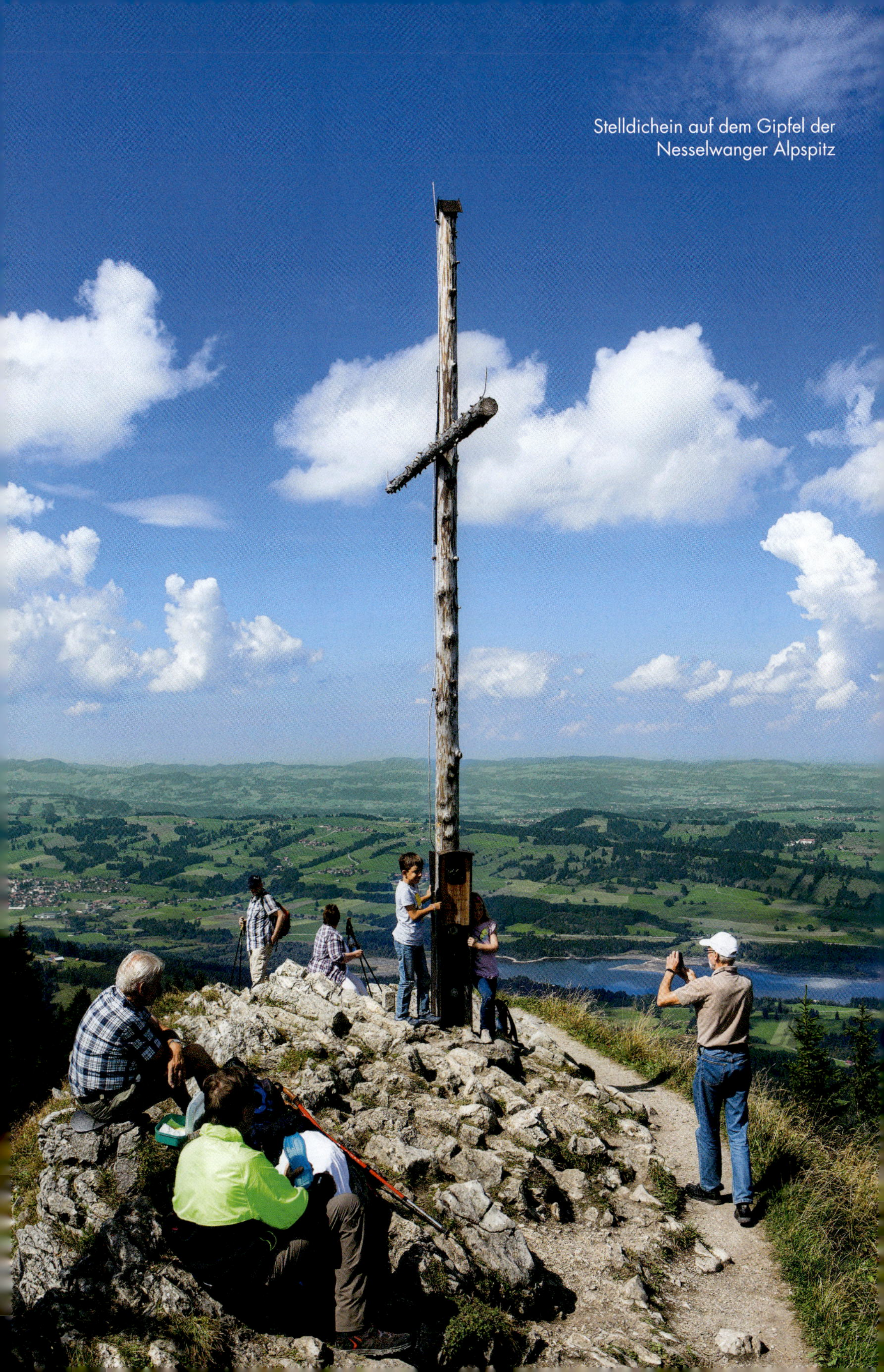

Stelldichein auf dem Gipfel der Nesselwanger Alpspitz

Register

Impressum

Verantwortlich: Miriam Gieler, Julia Vogl
Redaktion und Layout: Verlagsbüro Wais & Partner, Stuttgart
Repro: Cromika
Kartografie: Bruckmann Verlag GmbH, Heidi Schmalfuß
Herstellung: Bettina Schippel
Printed in Slovenia by Florjancic

★★★★★

Sind Sie mit diesem Titel zufrieden? Dann würden wir uns über Ihre Weiterempfehlung freuen. Erzählen Sie es im Freundeskreis, berichten Sie Ihrem Buchhändler, oder bewerten Sie beim Onlinekauf. Und wenn Sie Kritik, Korrekturen, Aktualisierungen haben, freuen wir uns über Ihre Nachricht an Bruckmann Verlag, Postfach 40 02 09, D-80702 München oder per E-Mail an lektorat@verlagshaus.de.

Unser komplettes Programm finden Sie unter www.j-berg-verlag.de

In diesem Buch wird aus Gründen der besseren Lesbarkeit das generische Maskulinum verwendet. Weibliche und anderweitige Geschlechteridentitäten werden dabei ausdrücklich mitgemeint, soweit es für die Aussage erforderlich ist.

Sie sind auf der Suche nach weiterführender Literatur? Dann empfehle ich Ihnen meinen Titel »Leichte Wanderungen im Allgäu«. Oder Sie werfen einen Blick in die Zeitschrift »Bergsteiger«. Hier werden Sie bestimmt fündig.
Ihr Lars Freudenthal

Bildnachweis: Alle Aufnahmen stammen von unseren Autoren Annette und Lars Freudenthal.

Umschlagvorderseite: Wanderparadies zwischen Kanzelwand und Fellhorn (Tour 29)
Umschlagrückseite: Bilderbuchlandschaft zwischen Unterried und Breiten (Tour 7)

Die Deutsche Nationalbibliothek verzeichnet diese Publikation in der Deutschen Nationalbibliografie; detaillierte bibliografische Daten sind im Internet über http://dnb.d-nb.de abrufbar.

Aktualisierte Neuauflage

ISBN 978-3-86246-607-8